本书由2024年度大连外国语大学出版基金资助

姜滨滨 ◎ 著

后发企业技术追赶的
实现机制研究

中国财经出版传媒集团

经济科学出版社
Economic Science Press

·北 京·

图书在版编目（CIP）数据

后发企业技术追赶的实现机制研究／姜滨滨著 .
北京 ： 经济科学出版社，2025.6. -- ISBN 978 - 7 - 5218 -
6908 - 8

Ⅰ. F279. 23

中国国家版本馆 CIP 数据核字第 2025FC6339 号

责任编辑：程辛宁　周国强
责任校对：郑淑艳
责任印制：张佳裕

后发企业技术追赶的实现机制研究
HOUFA QIYE JISHU ZHUIGAN DE SHIXIAN JIZHI YANJIU
姜滨滨　著
经济科学出版社出版、发行　新华书店经销
社址：北京市海淀区阜成路甲 28 号　邮编：100142
总编部电话：010 - 88191217　发行部电话：010 - 88191522
网址：www. esp. com. cn
电子邮箱：esp@ esp. com. cn
天猫网店：经济科学出版社旗舰店
网址：http：//jjkxcbs. tmall. com
北京季蜂印刷有限公司印装
710 × 1000　16 开　18 印张　250000 字
2025 年 6 月第 1 版　2025 年 6 月第 1 次印刷
ISBN 978 - 7 - 5218 - 6908 - 8　定价：98. 00 元
（图书出现印装问题，本社负责调换。电话：010 - 88191545）
（版权所有　侵权必究　打击盗版　举报热线：010 - 88191661
QQ：2242791300　营销中心电话：010 - 88191537
电子邮箱：dbts@ esp. com. cn）

前　　言

在全球经济一体化进程不断加速的当下，技术已然成为企业生存、发展的核心驱动力。科技的迅猛发展使得市场竞争愈发激烈，企业要站稳脚跟并实现可持续发展必须具备强大的技术实力。然而，对后发企业而言，其在起步阶段往往在技术研发、技术应用与创新能力等方面面临着与先发企业巨大的技术差距，面临着市场份额的争夺、客户需求的快速变化等市场的激烈竞争。随着新兴技术的不断涌现、全球化的技术交流与合作，也为后发企业提供了实现技术追赶的契机。在全球竞争格局加速重构的背景下，后发企业如何突破技术壁垒、实现追赶超越，既是产业升级的关键命题，也是学术界与实践界共同关注的焦点。因此，深入探究后发企业技术追赶的实现机制显得尤为必要。

　　本研究以"后发企业技术追赶的实现机制"为核心议题，立足于新质生产力推动中国制造业转型升级和战略性新兴产业深入发展的实践背景，结合技术学习、创新扩散等多维理论，构建覆盖技术、市场、政策的三维分析框架，旨在揭示后发企业从技术模仿到自主创新的动态跃迁规律，为构建新发展格局提供理论支撑与实践启示。在实践层面，帮助后发企业明确自身在技术追赶过程中的关键路径与方法，提升其技术追赶的效率与成功率。从宏观角度来看，对于促进产业升级、推动产业结构优化调整具有重要意义，进而助力国家整体竞争力的提升，在全球经济格局中占据更有利的地位。

　　后发企业技术追赶的本质是通过资源重构与能力迭代，突破"低端锁定"困境的过程。本研究源于两个重要现实驱动：其一，全球产业链重构背景下，发达国家通过技术封锁与专利壁垒加剧了后发企业技术追赶的难度；其二，中国制造业"大而不强"的现状亟待通过技术创新实现价值链跃升。基于此，本研究将聚焦三大核心问题：首先，后发企业技术追赶的动力机制如何受技术、市场、政策等多重因素影响？其次，不同情境下技术追赶的实现路径是否存在差异性规律？最后，新质生产力如何赋能专精特新企业突破"追赶陷阱"？这些问题构成了贯穿本研究的研究主线。

　　本研究在理论层面实现了三点突破：第一，提出"情境－机制－路径"三维分析框架，将技术追赶研究从单一要素分析转向系统建模；第二，构建"战略联盟－专利策略－创新绩效"链式传导模型，揭示技术获取与技术利用的协同演化机制；第三，创新性地解析国家战略导向与市场机制耦合对后发企业技术跃迁的催化作用。

　　本研究的框架分为理论建构、机制解析、实证检验三大模块。第1～4章系统性地梳理了技术学习、技术扩散等理论谱系，界定后发企业、技术追赶等核心概念；第5～7章分别从技术导向、市场导向、政策导向切入，解构不同驱动逻辑下的后发企业技术追赶机制；第8章通过数据分析与典型案例研究，验证理论模型的实践效度；第9～10章拓展至新质生产力与专精特新企业的前沿领域，探索技术追赶的进阶路径。

　　本研究虽在理论模型构建与实证方法创新上取得突破，但仍存在三方面局限，表现为跨国比较研究覆盖不足、动态演化机制建模有待深化、数智化技术对追赶机制的影响尚未充分探讨，这些领域将作为后续研究的重点方向。

　　谨以此书献给所有致力于技术创新研究的同行者。本书的完成得益于2024 年度大连外国语大学出版基金的资助，也是辽宁省教育厅基本科研项目"新质生产力推进辽宁省专精特新企业高质量发展的对策研究"（项目编号：LJ132410172012）、辽宁省科协科技创新智库项目重点研究课题"推动战略性新兴产业持续壮大及新质生产力发展的研究——以新能源汽车产业为例"（项目编号：LNKX2025ZD11）的阶段性成果。本书的撰写得到我的导师刘凤朝教授、匡海波教授的指导和帮助，特别感谢学界前辈的批评指正，书中不足之处，恳请读者不吝赐教。

目　　录

第 1 章

绪　　论

1.1　选题背景与问题提出

随着全球经济一体化与科技飞速发展，技术作为推动经济增长、提升国家竞争力的核心要素，技术发展水平直接决定了一个国家或地区在国际舞台上的地位，也成为企业在激烈市场竞争中制胜的核心要素。在此背景下，技术追赶理论应运而生，旨在探讨后发国家或地区如何借助各种途径，缩小与先发国家在技术领域的差距，进而实现跨越式发展。技术追赶理论对于诸多后发经济体而言，具有至关重要的现实意义。从历史发展的长河来看，许多国家通过成功的技术追赶实现了经济腾飞与社会进步。例如，二战后的日本在一片废墟之上，凭借对先进技术的引进、消化、吸收与再创新，迅速崛起成为世界经济强国，在汽车、电子、半导体等诸多技术领域达到世界领先水平；韩国同样也是在二战后积极学习西方技术，大力发展科技产业，在半导体、通信等高科技领域崭露头角，缔造了"汉江奇迹"。上述典型国家的成功案例充分彰显了技术追赶对于后发国家的巨大潜力，为其他国家提供了宝贵的借鉴经验。

对我国而言，技术追赶更是实现中华民族伟大复兴的必由之路。改革开放以来，我国在经济建设上取得了举世瞩目的成就，但在一些关键技术领域，依然面临着"卡脖子"问题，如高端芯片、航空发动机等。深入研究技术追赶理论，尤其是后发情境下的技术追赶有助于我国精准把握技术发展规律，制定科学合理的科技政策与产业战略，加速突破技术瓶颈，提升自主创新能力，实现从制造大国向制造强国、科技大国向科技强国的转变。技术追赶理论的梳理与研究，还能够为企业层面的技术创新实践提供坚实的理论支撑。在激烈的市场竞争中，后发企业如何利用后发优势，快速提升技术水平，推出具有竞争力的产品与服务，是关乎企业生存与发展的关键问题。通过对技术追赶理论的深入剖析，企业能够明晰不同阶段的技术追赶策略，优化资源配置，提高技术追赶的效率与成功率。

自 2006 年国家提出"自主创新"的战略，尤以 2012 年全国科技创新大会以来，强化企业创新主体地位作为困扰我国学术界、管理层的现实问题，越来越被视为解决我国科技与经济有机结合的重要突破口。2013 年 1 月国务院办公厅发布了《关于强化企业技术创新主体地位，全面提升企业技术创新能力的意见》，指出"目前我国企业创新能力依然薄弱，许多领域缺乏具有自主知识产权的核心技术，企业尚未真正成为创新决策、研发投入、科研组织和成果应用的主体，制约企业创新的体制机制障碍仍然存在"。

技术领先企业，尤其是先发企业凭借长期积累的技术优势、雄厚的研发实力以及丰富的市场经验，牢牢占据着市场的主导地位。而后发企业由于起步较晚，在技术积累、研发投入、人才储备等方面与领先企业存在显著差距，面临着巨大的技术追赶压力。为在竞争中求得生存与发展，后发企业迫切需要探寻有效的技术追赶路径。

我国企业如何在全球经济新常态下强化其创新主体地位，实现技术追赶甚至超越就成为急需解决的问题。针对学术界和管理层尚未给出理论阐释的"后发企业如何实现技术追赶"的问题，本研究试图以中国情境为切入点，通过案例分析与理论框架构建相结合，识别我国企业技术追赶的实现机制。

技术追赶是指在一定时期内，后发国家的企业、科研机构等技术主体为了减小技术差距，通过技术努力实现技术发展的过程（刘建新和王毅，2013）。总体上，技术追赶包括两种实现方式：其一是通过技术引进、消化及吸收等实现对先发国家的技术追赶；其二更多体现为技术跨越，即经由不同技术路径的创造等实现技术追赶（汪建成和毛蕴诗，2007）。但是，作为后发企业仍然面临着技术本身难以实现内化，甚至追赶的严峻考验。随着中国企业与国外领先企业间技术差距的日益缩小，国外领先企业对技术转让的态度更加保守，靠技术引进、模仿的传统追赶模式很可能使得后发企业陷入"落后—追赶—落后"的追赶陷阱。由于先天的后发劣势，企业在技术和市场两个层面遭遇追赶瓶颈，迫切需要从两个方面进行突破：一是突破技术追赶的瓶颈和能力跨越；二是利用现有技术开拓新市场的能力（汪建成和毛蕴诗，2007）。世界上主要后发国家的技术脉络的梳理验证了引进、消化、吸收和再创新对后发国家技术追赶的重要影响和作用机制（刘洋、魏江和江诗松，2013；彭新敏、吴晓波和吴东，2011），与技术先进的跨国公司相比，我国企业大多数属于后发企业，缺乏关键技术和核心技术。因此在与先进企业间合作时，常处于技术学习和技术被输出的地位（臧树伟和李伟，2016）。传统理论认为，后发企业可以借助模仿创新或自主创新等技术导向方式制定企业的市场进入策略（Roper，Du and Love，2008）。对后发企业来说，模仿学习是一个必经的阶段，企业成功的关键在于在模仿的过程中能否逐步积累经验和能力，从单纯的模仿到创造性模仿，然后过渡到全面创新（吴晓波等，2019）。然而，全球化进程的加速推进一定程度上强化了市场需求的多样化，同时也带来竞争的加剧，使得后发企业市场进入机会越来越少（Sudhir，2016）。企业间建立的技术联盟已经成为常态，同时多样化的合作伙伴构成的联盟组合也成为企业获取分散的互补性异质资源，从而提升技术优势的重要战略途径（Levinthal and March，1993）。

后发情境下企业技术追赶的影响因素错综复杂，既包括产业技术特性、市场结构等，也包括国家层面的资源要素、产业政策等。一些学者结合资源基础观论述了后发企业如何获得并保持竞争优势，通过建立关系、杠杆化利用和学习等途径克服自身技术劣势（刘建新和王毅，2013）。有学者关注协同创新的作用，认为协同是系统中多个子系统要素之间产生的整体效应（刘建新和王毅，2013），总体上，协同模式更多的可以被划归到战略联盟体系中，因此本研究侧重将战略联盟的企业作为研究对象，分析后发情境下企业如何借助战略联盟实现技术追赶的作用机制。

1.2 研 究 意 义

依据技术创新理论、战略联盟理论、竞争优势理论、产业组织理论等理论，本研究旨在深入剖析后发企业借助战略联盟实现技术追赶的具体路径与内在机制。通过对后发企业参与战略联盟的动机、所采用的专利策略及策略组合运用的深入探究，揭示其对涵盖创新效率、市值、专利产出等关键要素的后发企业创新产出的影响机理，进而全面解析后发企业的技术追赶机制。本研究将以战略性新兴产业、新能源汽车产业、专精特新中小企业等领域的相关政策规划为切入点，从政策与战略的双重维度进行深入的案例分析，进一步阐释后发企业在不同产业环境与政策背景下，如何巧妙借助战略联盟这一有力工具，突破技术瓶颈，实现技术追赶的战略目标。通过本研究，从理论上阐释中国情境下后发企业技术追赶的实现机制，选取信息通信技术（ICT）产业、新能源汽车产业等典型企业为研究对象，通过案例分析和实证分析，提炼中国企业技术追赶的实施方案和路径选择，为后发企业在制定战略联盟决策、优化技术创新路径方面提供切实可行的理论依据与实践指导，助力其在激烈的市场竞争中成功实现技术追赶与跨越发展。

本研究的意义主要体现在以下两个方面：

1. 理论意义

本研究从战略联盟视角深入探究后发企业技术追赶机制，极大地丰富和拓展了战略管理理论与技术创新理论的研究范畴。过往研究多聚焦于单一因素对企业技术创新的影响，而本研究将技术、市场与政策视为一个有机整体，深入剖析三者之间的交互关系及其对后发企业技术追赶的综合作用，为理解企业技术创新过程提供了全新的多维视角。

在战略联盟与技术追赶的关系研究方面，本研究通过对后发企业联盟动机、专利策略及其与创新产出关系的分析，揭示了战略联盟影响后发企业技术追赶的内在逻辑，完善了战略联盟理论在技术创新领域的应用，为后续相关研究奠定了坚实的理论基础。

2. 实践意义

本研究以中国企业技术追赶的现实需求为基础，依据产业特征、企业性质等的差异，建构、提炼特定类型后发企业技术追赶实施方案，具有直接且重要的实践指导价值。本研究通过深入了解战略联盟在技术追赶中的作用机制，能够帮助后发企业精准识别自身的优势与劣势，依据自身实际情况科学制定战略联盟策略，合理选择联盟伙伴，有效运用专利策略，进而显著提升创新效率与技术水平，加快技术追赶步伐，在激烈的市场竞争中赢得生存与发展的空间。

从政策制定角度来看，本研究为相关政府部门制定产业政策提供了极具价值的参考依据。各级政府及相关部门可依据本研究结论，精准制定鼓励后发企业参与战略联盟的相关政策，优化创新资源配置，营造良好的政策环境与创新生态，引导后发企业积极开展技术创新活动，推动产业结构优化升级，实现经济的高质量发展。在新能源汽车产业发展中，政府可通过制定政策鼓励后发企业与国内外领先企业、科研机构组建战略联盟，共同攻克核心技术难题，加速我国新能源汽车产业的发展进程。

1.3 主要研究思路与技术路线

本研究旨在深入剖析后发企业借助战略联盟实现技术追赶的具体路径与内在机制。通过对后发企业参与战略联盟的动机、所采用的专利策略及策略组合运用的深入探究，揭示其对后发企业涵盖创新效率、市值、专利产出等关键要素的创新产出的影响机理，解析后发企业的技术追赶机制。本研究以战略性新兴产业、新能源汽车产业、专精特新中小企业等领域的相关政策规划为切入点，从政策与战略的双重维度进行深入的案例分析，进一步阐释后发企业在不同产业环境与政策背景下，如何巧妙借助战略联盟这一有力工具，突破技术瓶颈，实现技术追赶的战略目标，为后发企业在制定战略决策、优化技术创新路径方面提供切实可行的理论依据与实践指导，助力其在激烈的市场竞争中成功实现技术追赶与跨越发展。

本研究的基本思路是"文献梳理→影响因素识别→作用机制提炼→概念框架构建→模式选择→实施方案与对策设计"，具体研究思路见图 1 - 1。

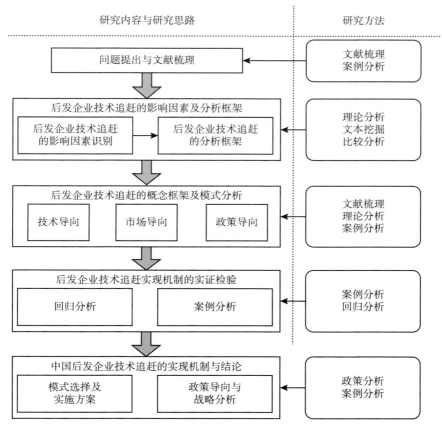

研究内容与研究思路　　　　研究方法

问题提出与文献梳理　←　文献梳理 案例分析

后发企业技术追赶的影响因素及分析框架
后发企业技术追赶的影响因素识别　→　后发企业技术追赶的分析框架　←　理论分析 文本挖掘 比较分析

后发企业技术追赶的概念框架及模式分析
技术导向　市场导向　政策导向　←　文献梳理 理论分析 案例分析

后发企业技术追赶实现机制的实证检验
回归分析　案例分析　←　案例分析 回归分析

中国后发企业技术追赶的实现机制与结论
模式选择及实施方案　政策导向与战略分析　←　政策分析 案例分析

图 1-1　本研究技术路线

通过对已有涉及后发企业、战略联盟等相关研究的梳理，考察后发企业联盟行为、动机、策略的作用机制，结合当前国家层面上所提出的指导意见及发展战略，提出本研究的背景和待解决的关键科学问题。依据已有关于后发企业技术追赶的理论基础、影响因素及作用机制分析，提炼出中国情境下后发企业"追赶什么，何时追赶，如何追赶"的理论问题，构建基于"技术-时机-路径"的后发企业技术追赶的概念模型。选取参与、建构战略联盟的典型企业作为样本进行案例分析，从技术追赶的技术属性、技术追赶的时机选择、技术追赶的路径选择等方面对其追赶机制进行分析，形成关于技术追赶模式的阐述，进而实现对前述概念框架的印证、优化。选取信息通信技术（ICT）产业、新能源汽车产业的典型企业作为研究对象，分析、检验其技术追赶的实现机制；引入大跨度历史数据，从分产业分析和跨产业分析两个角度进一步检验中国后发企业技术追赶的实现机制，进而形成中国后发企业技术追赶的模式选择。基于此，考察中国情境下后发企业联盟策略所引致的技术追赶的模式选择、实施方案及相应的管理对策，以期为后续企业借助对自身情形的考察，选择特定的追赶路径、模型及实施方案的制定提供理论指导和现实依据。

1.4　主要研究内容

本研究针对后发企业技术追赶实现机制的研究主要按照问题提出、理论梳理与概念界定、研究框架构建、作用机制解析、实证检验的研究步骤展开，共涉及十个章节的内容。

第 1 章为绪论部分，主要是关于本研究的选题背景与问题提出、研究意义、主要研究思路与技术路线、主要研究内容及研究的创新点等部分内容构成。

第 2 章为国内外相关研究综述，主要是通过对已有涉及后发国家、后发产业、后发企业等相关研究，并结合技术追赶的理论基础研究、影响因素识别、战略选择研究及实现机制分析等对本研究的前置文献进行梳理，进而从理论研究的角度形成研究的不足和问题。

第 3 章为主要理论基础与概念界定，通过对与后发企业技术追赶相关的后发优势理论、技术学习理论、技术追赶理论、技术选择理论、技术扩散理论、技术创新理论的梳理和比较分析，形成本研究的理论框架与边界，并对本研究重点关注的后发企业、技术追赶和技术创新等几个核心概念进行界定。

第 4 章为不同情境下后发企业技术追赶的理论框架，为后续理论分析、实证检验及案例分析的基础，本部分主要从基于战略联盟的后发企业技术追赶的分析框架，基于联盟动机、专利策略与创新绩效关系的分析框架及基于政策导向的后发企业技术追赶的案例分析框架入手，为后续实证分析提供理论依据和理论指导。

第 5 章、第 6 章和第 7 章为本研究的理论分析部分，是研究的关键所在。其中，第 5 章主要关注技术导向驱动的后发企业技术追赶的实现机制，在对技术导向下后发企业技术追赶的模式分析基础上，从技术获取、技术利用两个角度对后发企业技术追赶的机制进行分析并提出相关的理论假设；第 6 章主要关注市场导向驱动的后发企业技术追赶实现机制，在对市场导向下后发企业技术追赶的模式分析基础上，从市场进入、市场拓展等两个角度对后发企业技术追赶的机制进行分析并提出相关的理论假设；第 7 章主要关注政策导向驱动的后发企业技术追赶的实现机制，在对政策导向下后发企业技术追赶的模式分析基础上，分别从战略性新兴产业、新能源汽车产业和专精特新中小企业等角度入手，对推进后发企业技术追赶的政策、战略、规划等进行梳理与分析，形成政策导向的后发企业技术追赶的分析框架。

第 8 章为后发企业技术追赶实现机制的实证检验部分，通过对数据、样本及变量选择的分析，为后续开展有针对性的实证检验提供了数据基础，并分别从技术导向、市场导向及政策导向等三方面结合计量经济学模型与案例分析，考察后发企业技术追赶的实现机制。

第 9 章主要是从新质生产力的角度对专精特新中小企业技术追赶的新情况、新问题进行梳理分析，并结合新能源汽车产业和高端装备制造业的案例分析，形成、提炼后发企业技术追赶的路径。

第 10 章为研究结论与展望，主要是针对本研究的主要问题和关键结论的总结与分析，并结合本研究的不足之处，形成了下一步的研究展望。

1.5　主要创新点

本研究对于后发企业技术追赶实现机制的研究，通过对相关理论及研究的梳理，建立了基于战略联盟的后发企业追赶机制、基于"技术－市场－政策"交互驱动的后发企业技术追赶机制、基于政策导向的后发企业技术追赶机制，主要创新点体现在以下三个方面：

第一，中国情境下后发企业技术追赶的影响因素识别及作用机制分析。中国情境下后发企业技术追赶的影响因素识别及作用机制分析是本研究的第一个创新点。通过对已有技术追赶相关研究的梳理，结合中国情境下试图实现技术追赶的企业特征，识别出中国后发企业技术追赶的影响因素，进而考察影响因素对企业技术追赶的作用机制是后续概念框架构建、模式提炼的基础，也是选取典型企业展开实证检验，优化后发企业技术追赶实施方案的前期基础。

第二，中国情境下后发企业联盟策略引致的技术追赶的概念框架构建。中国情境下后发企业技术追赶的概念框架构建是本研究的第二个创新点。本研究以前述的技术追赶影响因素识别及作用机制提炼为基础，围绕"追赶什么，何时追赶，如何追赶"的理论问题，构建基于"技术－时机－路径"的中国后发企业联盟策略引致的技术追赶的概念框架，选取典型企业作为样本，结合案例分析进一步细化、调整概念框架，提炼后发企业技术追赶的实现机制，为后续的中国企业技术追赶、技术创新能力提升及创新主体地位实现提供理论支撑。

第三，后发企业技术追赶的实现机制及实施方案确立。后发企业技术追赶的实现机制和实施方案确立是本研究的第三个创新点。在概念框架构建、模式选择的基础上，结合典型企业的案例分析，进一步优化后发企业技术追赶的模式及备选方案，依据技术特征、产业特征的差异，考虑到企业自身的技术属性，利用案例分析和计量经济学分析检验后发企业技术追赶的理论框架的解释力度，进而形成技术追赶的实施方案，为相关企业结合自身特征选择适宜的模式实现技术追赶提供理论基础和现实依据。

第 2 章

国内外相关研究综述

2.1 后发企业相关研究综述

2.1.1 后发国家相关研究

除了正确的技术赶超战略外,后发国家的技术赶超过程还受到诸多条件的制约,现有文献主要从制度环境的角度讨论了技术赶超实现的影响因素。

关于制度情境对后发企业技术赶超的作用,很多学者讨论了政府的作用。部分学者认为政府干预对后发企业追赶产生积极作用,通过对上海贝尔、中星微电子、华为等的案例研究，发现政府干预是中国技术追赶得以成功的决定因素之一（Mu and Lee，2005）。技术杠杆机构则成为落后国政府建立的以促进企业缩小与发达国家领先企业之间技术资源上的差距、实现技术赶超的机制（Mathews，2007）。在后发企业技术追赶过程中，中国政府在引导和帮助企业积累创新能力方面发挥了积极的作用（Fan，2006）。刘宏程、葛沪飞和仝允桓（2009）认为政府加强对某些产业中关键技术研发的支持与激励，可以改变产业创新网络，从而为本土企业技术追赶提供机遇。程鹏等（2011）对中国高铁产业技术追赶的研究表明，由于企业缺乏基础研究的能力，当时的铁道部起到了中介协调机构的作用，组织了大量的科研院所参与高铁领域的基础研究，对于高铁制造企业的能力成长发挥了积极的作用。徐雨森（2011）揭示了后发国家政府根据领先企业的转移意愿、领先企业之间达成技术联盟的情况，适时调整产业政策。

部分学者对于政府的角色持否定的态度，认为政府的角色应仅限于保障宏观环境的稳定而不是干预具体的公司和部门。一些学者的研究表明，政府培育"国家队"的努力没有达到预期目标（Nolan and Zhang，2003），政府干预国有企业管理者选拔不利于企业技术能力积累（Cai and Tylecote，2008）。

此外，部分学者考察了转型经济背景下制度环境与后发企业技术追赶的关系。江诗松、龚丽敏和魏江（2011）采用共演模型，通过一家中国民营汽车企业（吉利集团）的纵向案例研究，展现了转型经济制度环境和后发企业能力追赶的共演过程，研究表明转型经济的制度环境和新型工业化国家刚好相反，政府对企业的约束效应在吉利的起步阶段非常明显。转型经济的后发企业不仅面临追赶的任务，为了实现追赶，还需要管理制度环境。此后，江诗松、龚丽敏和魏江（2011）进一步研究了所有权因素在后发企业创新能力追赶过程中的角色，通过一个国有企业（上汽）和民营企业（吉利）将近30年的纵向比较案例研究，结果表明国产化政策强化了国有企业对跨国公司的依赖性、学习封闭性以及创新能力三者之间的恶性循环。对于民营企业而言，由于缺少和跨国公司建立直接联结的机会，从而摆脱了国有企业面临的恶性循环。在自主品牌政策导向下，国有企业打破了原有的恶性循环，但由于内在的可见度窘境，在创新能力追赶上较民营企业仍然不具优势。

2.1.2 后发产业相关研究

不同产业情境特征对后发企业的技术追赶产生不同影响。一些学者考察了产业的生产技术特征，即小批量、大批量和连续工艺三种技术特征对技术追赶的影响（Kim，1997）。关于韩国企业追赶过程的研究结果显示，对以小批量生产为技术特征的产业（如造船工业）的后发企业来说，产品创新对于其实现能力追赶非常重要。对以大批量生产为技术特征的产业（如电子和汽车工业）的后发企业来说，过程创新和产品创新对于其实现能力追赶都很重要。最后，对以连续工艺为技术特征的产业（如化学、钢铁、造纸工业等）的后发企业来说，生产工艺及其包含的技术诀窍最重要。唐春晖和唐要家（2006）对影响产业技术追赶的技术模式特征进行阐述，并将其运用于六个典型产业的技术追赶可能性分析中，其结论是产业技术模式的特征是影响后发国家产业技术追赶绩效的关键。

另一些研究则强调产业技术体制对后发企业技术赶超的影响。有研究将技术体制界定为技术机会、创新的可收益性、技术发展的累积性以及知识基础属性等四个要素的特定组合（Breschi，Malerba and Orsenigo，2000）。有研究通过技术发展的累积性、技术轨迹的流动性、知识基的属性等要素解释了韩国汽车、移动电话等不同产业的技术追赶（Lee and Lim，2001）。一些学者从技术体制的角度出发，分析了产业变革中，技术创新、技术体制与组织选择之间的关系（Kim and Lee，2003），进一步提出只有能够创造出互补资产的后发企业才能抓住新的技术机会（Lee，Lim and Song，2005）。有学者引入了知识退化速度、外部知识可获得性、初始知识存量、技术轨迹流变性等要素，并利用美国专利数据进行了实证研究。研究结果显示，在技术周期较短、初始知识存量较多的产业里，后发企业更有可能实现能力追赶（Park and Lee，2006）；在发生追赶的不同产业中，实际追赶速度的快慢，具体取决于创新的可收益性和知识的可获得性，这意味着能否实现能力追赶和追赶速度的决定因素并不相同。有学者在产业创新体系的框架下探讨了不同产业部门学习过程和技术追赶机制的差异，通过对多个国家制药、汽车、软件、半导体、电信设备、农作物等产业部门的对比分析，识别出不同产业系统存在的影响技术追赶差异的主要因素（Malerba and Nelson，2011）。

2.1.3 后发企业相关研究

后发国家产业技术追赶的影响因素错综复杂，既包括产业本身的技术特性、市场结构等，也包括国家层面的资源要素、产业政策等。如果从产业技术变革速度和后发国家企业技术追赶时的技术能力基础两个维度看，对于那些产业技术更新换代变化较慢而后发国家产业技术能力基础较差情况，特定顺序理论比较适用；对于那些产业技术更新换代较快而后发国家产业技术能力基础较好的情形，技术跳跃理论比较适用。对于那些产业技术更新换代变化较慢而后发国家产业技术能力基础较好的情形，一般不存在技术追赶的问题，此时市场追赶则更为重要一些，如服装、鞋子等相关产业的奢侈品品牌追赶。对于那些产业技术更新换代变化较快而后发国家产业技术能力基础较差的情况，特定顺序和技术跳跃两个理论学派则都不适用。本研究针对这一理论不足进行研究，探讨产业技术变革快、后发国家产业技术能力基础差的情境下的技术追赶问题。

传统理论研究指出后发企业可以借助模仿创新或自主创新等技术导向方式制定企业的市场进入策略，但是随着全球化进程的加快，市场需求的多样化和复杂化加剧了竞争环境的动荡性和不确定性，对于那些存有资源劣势和市场劣势的后发企业而言，通过技术渠道获取市场进入机会变得愈发困难。

一些学者结合资源基础观论述了后发企业如何获得并保持竞争优势，通过建立关系、杠杆化利用和学习等途径克服自身技术劣势。所谓后发企业是指在面临技术和市场双重劣势时，利用多种资源的杠杆效应进行快速学习，以赶超为目标的企业。学者们考察了组织学习的作用，指出组织学习使组织成员引进新技术后，消化、吸收新技术成为可能，组织在过往经验与活动的基础上开发或者发展相应能力和知识，并将这些能力和知识应用于后续学习中，以提升组织竞争力和绩效。有学者关注协同创新的作用，认为协同是系统中多个子系统要素之间产生的整体效应，进而研究、区分了创新主体内部之间、外部之间以及内外部之间的协同效应，按照协同创新模式及分类，包括研发协同、创新外包、专利学科及技术转让等方式，即组织协同、契约协同和战略协同等。寿柯炎、魏江和刘洋（2018）强调随着技术变革加速、全球化竞争加剧等，企业间建立的技术联盟已经成为常态，同时多样化的合作伙伴构成的联盟组合也成为企业获取分散的互补性异质资源，从而提升技术优势的重要战略途径。总体上，上述协同模式更多的可以被划归到战略联盟体系中，因此本研究侧重将战略联盟的企业作为研究对象，分析企业间协同效应及其策略选择等。

在当前的开放环境下，跨国公司在后发企业能否实现技术赶超中扮演重要角色。全球化使落后国得以与国际技术前沿保持密切接触，使其能够在国际技术潮流的快速更替中不断寻找能够在技术轨迹上实现跳跃或足以支持技术跨越的新技术机会。"亚洲四小龙"电子产业的发展历史证实了后发企业从 OEM 开始过渡到 ODM 并最终实施 OBM 的学习路径（Hobday，1995）。其中，OEM 为后发企业提供了学习平台，帮助它们克服进入壁垒并消化制造和设计技术。在这个过程中，跨国公司作为后发企业的客户，通过自己的需求驱动了后发企业的学习进程，并且在不经意中成了后发企业据以实施技术消化、改进和创新的重要工具。一些学者总结了全球技术发展轨迹和后发企业全球网络化模式的匹配关系。他们通过考察韩国半导体产业后发企业的发展轨迹发现，后发企业的网络化模式随着全球技术发展轨迹的变化而变化（Cho and Lee，2003）。具体而言，在国际技术转移的垂直合作阶段，后发企业的学习焦点是全球成熟技术，并且加盟跨国公司的全球层级网络。

在以上研究基础上，后续研究在建立后发企业追赶分析框架时进一步引入全球生产网络和全球价值链的概念。一些学者描述了全球生产网络中网络旗舰的跨国公司对发展中国家后发企业能力发展的促进作用（Ernst and Kim，2002）。在全球生产网络中，发展中国家后发企业与网络旗舰逐渐建立起供应商—客户关系。在交易过程中，一方面，后发企业为了满足网络旗舰的要求而提升自己的技术和管理技能；另一方面，网络旗舰通过各种正式和非正式机制来转移隐性和显性知识。这两方面共同促进后发企业的能力发展。由发达国家的领先企业建立的国际价值链，一直寻求通过外包来降低成本和加强战略柔性，为落后国家的后发企业提供了以供应商身份加入这些国际价值链的机会（Humphrey and Schmitz，2002）。通过对比中国海尔集团和印度塔塔集团，一些学者的研究发现二者在技术追赶过程中都把国际化作为重要发展战略（Duysters et al.，2009）。

部分学者针对中国企业考察了创新网络与后发企业技术赶超的关系。张米尔和田丹（2008）研究发现，利用研发服务公司等新兴的第三方技术资源，有助于加快中国企业的技术追赶进程，推动跨越在发展进程中面临的"追赶陷阱"。刘宏程、葛沪飞和全允桓（2009）以中国"山寨手机"现象为例研究了创新网络演化与企业技术追赶的关系，结果表明"山寨手机"的兴旺是由于创新网络改变后所带来的网络化设计、生产和销售；"山寨手机"的衰落是由于在创新网络改变所提供的机会窗口中山寨厂商没有实现技术追赶。创新网络变化带来的机会窗口仅仅是为企业实现技术追赶提供了机遇，如果企业以创新网络代替自身的技术学习与技术能力的提升，则走向衰落是必然的。江诗松、龚丽敏和魏江（2011）的研究却表明，和跨国公司建立联结只是提供了本土后发企业发展创新能力的可能，而并非像已有文献表明的那样确定。国有企业（上汽）与跨国公司建立了直接联结不但没有发展创新能力，反而丧失了原有的创新能力平台；而民营企业（吉利）虽未在初期与跨国公司建立直接联结，但还是通过不同非正式开放式学习机制迅速发展了创新能力。

2.2　技术追赶相关研究综述

综观已有涉及技术追赶的研究，学者大多关注于二战以后，特别是20世纪70年代后的日本、韩国、新加坡等东亚新兴经济体对西方发达国家的追赶，认为这种赶超是战略、模式与路径的有机结合，也成为学术界和管理层持续关注的热点问题。通过对近30年来涉及技术追赶的研究的梳理，发现当前学术界对技术追赶相关研究主要从三个层面展开：其一，技术追赶的理论基础研究；其二，技术追赶的影响因素识别；其三，技术追赶的实现机制分析。

2.2.1　技术追赶的理论基础研究

自20世纪80年代以来，相关学者对技术追赶的理论与实践做出了大量的研究，对于其理论基础的阐述大致可区分为以下两方面：首先，一些学者从技术差距的角度论述了技术追赶的可行性，指出技术差距与技术追赶存在正相关关系，认为技术差距越大，企业可实现的技术学习、模仿的空间越大，越有助于从技术溢出中获益（Findlay，1978）。与之相对，一些学者从技术学习的角度展开研究发现，技术差距与技术追赶之间呈反向关系，较大的技术差异使企业无法实现技术追赶（Cohen and Levinthal，1990）。后续的研究也纷纷证实了技术差距与技术追赶的关系，研究表明适宜的技术差距是实现技术追赶的基础（Sjoholm，1999）。我国学者吴晓波、黄娟和郑素丽（2005）则引入 FDI 验证了技术差距与技术追赶的关系。其次，一些学者从后发优势的角度验证了技术追赶的理论基础，以韩国半导体产业作为样本验证了相关企业如何借助后发优势实现跨越式发展（Mathews and Cho，1999），分析了后发企业的学习和竞争优势（Mathews，2002）。

2.2.2 技术追赶的影响因素识别

伴随着学者们对于技术追赶的理论基础的研究，一些学者开始关注于技术追赶的影响因素及其识别，侧重从制度环境、产业特征以及全球化等视角展开。首先，一些学者从影响技术追赶的制度环境加以分析。通过对上海贝尔、华为等合资企业和本土企业的研究，得到政府干预是中国企业实现技术追赶的关键因素之一（Mu and Lee，2005）。一些学者证明了政府在技术追赶上的抑制作用。通过中国移动通信制造业企业的调查发现，政府干预国有企业管理者选拔不利于企业技术能力积累（Cai and Tylecote，2008）。其次，有学者论证了产业特征在后发企业技术追赶中的作用。随后，有学者提出只有能够创造出互补资产的后发企业才能抓住新的技术机会（Lee，Lim and Song，2005）。有学者选取了制药、汽车、软件、半导体、电信设备、农作物等产业部门进行对比分析，识别出不同产业系统存在的影响技术追赶差异的主要因素（Malerba and Nelson，2011）。再次，一些学者强调了全球化对技术追赶的影响。通过对"亚洲四小龙"电子产业发展的研究，细化出后发企业从 OEM 开始过渡到 ODM 并最终实施 OBM 的学习路径（Hobday，1995），验证了全球技术发展轨迹和后发企业全球网络化模式的匹配关系（Cho and Lee，2003）。随后，众多学者开始从全球生产网络、全球价值链以及创新网络等全球化的具体形式展开研究，一些学者描述了全球生产网络中网络旗舰对后发企业能力发展的促进作用（Ernst and Kim，2002）。通过中国海尔集团和印度塔塔集团的比较研究证实了国际化在二者技术追赶中的作用（Duysters et al.，2009）。刘宏程、葛沪飞和全允桓（2009）研究了创新网络演化与企业技术追赶的关系。江诗松、龚丽敏和魏江（2011）的研究表明与跨国公司建立联结为后发企业提供了提升创新能力的可能，具体的作用仍取决于这些后发企业的性质。

2.2.3 技术追赶的战略选择研究

通过对现有涉及后发企业技术追赶的研究梳理得到，相关学者对战略选择的研究主要集中于技术选择、时机确定以及路径优化等方面。具体地，对于技术选择，蔡昉、王德文和王美艳（2003），林毅夫和刘培林（2001），王允贵（2002），魏伟、杨勇和张建清（2011）等学者比较、细化了技术选择的机制，认为比较优势、国家战略、特定产业发展路径以及企业自身的发展战略等均成为关键因素。对于时机确定，相关学者指出技术追赶时机的确定是其追赶战略能否实现的主要限制，进而从技术发展的角度加以论证，分别从创新过程、进入壁垒、机会窗口，乃至技术生命周期等展开分析（Utterback and Abernathy，1975；Mathews and Cho，1999；吴晓波和李正卫，2002；黄永春等，2012）。对于路径优化，已有研究可分为两类：第一类研究发现技术赶超路径遵循特定的顺序（Kim，1997；Mathews，2002；Lee，2005；刘建新等，2011）；第二类研究认为技术赶超路径并非完全是线性的，也具有跳跃性（Lee and Lim，2001；唐春晖和唐要家，2006；洪勇和苏敬勤，2008）。

2.2.4 技术追赶的实现机制与分析框架

已有理论和实践都表明，后发国家在技术和经济发展过程中实现技术赶超是可能的，但是技术赶超能否真正实现还取决于后发国家能否选择正确的赶超战略。学术界主要对后发国家技术赶超的技术选择、时机选择以及路径选择进行了大量研究。

1. 技术选择战略研究

选择何种类型的技术或产业部门进行追赶是实施技术赶超战略的关键。比较优势和资源禀赋理论认为，技术赶超过程中技术类型的选择应该遵循比较优势原则，即各国或地区应该分析各自资源的比较优势，在此基础上实施技术赶超战略。

一些学者分别考察了中国的工业竞争力以及钢铁工业的技术选择，研究发现这些行业的技术发展与其是否遵循比较优势进行技术选择有密切关系，我国劳动力资源的比较优势是这些行业实施技术赶超战略的基础（蔡昉、王德文和王美艳，2003；Wu，2001）。林毅夫和刘培林（2001）根据比较优势理论，建立了技术选择和比较优势之间的关系，研究发现按照本国的禀赋结构来选择相应的产业、产品、技术结构，会使该国的企业最具市场竞争力，经济剩余最大，资本积累最多，要素禀赋结构提升最快，技术水平也就相应得以迅速提升。王允贵（2002）根据经济合作与发展组织（OECD）等对于制造业的技术分类方法，从产品生产的国际分工角度分析了我国产业发展的中长期战略，研究认为面对经济全球化的国际环境，我国产业结构升级的起点和方向都应调整到以技术密集度为衡量指标的产业坐标系上，我国产业政策的主题应是大力发展中技术产业。魏伟、杨勇和张建清（2011）对中国制造业的研究表明，我国内资企业仅在劳动密集和一般技术性行业实现了技术赶超，在资本密集和高技术行业的赶超难度较大。

此外，部分学者还考察了特定产业部门选择对技术赶超战略的影响。不同的产业部门技术模式存在较大差异，从而影响不同产业技术赶超成功与否。通过考察韩国七个产业的技术追赶情况，发现产业的技术模式特征与不同产业的技术追赶成绩差异直接相关（Lee，Lim and Song，2005）。唐春晖和唐要家（2006）选取汽车、家电、半导体、计算机、通信和机械工具六个典型产业，对不同产业技术追赶的可能性和程度进行了推断，并讨论了中国这些产业技术追赶的模式选择。结果表明，未来中国产业技术赶超战略应当在原有的技术路径和新的环境特征下，选择与产业技术模式相匹配的技术追赶模式。部分学者针对中国、韩国和日本等其他产业技术追赶的研究，也证实了技术赶超战略中技术选择的重要性。

2. 时机选择战略研究

在确定技术赶超的对象后，选择技术赶超的时机对于赶超战略的成功实施至关重要，诸多学者从技术发展的视角考察了技术赶超的最佳时机，认为技术创新可以分为产品创新和过程创新，随着技术的发展，技术创新过程依次经过流动性阶段、过渡性阶段和明确性阶段（Utterback and Abernathy，1975）。后发国家或地区应根据自身在不同产业中不同的技术能力选择不同的技术时机：对产品创新能力较强的产业，选择流动性阶段或过渡性阶段进入；对过程创新能力较强的产业，选择明确性阶段进入。

有学者研究了技术赶超的进入壁垒和机会窗口，通过分析技术生命周期中不同时期技术进入成本组成因素的变化，认为技术初始引进期和成熟期是最适宜的技术赶超机会。这一结论在许多工业化国家在传统成熟工业产品上的出口导向战略和在诸如数字电话通信、电子存储芯片等技术方面得到了证实（Perez and Soete，1988）。吴晓波（1995）提出"二次创新"理论模型，认为后发国家技术追赶或跨越需要经历一个从技术引进、消化吸收到二次创新的过程，有学者提出了"成熟技术获得、消化吸收和改进"的技术赶超模型（Kim，1997）。这两个模型均认为对于处于成熟期且技术变迁速度较慢的产业而言，技术成熟期是技术跨越的最佳时机。

一些学者通过研究韩国 DRAMS 和 CDMAS 技术的成功赶超经验发现，产品发展的快速变更为新来者实现技术绝对赶超提供了机会窗口（Mathews and Cho，1999）。吴晓波和李正卫（2002）应用混沌原理对技术的演进过程进行了分析，认为新旧技术范式更迭期属于技术演进的混沌时期，这一时期是实现绝对技术跨越的最好时机。这是由于技术范式更替速度快，通过引进现有的成熟技术不仅无法实现技术跨越，甚至可能陷入"追赶的陷阱"，因此，对于此类产业技术跨越的时机选择，应该摒弃从成熟期进入的策略，直接选择从新范式的技术导入期或混沌期进入。黄永春等（2012）借助日本、韩国和中国台湾 FPD 技术的赶超实践，指出后发地区应努力把握产业过渡阶段的机会，利用技术发展轨迹中的机会窗口，强化学习能力和吸收能力，集中资源开发产业关键和共性技术，以在稳定阶段实现对先行者的赶超。对于具有较强技术赶超实力，且能在高度不确定性环境中把握赶超机会的企业，也可以选择在战略性新兴产业演化的早期不稳定阶段进入，其可通过开放式创新能力的培育，积累技术赶超能力，以在过渡阶段实现对先行者的赶超。

3. 路径选择战略研究

通过对后发国家技术赶超的经验研究，国内外学者在后发国家的技术赶超路径方面取得了丰富的成果。已有研究主要分为两类：第一类研究发现技术赶超路径遵循特定的顺序；第二类研究认为技术赶超路径并非完全是线性的，也具有跳跃性。

技术赶超路径顺序规律的研究已经积累了大量文献。有学者对韩国 31 家电子工业企业的技术追赶进行了实证研究，提出一个后发国家企业技术发展的三阶段模型：从组装到吸收，再到改进（Kim，1997）。韩国、新加坡和中国台湾、中国香港 4 个亚洲新兴经济体的电子工业技术追赶战略是"OEM – ODM – OBM"（Hobday，1995）。中国台湾经历的是从 OEM、ODM 到 OBM 的赶超路径（Mathews，2002）。陈劲（1994）认为技术赶超有三种特定的发展阶段：技术吸收、技术改进与自主技术创新。吴晓波（1995）对我国企业技术引进和创新的总体特征进行观察，提出了一个在技术引进基础上进行的"二次创新过程模型"。按技术体系发展的进化过程，后发国家企业的"二次创新"可分成三个子过程：模仿创新、创造性模仿和改进型创新。谢伟（1999）提出了一个"从技术引进到生产能力，再到创新能力"的产业技术学习过程模型。洪勇和苏敬勤（2007）通过华松公司的案例研究考察了基于追赶战略的发展中国家核心产业链与核心技术链的协同发展机制。苏敬勤、吕一博和傅宇（2008）以技术模块化为研究背景，指出后进企业从一般模块制造到关键模块制造、从一般制造技术到系统技术，遵循技术水平与技术能力协调发展的技术追赶路径。朱方伟、蒋兵和张国梁（2008）基于产品技术链研究发现发展中国家企业的技术追赶依次表现为终端产品的集成创新、核心元件的渐进式追赶和主导设计变迁的技术超越。刘建新等（2011）分别对我国电视机产业、汽车产业和通信设备制造产业的技术追赶进行研究，发现存在单路径、双路径与多路径三种模式。

近年来，越来越多的研究发现后发国家的技术赶超路径并不是线性的，而是存在跳跃性。一些学者对韩国一些产业的技术追赶进行了对比研究，发现后发国家产业技术可能存在三种不同的赶超模式：路径跟随型、路径跳跃型、路径创造型（Lee and Lim，2001）。其中后两种模式属于跳跃式技术追赶。韩国在个人计算机、消费电子、机床等产业的技术追赶属于路径跟随型追赶，最终的追赶效果并不理想；汽车、D－RAM 存储器的产业技术追赶属于阶段跳跃型追赶，最终的追赶效果比较理想；CDMA 移动电话产业的技术追赶属于路径创造型追赶，其追赶效果也比较理想。唐春晖和唐要家（2006）提出开放式追赶、网络式追赶和自主式追赶这三种技术追赶形式，并认为此三种形式与一些学者提出的三种追赶形式存在某种程度的对应性（Lee and Lim，2001）。路风和慕玲（2004）考察了中国激光视盘播放机工业的发展历程，研究发现由于发达国家对后进者形成了巨大的能力壁垒，中国工业仅仅跟随发达国家的工业和技术轨道是难以发展出竞争优势的，所以必须走出自己的发展路径,中国 VCD/DVD 工业的经验提供了非线性技术发展的一个实例。洪勇和苏敬勤(2008)在纵观韩国、墨西哥、新加坡、印度及日本等国有关产业技术追赶实践的基础上,将后发国家的产业技术追赶划分为同轨道跟随型、同轨道差异型、异轨道崛起型及后轨道创造型四种模式。王方瑞(2011)把技术变革按照技术和市场两个维度可以分为改进性、破坏性和革命性三种类型,提出渐进型、破坏型、革命型三种技术追赶路径。面临改进性技术变革机会时,我国企业应选择渐进型技术追赶路径,经历技术引进和模仿、小创新、重大性创新、渐进性创新四个发展阶段;面临破坏性技术变革机会时,我国企业应选择破坏型技术追赶路径,主要经历模仿创新、重大性创新、渐进性创新、突破性创新四个发展阶段;面临革命性技术变革机会时,我国企业应选择革命型技术追赶路径,经历技术改造、突破性创新、重大性创新、渐进性创新四个阶段。

第 3 章

主要理论基础与概念界定

3.1 后发企业技术追赶的理论基础

3.1.1 技术学习理论

当前，学术界对于技术学习的定义众说纷纭，尚未形成一致的定义。一些学者认为技术学习是发展中国家的企业通过主动学习努力获取技术能力的过程（Amsden，1989）；有学者将技术学习理解为获取技术的能力（Kim，1997），或者将技术学习定义为企业获取技术知识的整个活动（Hobday，1995）。我国学者谢伟（1999）将技术学习定义为以形成和提高技术能力为目的的一切获得显性知识和隐性知识的行为。上述国内外学者对于技术学习的定义，一般都认为技术学习是获取技术的过程或能力，在意义上有相通的共性，都是指技术能力提高的过程。

1. 技术学习的内容

技术学习理论的思想可以追溯到熊彼特的经济发展理论，截至目前，技术学习理论尚没有形成系统化的、普遍认同的、逻辑严密的理论体系。技术学习理论是具有特定密切联系的理论的集合体。对于技术、企业技术能力、技术信息的分布，技术学习理论都有一定的理解和认识。

技术学习理论认为，技术本质上是一种需要掌握某种方法和理解这种方法所需知识的结合体，并且这种知识和方法的组合是其他外部因素的支持以及其他无形资产之间互相影响得到的。关于技术学习理论中对技术的定义包含两种思想：第一，技术不仅包含资本组合、技术工艺等，还包括组织程序和经验。第二，技术涉及生产和劳动过程。生产的社会组织和劳动过程的变化被认为是一种形式的技术变化。对技术信息进行分类时，往往引用迈克尔·波兰尼（1956）关于知识的分类方法，把技术信息分为显性的和隐性的两类：显性的技术信息可以通过明确术语编码；隐性的技术信息具有高度的情景依赖性，一般依附于技术信息拥有的主体存在，难以表达和沟通。技术信息是一系列特殊的设计和经验，围绕这些设计和经验且帮助对事物机理进行理解的通用知识、隐性知识或一系列特殊的设计和经验在转移、使用和传播时通常成本较高且相对困难。

对于技术学习，根据企业的技术变化可以从技术掌握、增量的技术变化和突破性的技术变化等三方面来阐述。技术掌握是学习者对有效的学习过程中某种技术或者生产工艺、流程、技巧、能力的驾驭和理解；增量的技术变化是对于给定技术的正面调整或小幅度的性能提高；突破性的技术变化是企业应用某种创新并具有显著经济效益的产品或新型服务。

由于技术信息的非平均分布，企业局限于不可能了解所有可能的技术信息，所以企业可以选择的技术变化是有限的。一个企业获得技术变化的同时，意味着技术信息的转移。由于技术与技术主体之间存在相互的依赖关系，在获得有限的技术变化的过程中，即使是对同样技术变化，不同企业表现出不同的结果。一些学者认为一个企业获得技术变化的结果在很大程度上就是企业先前相关知识的函数（Cohen and Levinthal，1990）。另外，技术学习理论还用技术能力的提高来描述企业先前拥有相关知识的多少。企业必须拥有必要的技术能力才能学习和开发相关的技术变化，企业的技术能力决定企业学习和获得技术变化的成本。所以，技术学习理论认为，企业技术能力的提高是有意识的技术学习的结果。

2. 技术学习的模式

不同的技术决定不同的市场效益，当某一产业的技术需要更新时，就会寻找新的技术来源，先进的技术可以让技术的需求方看到产业发展的希望和在经济效应上的利益。当技术扩散方和技术接收方通过某种共同约定的方式商议技术扩散的方式和过程时，技术学习也就随之产生，技术学习也可以在产业内部自主产生。本研究根据产业技术学习的一般性将技术学习的模式分为以下两种。

（1）模仿模式。引进模仿的技术学习模式一般是指技术落后的国家或企业在经济发展中，采用技术模仿战略，从先进国家或者先进的企业引进大部分自己需要的技术发明与技术创新，然后由技术落后的国家或企业在消化、吸收、改进与提高之后，运用到自己的生产中去，借以改进自身的技术能力，提高自身的技术水平。从国家的宏观层面来看，引进模仿的技术学习模式主要是针对技术后发国家而言，发达国家所提供的技术，为发展中国家的技术进步提供学习与模仿机会。从产业层面来看，引进模仿能够迅速获得技术学习机会，缩短技术研发的周期，通过快速地消化吸收，能够迅速达到引进技术的水平，促进产业技术能力的提升，甚至可以进行更高层次的创新。从企业层面来看，引进模仿的资本投入相对较少，可以较快地推出新产品，而且模仿学习的新产品投放市场周期要小于自己创新研发的新产品投放市场的周期，新产品生命周期更长，进而可以获得更多的产品利润。

（2）自主模式。自主发明创新型技术学习模式通常要求技术学习是基于自身的技术积累与技术创新能力，自主研发创新技术成果，进而推动技术成果的产业化与商品化，利用技术创新带来的技术优势形成规模经济的技术学习过程。从国家层面来看，自主发明创新型技术学习模式是实现一国综合国力和国家可持续发展的目的和手段，可以带动国民经济的快速发展。从产业角度来看，依靠后发优势，可以通过自主创新的技术学习过程，加速实现部分技术发展阶段的跳跃，或者开辟新的技术发明，使产业技术达到领先水平。自主发明创新的技术学习模式，还可以使企业形成和保持在同行业企业中的优势地位，并保持发展速度的快速增长。

3.1.2 技术追赶理论

在当今全球化的经济格局下，技术作为推动经济增长、提升国家竞争力的核心要素，其发展水平直接决定了一个国家或地区在国际舞台上的地位和作用。技术追赶理论旨在探讨后发国家或地区如何借助各种途径，缩小与先发国家在技术领域上的差距，进而实现跨越式发展。这一理论的研究对于诸多后发国家或经济体而言，具有至关重要的现实意义。

1. 技术追赶理论的萌芽：技术引进与模仿驱动

技术追赶理论的萌芽可追溯至 19 世纪，以德国经济学家弗里德里希·李斯特为代表的学者们强调，后发国家在工业化起步阶段，引进先进国家的技术与经验是实现快速发展的关键路径。当时，英国凭借工业革命率先成为世界经济强国，建立起先进的纺织、机械制造等产业体系，技术优势相当明显。李斯特指出诸如德国等后发国家自身技术研发能力薄弱、工业基础匮乏，若从零开始进行自主研发，不仅耗时漫长，而且面临投入巨额资金，难以在短期内缩小与先发国家的差距。通过引进英国等已成熟的技术，后发国家能够快速搭建起本国的工业框架，利用先发国家的技术溢出效应，学习先进的生产工艺与管理模式，从而在相对较短的时间内实现产业的初步发展，为后续进一步的技术提升奠定基础。

美国经济史学家亚历山大·格申克龙通过对 19 世纪德国、意大利、俄国等欧洲较为落后国家的工业化过程进行分析，提出了"后发优势"理论，格申克龙（Gerschenkron，1962）认为后发国家在追赶过程中具有独特的优势，相较于先发国家，它们能够直接借鉴先进技术与成功经验，避免先发国家在技术探索过程中所犯的错误，降低走弯路的风险。后发国家还可以利用先发国家产业结构调整的契机，承接部分产业转移，引入相对先进的技术设备与生产线，快速切入国际产业分工体系，实现经济的起步与增长。这些早期理论观点为技术追赶理论的形成奠定了基石，开启了学术界对后发国家技术发展路径的深入探讨之门。

日本是通过技术引进与模仿驱动发展模式实现技术追赶的典范。20 世纪 50~70 年代，日本企业大规模地从欧美引进各类先进技术。以汽车产业为例，日本的丰田、本田等企业积极引入美国汽车制造的流水线生产技术、发动机研发技术以及先进的质量管理体系。丰田公司在引进福特汽车的流水线生产模式后，并非简单照搬，而是结合本国国情进行改良，创新性地提出了"精益生产"理念，通过优化生产流程、减少库存积压、强化供应链协同等措施，极大地提高了生产效率，降低了生产成本，使日本汽车在国际市场上迅速以高性价比赢得竞争优势。在电子产业领域，索尼、松下等企业同样大力引进欧美等国家先进的电子技术。索尼公司从美国贝尔实验室引进晶体管技术后，投入大量研发力量进行二次开发，成功推出便携式晶体管收音机等一系列畅销产品，开启了日本消费电子产业的辉煌时代。统计表明，这一时期日本每年引进技术的项目数量数以千计，涉及钢铁、化工、机械、电子等众多关键产业。通过对引进技术的消化、吸收与再创新，日本快速重建了本国产业体系，实现了经济的高速增长，在短短几十年间从战败国一跃成为世界经济强国，技术引进与模仿驱动的发展模式成效斐然。

2. 技术追赶理论的发展：技术学习与吸收能力构建

随着研究的深入，学者们逐渐认识到单纯的技术引进与模仿不足以支撑后发国家实现持续的技术进步与经济增长。20 世纪 80 年代以来，一些学者开始关注后发国家自身吸收能力的构建，强调其在技术追赶过程中的关键作用。吸收能力是指企业或国家识别、吸收、转化以及利用外部知识与技术的能力（Cohen and Levinthal，1990）。这一能力并非与生俱来，而是需要通过持续的学习、研发投入以及人才培养等途径逐步培育。当后发国家引进外部技术时，若缺乏相应的吸收能力，往往只能停留在表面的应用，无法深入理解技术的核心原理，更难以进行有效的改进与创新。只有具备较强的吸收能力，才能将引进的技术与本土知识、市场需求有机融合，实现技术的内化与升华，进而推动产业技术水平向高端攀升。这一时期，技术追赶理论进一步与创新理论相结合。后发国家在技术追赶的中后期，必须逐步加大自主研发投入，从模仿创新向自主创新过渡。自主创新不仅能够帮助后发国家摆脱对先发国家的技术依赖，还能在新兴技术领域抢占先机，开辟新的产业增长点。在这一过程中，吸收能力依然至关重要，它为自主创新提供了知识储备与技术基础，使后发国家能够在更高的起点上开展创新活动，实现技术追赶的质的飞跃。

与日本实现技术追赶的路径和模式不同，韩国侧重技术学习与吸收能力构建推动技术追赶的模式。20 世纪 60 年代，韩国电子产业起步之初，技术水平极其落后，主要依赖进口零部件进行简单组装，产品附加值极低。面对这一困境，韩国政府果断制定了一系列扶持电子产业发展的政策，引导企业积极引进国外先进技术，并高度重视吸收能力的培育。以三星集团为例，在早期，三星通过与日本、美国等电子产业技术领先的巨头的合作，引进了半导体、电子零部件制造等关键技术，但三星并未满足于单纯的技术引进，而是投入了大量的研发资源，培养本土技术人才，建立起完善的研发体系，着力提升自身的吸收能力。在引进半导体技术后，三星组织科研团队对关键技术进行深入剖析，掌握核心工艺，逐步实现了从零部件国产化替代到自主设计、研发高端芯片的跨越。到了 20 世纪 90 年代，韩国电子产业已具备较强的国际竞争力，在半导体存储芯片领域更是超越日本，成为全球最大的生产国与出口国。三星、LG 等企业凭借多年积累的技术实力与吸收、转化能力，在智能手机、液晶面板等新兴领域持续发力，推出一系列具有创新性的产品，实现了从技术追随者到行业引领者的华丽转身，为韩国经济的高速增长注入了强劲动力，也为后发国家的技术追赶提供了可借鉴的成功范式。

3. 技术追赶理论的深化：创新驱动与超越式追赶

在当今全球化竞争日益激烈且科技发展日新月异的时代背景下，技术追赶理论迈向了成熟、深化的阶段，其核心聚焦于后发国家如何凭借自主创新驱动实现超越式追赶，进而在关键技术领域实现弯道超车。这一阶段的理论深刻洞察到，随着后发国家与先发国家技术差距的逐步缩小，先发国家出于维护自身技术优势与市场垄断地位等因素的综合考量，往往会对关键技术实施愈发严苛的技术封锁与限制措施。在这一背景下，后发国家单纯依赖技术引进与模仿的传统路径已经难以为继，唯有坚定不移地强化自主创新能力，构建起完备且具有前瞻性的科技创新体系，才能够突破先发国家或先发企业的技术瓶颈，开辟出独具特色的技术发展新路径。后发国家应着重加大在基础研究领域的投入力度和政策导向，力求在核心技术原理层面取得原创性突破，为后续的技术应用与产业发展筑牢根基；积极营造有利于后发企业创新创业的生态环境，吸引并汇聚全球高端科技人才，激发各类创新主体的活力与创造力；鼓励企业深度参与国际标准的制定过程，凭借在技术标准领域的话语权提升来增强自身产品与技术在全球市场的竞争力，实现从技术跟随者向技术引领者的角色转变，这一系列主张为后发国家的技术追赶实践提供了高屋建瓴的战略指引。

我国的技术追赶更趋于创新驱动与超越式追赶的模式。面对全球通信技术领域激烈的竞争态势以及西方国家在部分关键技术环节的封锁，当前，我国的信息技术产业相关企业与科研机构携手共进，踏上了自主创新的艰辛征程。以华为公司为典型代表，多年来持续深耕 5G 技术研发，每年投入巨额资金用于技术创新，吸引了全球顶尖的信息技术人才加盟，组建起一支实力超群的科研团队。在 5G 核心技术研发方面，华为攻克了诸多技术难关，诸如在 5G 基站芯片、天罡芯片以及巴龙 5000 基带芯片等关键技术领域取得了重大突破，实现了从芯片设计到制造工艺的全方位的自主可控，一举打破了国外芯片企业在该领域的长期垄断局面。在 5G 标准制定方面，我国企业充分发挥自身技术优势与创新实力，深度参与国际电信联盟（ITU）和第三代合作伙伴计划（3GPP）等国际标准化组织的工作，积极贡献中国智慧与方案。华为公司累计向 3GPP 提交的 5G 标准提案数量数以万计，在全球 5G 标准必要专利声明中占据了相当可观的份额，位居世界前列，为全球 5G 技术标准的构建发挥了举足轻重的引领作用。我国政府同样给予了大力支持，通过出台一系列产业扶持政策，引导各方资源向 5G 领域集聚，加速 5G 基础设施建设，推动 5G 技术与各行各业的深度融合应用，打造出了全球规模最大、应用场景最为丰富的 5G 商用网络。从智能制造业到远程医疗，从无人驾驶到智慧城市，我国 5G 技术的广泛应用不仅切实推动了国内产业的转型升级，还为全球 5G 产业发展贡献了极具价值的中国样本，彰显出后发国家依靠自主创新实现超越式追赶的强大实力与无限潜力。

4. 技术追赶理论相关学派的研究

首先是基于技术差距的技术追赶模型，新古典学派在技术追赶理论领域有着深厚的积淀，其核心观点聚焦于技术差距所衍生的追赶动力机制。在全球经济体系中，先发国家凭借其早期的工业化积累与大规模研发投入，在技术创新方面取得了领先地位，构建起先进的产业技术体系；而后发国家由于起步较晚，技术水平相对滞后，与先发国家之间存在着显著的技术差距。这种技术差距并非不可逾越的鸿沟，反而成为后发国家推进技术追赶的内在驱动力。后发国家能够通过引进先发国家的成熟技术，利用技术扩散的外溢效应，以相对较低的成本获取前沿领域的关键性技术、知识。在新古典学派的理论框架下，技术被认定为具有一定的通用性与可转移性，后发国家的企业只需沿着先发国家已开辟的技术路径进行模仿与学习，便能够逐步缩小与先发国家的技术差距。经济增长在长期内取决于技术进步，后发国家借助技术引进，能够在短期内快速提升生产效率，实现经济的高速增长。当后发国家引进先进的生产设备与制造工艺后，能够直接应用于本国的生产实践，提高劳动生产率，进而推动产业升级，为进一步的技术追赶奠定经济基础。新古典学派强调市场机制在技术追赶过程中的关键作用，认为在自由竞争的市场环境下，价格信号能够引导资源向技术追赶领域有效配置，促使后发国家的企业自发地参与到技术引进与模仿的进程中，实现技术水平的渐进式提升。

其次是基于技术、制度和社会协同演化的演化经济学派关于技术追赶的研究。演化经济学派聚焦于技术、制度以及社会文化等多因素的动态交互与协同演化，他们摒弃了静态的、均衡的分析框架，强调经济系统的动态性、历史性与非线性等特征，相关学者认为技术并非孤立发展，而是与制度环境紧密相连、相互塑造的。制度既包括正式的法律法规、政策体系，也涵盖非正式的社会规范、文化习俗等，它们为技术创新与技术扩散提供了规则框架与激励机制。适宜的、有效的知识产权保护制度能够激发企业的研发积极性，保障创新者的权益，促使技术成果不断涌现；而包容开放的社会文化氛围则有利于新知识、新技术的传播与交流，为后发国家或后发企业实现技术追赶营造良好的软环境。社会结构同样在技术追赶中扮演关键的角色。不同阶层、群体之间的互动协作，以及劳动力市场的结构与素质，影响着技术的吸收与转化效率。当一个社会具备完善的教育体系，能够培养出适应新技术需求的高素质人才，并且劳动力市场具有良好的流动性，使人才能够精准匹配到技术创新领域时，技术追赶便拥有了坚实的人力支撑。演化经济学派强调技术追赶是一个路径依赖与路径创造并存的过程。后发国家在借鉴先发国家技术经验的初期，可以沿着既定的技术轨道前行，但随着自身能力的积累与外部环境的变化，必须适时突破原有路径束缚，通过自主创新开辟新的技术发展方向，实现跨越式追赶，这种动态演化的观点为理解技术追赶的复杂性提供了深邃洞察。

最后是从后发优势理论角度展开的分析，部分学者提出基于机会窗口的追赶策略。后发优势理论关于技术追赶的核心要义在于后发国家能够借助新兴技术变革所开启的"机会窗口"，实现跨越式发展。在全球科技发展的进程中，技术变革呈现出周期性特点，每当新兴技术崛起，如信息技术、生物技术、新能源技术等领域的重大突破，便会打破原有技术与产业格局，重塑竞争态势。后发国家此时虽在传统技术领域可能落后于先发国家，但在新兴技术赛道上，却与先发国家近乎站在同一起跑线。后发国家具有劳动力成本低、市场潜力大等优势，能够以更低的成本引入新技术、新模式，快速进行试验与推广。在互联网技术蓬勃发展之际，我国凭借庞大的人口基数与快速增长的消费市场，吸引了大量互联网企业投身于技术创新及应用中，从电子商务到移动支付，再到短视频、共享经济等领域，诸多技术创新应用迅速普及，实现了对部分先发国家的弯道超车。后发国家可借鉴先发国家在技术商业化过程中的经验教训，少走弯路，将有限资源精准投入技术研发、创新的关键领域与核心环节，利用技术与产业发展的非线性特征，在新兴技术的特定细分领域中聚焦并持续发力，抢占先机，进而带动整体技术水平提升与产业升级。

3.1.3 技术选择理论

尽管国内外学者对技术选择进行了大量研究，但是没有给出统一的技术选择的定义，多是研究技术选择的基本原则、技术选择与要素禀赋、比较优势理论的关系及矛盾等，对技术选择的定义主要有以下两种：

第一，技术选择是关于技术应用的概念，不同的自然、社会条件，要求不同形式的技术，要求不同形式的技术应用。从技术应当满足社会公共需要、技术已成为整个社会活动的重要组成部分的认识出发，对技术选择有三层含义的理解：其一，技术选择不仅是生产工具、工艺和方法的抉择，而首先是关于如何应用技术的指导方针、原则和政策的选择；其二，技术选择不仅是单纯的经济收益的比较，而是要着眼于社会的和人类的需要，满足一定的经济的、社会的和环境的目标；其三，技术选择并非简单地去寻求解决某一具体问题的权宜性措施，而是要为一定的目的选择，建立适合于一定社会经济、自然资源、生态环境和文化教育水平的技术体系。

第二，技术经济学中关于技术选择的界定是，技术选择是决策者为了实现既定的经济技术和社会目标，对多种技术路线、技术方针、技术措施和技术方案进行比较选优的过程。技术选择可以分为宏观技术选择和微观技术选择，宏观技术选择是指国家、地区、产业部门等关键技术的采用问题，其影响的广泛性和深远性超出一个企业的范围，影响到整个国民经济的发展和进步。而微观技术选择是指企业范围内的产品、工艺和设备的选择问题，是影响企业市场竞争能力和经济效益的关键性问题，虽然直接涉及的是企业的生存和发展，但也影响到整个国民经济的发展。

从一般意义上看，技术选择是特定的经济系统为了实现一定的系统目标，考虑系统内外部客观因素的制约，对各种可能得到的技术手段进行比较，选取最佳方案的过程。产生技术选择问题的现实基础主要体现在两方面：一是为实现一定的系统目标，往往有多重层次的技术可供选择；二是不同的经济系统在系统目标、资源条件和经济、技术、社会环境等方面存在着差异。技术选择是企业根据其内部和外部的主观条件，评价各种可能得到的技术手段对企业的近期利益和长远利益的影响，从而选择对企业实现其目标最为有利的技术或技术组合的过程。企业的技术选择包括技术引进选择与技术创新选择。技术引进选择是指企业根据一定的思想与原则对引进技术进行评价，选择对其最有利的技术的过程。技术创新选择是指企业根据一定的原则和指导思想对其创新的产品或工艺进行评价，选择最有利于企业实现其目标的新产品、新工艺的创新过程。一般而言，技术创新选择包括技术引进选择。

技术选择标准理论的研究开始于 20 世纪 50 年代，当时世界经济已从复兴时期进入成长时期，研究用哪种投资方式才能取得经济增长的投资标准理论很盛行，发展中国家应用这种理论制订发展计划，出现了各种不同的理论观点。很多人开始对技术选择理论的探讨，研究采用什么样的技术最为有利，这表明技术选择理论的研究主要是在经济学范围内展开的。世界范围内的科技界和经济学界对技术标准的理论进行探讨，提出各种技术选择理论，归纳起来，主要有资本周转率理论、社会极限生产率标准论、再投资率标准论、时间系列标准论、"中间技术"标准论、"适用技术"标准论、比较优势理论与要素禀赋理论等七种。

（1）资本周转率理论。资本周转率理论认为在进行技术选择时，应以产值大小作为标准，选择以一定的资金取得尽可能高产值的技术。以资本周转率作为技术选择标准对于缺乏资金的国家和企业是有利的，但从产值上看最为有利的技术可能由于原材料的需求增加，或需要进口等原因，而使结果收益率不高。

（2）社会极限生产率标准论。社会极限生产率标准论认为以资本周转率、收益率和贸易进出口收支效果等综合起来的社会极限生产率作为选择技术的标准。这种选择有助于国际收支平衡和投资收益的提高，但是一个国家或者部门的经济发展除了取决于技术进步，还取决于资金积累的速度，特别是就长期经济发展而言，选择能提高资金积累率的技术可能更为有利。

（3）再投资率标准论。再投资率标准论强调选择技术要有长远观点，应以资本积累率或再投资率和利润分配率作为选择技术的标准。日本中央大学教授认为，产值标准论和社会极限生产率论立足于近期观点，是重视资金的生产率，而再投资率标准论则立足于长远观点，是重视资金积累率或再投资率。如果采用再投资率标准，必然考虑如何提高资金积累率，使经济能长期稳定增长，因此选择附加值高的资金密集型技术就成了最佳选择。以这一标准为依据，就必然要重视重工业的发展。再投资率标准论是某些国家优先发展重工业等产业的理论依据。

（4）时间系列标准论。时间系列标准论认为应该综合上述各种标准，以适应一定的计划时期内的条件变化对技术加以综合选择，即在某一计划期内，以劳动密集型的技术为最合适，而在另一计划期内却可能以选择资本密集型技术为最合适。上面几种技术选择理论，都有一定的局限性，这些理论主要从经济增长角度来研究生产技术的选择，在国际技术转移发展过程中，产生了中间技术和适用技术的概念，它们与技术选择很有关系。

（5）"中间技术"标准论。中间技术是指相对于高级技术而言，处于中等水平的技术。中间技术标准论认为，发展中国家面临着资金与技术短缺而劳动力较丰富的问题，因此选择能创造一定规模就业机会的劳动密集型技术是比较适合发展中国家的情况，并且这类技术易于消化、吸收和推广，而对于高知识、高资本的技术则不宜选择。中间技术标准论的提出也受到了部分学者的反对，认为中间技术生产效率低，生产的产品质量差，缺乏市场竞争力，在这类批评中部分学者提出了适用技术的概念。

（6）"适用技术"标准论。适用技术是指既满足引进国家为了发展所需要的技术要求，又从引进国家生产要素的现状、市场规模、文化背景、技术水平等方面考虑最适用于引进国家的技术。适用技术是指综合考虑一个国家生产要素的现有条件、市场容量、社会文化环境、当前技术水平等因素，能够对经济、社会、环境目标做出最大贡献的技术组合。雷迪（Reddy，1975）把发展适用技术的目标归纳为三方面：经济目标，满足人类生活需求，实现经济均衡发展，提供就业机会；社会目标，最大限度满足人类的基本需要，提供富有创造性的工作；环境目标，节约资源、减少资源的使用量、减少污染、保护生态环境等。适用技术标准论并不着眼于所选择的技术是先进还是落后，而是强调适应国家或地区的具体条件。但适用技术标准论没有强调政府在技术选择中的作用，政府的干预对经济增长是否重要，政府是否应该对发展高新技术产业提供补贴，等等。

（7）比较优势与要素禀赋理论。林毅夫和刘培林（2001）通过对技术选择、技术扩散与经济收敛等的研究，论证了技术选择假说，认为一个国家的经济结构是由其要素禀赋结构内生决定的。发展中国家政府应该以促进要素禀赋的结构升级为目标，而不是以技术和产业结构的升级为目标，如果发展中国家遵循比较优势来发展产业，就存在产生经济剩余的可能性，而且资本的回报率和储蓄倾向会更高，从而最大可能地进行要素禀赋结构升级，一旦要素禀赋结构升级，利润动机和竞争压力就会驱使企业自发地进行技术和产业结构升级。技术选择标准理论的演化进程表明，技术选择的标准不是一成不变的。由于社会经济发展目标不同，技术选择的制约因素不同都会引起价值准则的变化。

上述每个理论都分别说明了在特定的社会环境下，技术选择所关注的焦点。对于企业而言，其最终目标是提高企业整体绩效和整体竞争力，所以技术选择时要考虑企业自身条件，结合企业的内外部环境，根据技术选择的原则，作出适合企业组织的决策。

1. 经典技术选择理论

新古典主义经济学对技术选择的观点主要是从微观经济主体决策的角度，

研究企业技术选择的基本原则。新古典主义经济学主要以资源的有效配置作为其研究的重心，在技术选择问题上，新古典主义经济学的观点完全依赖于利润最大化或者成本最小化原则。通过对资本和劳动等生产要素的相对价格变化的考察，以劳动替代资本或资本替代劳动的形式进行。一般来说，工资率的提高，资本会逐步替代劳动，出现资本密度增加，即资本的深化的趋势。利率与人均资本量之间将呈现出逆向的单调关系，而工资率则与人均资本率之间呈现正向的单调关系。并且，不同的资本－劳动比率及不同的人均资本量代表着不同的技术状态，因此，工资率和利率相互比较成为"技术选择"决策的关键。新古典主义经济学认为利率下降必然带来资本的深化，即利率的下降伴随着资本使用数量的增加，也即人均资本量的增加，从而采取更加"迂回"的结构化程度更高的、更加先进的生产技术。若把不同的资本－劳动比率及不同的人均资本量所对应的技术水平进行连续的排列，那么随着利率的连续变化，人均资本量也会连续变化，从而产生连续变化的技术水平。从这个层面上看，工资率的下降或工资率较低的发展中国家，因为资本较为稀缺，利率则显得相对较高，这时更经济的技术选择应该是更低的资本－劳动比率所代表的技术，也就是通常所说的"适度技术"，反之，则应该使用更高的资本与劳动比率所代表的"更加先进"的技术方法。

2. 基于要素禀赋理论的产业层面技术选择理论

通过对农业技术选择影响因素的实证研究，我国学者发现各地区采用的农业技术存在重大差别，造成这一差别的首要因素就是要素禀赋。林毅夫（2013）认为农业技术选择的激励主要来自通过技术的采用可以消除或部分消除由经济体中相对稀缺的生产要素对农业发展的制约。采用适宜农业技术消除相对稀缺要素对农业发展的制约，主要通过两个途径实现：一是劳动力节约型技术，这类技术能够消除或部分消除劳动力的相对稀缺对农业发展的制约；二是土地节约型技术，这类技术可以消除或部分消除土地资源的相对稀缺对农业发展的制约，通过技术的采用达到增加单位土地面积产出量的目的。通过要素禀赋系数和技术选择偏离系数的计算测度一个产业所在地区或者国家的某种资源的富集程度与技术选择偏离强度，明确某一产业在技术选择当中的选择决策。

3. 基于比较优势理论的国家层面技术选择理论

发展中国家在追赶发达国家的过程中的技术引进问题在本质上即为技术选择的过程，这涉及一个国家的技术发展战略，是国家层面上的技术选择。林毅夫和刘培林（2001）提出的"技术选择"假说认为，大多数发展中国家没有能够成功地缩小与发达国家的发展差距，主要根源在于其政府采取了不适当的发展战略。第二次世界大战以后，大多数发展中国家的政府都执行了优先发展资本密集型产业的发展战略。一个经济的最优产业结构是由其要素禀赋结构所内生决定的。要素禀赋结构升级为产业和技术结构升级提供了基础。对于发展中国家的企业而言，升级的产业和技术是新的，需要从发达国家转移过来。新老产业和技术之间的差距越大，学习成本越高。因此，学习成本在遵循比较优势的战略下要比不遵循比较优势的战略小。技术选择假说认为发展中国家政府应该以促进要素禀赋的结构升级为目标。如果发展中国家遵循比较优势发展产业，那么就会有最大可能的经济剩余，而且资本的回报率和储蓄倾向会最高，从而最大可能地进行要素禀赋结构升级。

遵循比较优势的战略会诱导发展中国家的企业进入具有比较优势的产业，促进企业低成本地从发达国家引进先进技术，国民经济也将是有竞争力的，要素禀赋结构升级比较快，从而产业和技术结构升级也会比较快。因此，遵循比较优势的战略将有助于发展中国家向发达国家收敛。

传统的技术选择理论都有两个基本假设：第一，技术是已经存在的，即技术是可以选择的，即针对任何一个技术选择主体而言，为了解决某一特定生产力问题，是存在相应技术的，并且这一技术可以通过特定的选择标准进行判断。第二，技术开发过程中的付出不作为选择标准。假设技术开发成功，无论它在开发过程中付出的经济成本、社会成本或者其他成本有多高，都不作为传统经典技术选择理论所要考虑的对象，因为传统的技术选择理论是以技术已经形成作为考察边界的。从这个角度来看，传统的技术选择理论是一种"事后"选择理念，会在一定程度上造成社会资源的浪费。

3.1.4　技术扩散理论

与技术选择类似，目前学术界关于技术扩散概念还没有形成一致且得到广泛认可的定义，比较具有影响力的是罗杰斯（Rogers，1962）的定义，他认为技术扩散是一项创新技术随着时间通过各种渠道被社会成员所接受的过程。技术扩散过程由创新技术、时间、传播渠道与社会系统等四个关键因素组成。技术扩散被视为技术创新的后续步骤，在一定程度上技术扩散也可以称为技术创新扩散。随着技术扩散概念被引入经济学相关研究中，众多学者对于技术扩散这一概念进行了多方面、多角度的探讨，英国经济学家斯通曼（Stoneman，2001）将一项新的技术的广泛应用和推广称为技术扩散，认为技术扩散不只是一种模仿过程，还包括模仿基础上的自主创新活动。按照这一定义，技术扩散与一概照搬、一成不变的模仿不同，技术扩散还需要考虑成本与收益的关系问题。随着成本的降低和收益的增加，企业在其生产过程中会自发进行创新活动，从而推动下一个技术创新扩散周期。美特卡（Metcalfe，1988）在充分考虑技术扩散的参与主体的基础上，认为技术扩散是一种技术选择过程，指出技术扩散依赖于技术输出方、技术接收方以及消费者对技术的选择问题，企业的选择目标是提高生产效率、降低成本，消费者的选择目标是获得物美价廉的商品，只有二者达到均衡时，技术扩散才得以发生。有学者认为技术扩散是一种选择过程；也有的学者指出技术扩散是技术的几种表现形式的转移（Glinow and Teagarden，1988）。另外，一些学者则从技术扩散的过程、路径、效应等不同的角度出发，更为明确地对技术扩散进行解释。罗杰斯（Rogers，1962）认为扩散是创新在这一时间内，通过各种渠道在社会系统成员中进行传播的过程。经济学家曼斯菲尔德（Mansfield，1961）把技术扩散看作是一个学习过程，新工艺或新产品的改善几乎与新思想一样，常常有严重的技术问题需要花时间去解决，甚至有时需要大量的研发投入。根据"S学习曲线"模型，当新工艺或新产品设计趋于稳定后，生产成本随之下降。技术扩散是对各种不同层次的技术的选择（Metcalfe，1998）；技术扩散过程包括技术文件的传播、将文件转化为产品的专有技术的转移、设备部件等硬件的转移三个阶段（Glinow and Teagarden，1988）。

国内学者对技术扩散相关概念理解也各不相同，傅家骥（1999）从技术生命周期的角度展开分析，认为技术扩散的全过程与技术的生命周期息息相关，技术扩散过程开始于技术发明或技术成果首次商业化应用，经过大力推广、普遍采用，直到最后被先进技术淘汰为止；魏心镇和王辑慈（1993）从技术扩散的时间效应和空间效应入手，指出技术扩散是技术创新在空间上的传播或转移过程，它包含技术的推广、吸收、模仿与改进。曾刚（2002）从技术扩散的空间角度进行分析，认为技术扩散是指技术在经济领域及地域空间范围的应用推广。郭咸纲（2005）认为经济效应是技术扩散的主要原因，因而从技术扩散的经济效应入手，指出技术扩散是技术创新的必然结果，技术创新成果在企业内部、行业间和行业外的技术扩散是实现技术创新的规模经济效应、增加创新收益的主要手段，通过核心技术在不同产品、产业中的扩散与渗透，使企业技术扩散产生"收益倍放"的效应。魏心镇和王辑慈（1993）认为，技术扩散是一种创新进行空间传播或转移的过程。

国内外对技术扩散概念界定虽然多有不同，这主要是因为技术扩散本身是一个比较复杂的概念，而且其技术扩散相关概念也比较多，性质和特征比较复杂，这是造成对技术扩散难以定义的原因之一。本研究认为，虽然关于技术扩散的定义表述不同，但其基本内涵趋于一致。技术扩散有三方面基本特征：一是技术扩散反映的是技术传播、技术推广和技术应用的过程；二是技术扩散需要借助一定的渠道或途径来实现；三是技术扩散最终体现为技术效应和经济效应的集合。综合以上特征并结合国内外对于技术扩散概念的界定，本研究认为技术扩散应包括三个层次：一是企业间的技术扩散，即新技术成果在产业内各企业之间的传播、采用的过程；二是企业内部的技术扩散，即新技术成果在企业内部扩大应用范围的过程；三是总体扩散，即企业之间的扩散和企业内部扩散的叠加，表示新技术成果在产业中被采用的总体水平的增长变化过程。基于此，本研究中技术扩散是指同一产业内企业间的扩散，是一种动态行为，它包括产业内技术扩散的扩散方与接收方考虑成本与收益情况以及消费者对于技术扩散的需求所作出的一种选择。

1. 技术扩散理论的发展阶段

技术扩散理论的发展可分为三个阶段：第一阶段是早期技术扩散理论，主要研究在南北贸易中国际技术转移产生的过程和结果，这些理论奠定了国际技术扩散理论发展的基础。然而，早期技术扩散理论忽略了技术创新、技术转移以及发展中国家吸收新技术的动态过程。第二阶段主要将技术创新、技术扩散和技术转移过程内生化，并对技术扩散产生的机制展开研究。尽管其研究较早期理论有所改进，但这些研究采用的是局部均衡的分析方法，没有对技术扩散进行一般均衡的分析。针对这一缺陷，第三阶段的技术扩散理论将重点放在开放经济条件下的一般均衡分析方面，弥补了已有理论研究的不足。

2. 技术扩散的相关理论

当前，与技术扩散相关的主要理论体现在八个方面：技术扩散的模仿理论、技术扩散的技术僵局理论、技术扩散的技术演化理论、技术扩散的空间理论、技术扩散的时间理论、技术扩散的选择论、技术扩散的均衡论、技术扩散的需求资源关系论等。

（1）技术扩散的模仿理论。技术扩散的模仿理论以曼斯菲尔德为代表，该理论认为技术扩散的过程是一个模仿的过程，某一企业是否采用创新技术，在很大程度上要受到其他企业是否采用的影响。如果采用的企业越来越多，其他企业也会不断加入采用的行列，从而使这项新技术在这一过程中扩散开来。曼斯菲尔德的"模仿说"主要研究两种类型：一种是模仿，即某企业首先采用一种新技术后，其他企业以它为榜样，也相继采用这种新技术；另一种是守成，某企业采用一种新技术后，其他企业并不模仿它，依然使用原来的技术。曼斯菲尔德的"模仿论"，试图说明一种新技术首次被某个企业采用后，经过多长时间才能被该行业多数企业采用。

（2）技术扩散的技术僵局理论。经济学家门茨（Mensch，1979）在继承和发展了熊彼特的长波技术论的基础上，利用统计资料证实了技术长波论，把创新分为基础创新、改进型创新和虚假创新等三种类型，由此提出了技术僵局论。门茨认为当经济陷入危机时，只有新的基础创新和新的产业部门才能使经济走出危机。在此期间，技术扩散和新产品、新技术的不断涌现，使经济发展进入长周期的上升阶段；当技术扩散到一定程度后，工业投资达到高峰，后续的改良革新或虚假创新导致经济增长趋于平缓，经济结构重新陷入削弱时期。缺乏创新或技术僵局是导致经济萧条的主要原因。所以，门茨把经济危机所带来的只有通过技术创新才能寻求出路的状况叫作"技术僵局"。当经济陷入危机时，只有通过不断的创新技术和扩散技术才能走出危机。

（3）技术扩散的技术演化理论。《经济过程的演化理论》一书中提出了技术发展的技术演化理论的分析框架（Nelson and Winter，1982）。技术演化理论强调经济行为中的演化是具有"惯例性"的，而不是"理性选择"或是"市场自然选择"的结果。演化是沿着惯例，而不是沿着理性的方向进行的。从本质上讲，纳尔逊和温特的技术演化理论，并未完全证实新古典经济学的自然选择理论；反之在惯例性选择的条件下证实了新古典经济学的自然选择论。惯例在经济主体行为中发挥的作用，类似于生物进化中基因所发挥的作用，对技术演化中的创新过程以及对创新技术的实现和扩散的过程是由其所在组织经济制度形式所决定的。

（4）技术扩散的空间理论。扩散的网络分为地区性和地区内两个层次（Rogers，Hagerstrand and Pred，1969）。潜在采用者是否采用技术创新取决于扩散信息的积累效果和潜在采用者对创新的阻力水平的比较关系，如果扩散信息的积累效果大于潜在采用者对创新的阻力水平，扩散就会发生，否则不发生。一些学者利用随机抽样法模拟技术扩散的概率分布，提出"平均信息域"模型，开创了空间扩散研究的先河。罗杰斯等（Rogers，Hagerstrand and Pred，1969）认为，技术扩散的空间模式是由信息流动和采用阻力的空间特征所决定的。技术扩散的空间理论认为一项技术创新由于能够提高系统运行的效率和创造出更高的价值，或者能节约劳动和节约资本，或者提供系统的功能而创造新的市场，便在创新者与其周围的空间里产生"位势差"。为了消除这种差异，一种平衡力量就会促使创新者向外扩散和传播，或者周围地区为消除差异而进行学习、模仿和借鉴。正是技术创新的传播或落后地区的模仿，使经济发展的地区差距得以缩小。技术扩散可以发生在人群间、企业之间、地区之间或企业与地区之间等，通过技术转让、信息交流、人才流动及国际贸易等方式加以实现。

按扩散过程中空间区位的变化特征，技术扩散可以分为三种类型：一是扩展扩散，即在空间上表现出连续的扩展，这种扩散和距离的远近关系密切，距离越近效应越明显；二是等级扩散，即创新遵循着一定的等级序列顺序扩散，如规模顺序、文化层次、社会和经济地位、官职等级等，其决定因素为接受者的位势；三是位移扩散，即扩散接受者随时产生非均衡的位移，它主要是由于移民或其他形式的人口流动而引起的。

（5）技术扩散的时间理论。技术扩散的时间理论以曼斯菲尔德（Mansfield，1961）的"S"曲线为代表。曼斯菲尔德创造性地将"传染原理"和"逻辑斯蒂"（Logistic）成长曲线运用于技术扩散研究中，提出了"S"曲线，并开创了对技术扩散问题的定量分析。"S"曲线认为技术扩散类似于流行病的传播。在技术扩散的初期阶段，由于技术本身信息量少，企业对其了解微乎其微，引进该项技术要冒很大的风险，因而采用者很少，进展速度也很慢。随着技术扩散，技术信息量不断增加，采用该项技术的风险也相应减少，引进该项技术的企业大量增加，技术扩散速度不断加快，曲线迅速上升并保持这一趋势，进入"起飞期"；在接近饱和点时，随着采用该项技术的企业比例增加，没有采用该项技术的企业数目减少，进展趋于放缓，最后仅剩下一些较为落后的企业，技术扩散的速度就会逐渐降低直至停滞。整个过程类似于一条"S"形的曲线。

曼斯菲尔德的"S"曲线描述了技术扩散的一般规律，后续的部分学者针对"S"曲线模型中假设创新的特点不随时间而变化的问题进行了优化和改进。高技术产品生产商为了提高市场占有率，通常推出多代创新产品，新一代产品同前一代产品相比在某些性能上会有所改进，并且新一代产品还将占有前一代产品的部分市场（Norton and Bass，1987）。其他的研究包括将广告和价格因素结合并引入技术扩散模型中，并将技术采用过程分为认知和采用两个阶段，其中，在认知阶段信息通过口头传播和广告来传递，只有当个体接收到信息，并且对新产品基于风险调整后的估值高于其价格时，才会进入采用阶段（Kalish，1985）。采用者与认知者的个体传递的信息效果不同，采用者的信息更为有效。此后，一些学者从营销组合变量、竞争、随机性、多阶段决策等角度探索技术扩散模型，通过放宽对"S"形曲线模型的基本假设，增加原模型的系数或对原系数进行分解、赋予新的内涵而使原模型更具柔性，更加贴近实际扩散轨迹（Chatterjee and Eliashberg，1990；Alvarez and Stenbacka，2001）。

（6）技术扩散的选择论。曼斯菲尔德（Mansfield，1961）从跨国公司的利益出发最先提出了技术扩散的选择论，指出企业在能够满足最大利益的前提下，一般会倾向于选择直接投资。因为直接投资有利于企业控制技术专有权，并在国际上保持技术优势、形成垄断地位。只有企业在直接投资遇到障碍时才会选择技术转让。美国经济学家邓宁（Dunning，1981）认为对外直接投资、国际贸易、技术扩散应当统一，企业如果拥有区位优势，又能控制技术专有权，一般会选择对外直接投资；如果区位优势不明显，则会选择技术转让，这是一种权益选择。美国经济学家凯夫斯（Caves，1996）认为跨国公司在对外直接投资和技术转让之间如何进行选择存在两种因素：一种是选择技术扩散的因素，当市场容量小、缺乏对外直接投资的基本条件、对国外市场不了解、投资成本太高时会选择技术扩散；另一种是不选择技术转移的因素，当技术扩散交易成本过高时，一般不会进行技术扩散。

（7）技术扩散的均衡论。凯夫斯（Caves，1996）认为因为技术市场的不确定性和竞争加剧，企业只有进行技术交易才能使其无形资产的价值得到实现。当技术研发成本逐步稳定，技术转让收益和转让该技术的成本相同时，则技术市场的交易达到均衡状态。凯夫斯还认为国家之间之所以会形成技术扩散，是因为企业很难控制技术市场，而只能进行技术交易；企业受各种条件的限制只能转让技术。技术扩散的选择论是企业的随机选择，技术扩散机制与商品交易机制具有一致性和需要达到一定的均衡条件。技术扩散的均衡论的另一代表美国学者克鲁格把技术扩散、资源配置与世界收入分配相结合，认为新技术由发达国家转移到发展中国家，而发展中国家因为获得了发达国家的技术，促进了经济发展，使得其福利水平也逐渐提高（Caves，1996）。如果发达国家不能持续创新，发达国家与发展中国家的福利水平很可能趋于接近。因此，发达国家必须通过不断创新、提高创新速度，才能维持其福利水平不下降，并保持其在竞争中的有利地位。发达国家与发展中国家之间的技术差距是技术扩散的基础。在此基础上，技术转移趋于均衡状态，发达国家与发展中国家相对工资不变且保持一定差距，有利于发达国家。而由于发达国家持续地推出创新产品，发展中国家总是在使用发达国家已经成熟的产品，这将促使二者福利均有提高，从而使经济逐步稳定。

（8）技术扩散的需求资源关系论。1979 年，日本学者斋藤优（1990）出版了《技术转移论》，提出了国际技术转移的新理论"NR 关系假说"，指出一个国家发展经济以及对外经济活动，受该国国民的需求（N）和该国的资源（R）关系的制约，这种关系就是 NR 关系，即需求资源关系论。需求和资源如何相互适应是一个关键的问题，需求与资源的关系决定了技术扩散的规模和速度。当供需产生矛盾时，技术转移的需求就越大，速度也越快，反之则相反。而正是由于需求与资源关系不能相适应，才可能促进技术创新，原有技术才会转移到需要这种技术的地方。这种不相适应的需求与资源关系，在经过努力协调后又倾向于产生新的瓶颈，进而会促进新一轮的技术创新与技术转移。此时，经济就在这种不断地由不相适应到互相适应，然后到新的不相适应的循环中，技术转移从一种层次向更高层次发展。

伴随着国外学者针对技术扩散的深入研究，我国学者自 20 世纪 80 年代起也针对技术扩散进行了大量的研究。朱李鸣（1988）提出了技术扩散导引机制的概念，认为技术扩散的导引机制是由技术扩散动力机制、沟通机制、激励机制组成的系统。傅家骥（1999）把技术扩散过程分为供给子过程、采用子过程和交流子过程三部分，从经济体制、经济结构和微观经济组织等方面分析了影响我国技术扩散的结构性因素。陈国宏和王吓忠（1995）从学习论的角度研究技术扩散，认为技术扩散是技术的传播过程，也是处于低技术势系统通过各种方式向高技术势系统学习的过程，技术势差是技术扩散的必要条件。武春友、戴大双和苏敬勤（1997）从技术扩散对经济增长的影响、扩散动力、扩散过程、影响因素、扩散模式、扩散模型、政策环境、评价与测度等方面对技术扩散进行了系统研究。李平（1999）以技术扩散及其外在性问题为主题，研究了完全竞争下的厂商技术扩散模型、不完全竞争下的厂商技术扩散模型以及产业间技术扩散模型。盛亚（2002）利用技术扩散模型研究新产品的营销策略，对 Bass 模型族进行了系统分析，并从产品价格、广告促销、产品质量和分配渠道等方面研究垄断和竞争情况下新产品的最优营销组合策略。

康凯、张志颖和邢静（2001）将技术扩散视为复杂系统演化问题，提出了基于非平衡、非线性系统演化观和基于从微观到宏观相统一的研究思想；以系统观、演化观和系统动力学的方法研究了技术扩散的时空展开机理，建立了具有一定操作性的数学模型。曾刚和林兰（2006）研究了不同空间尺度下高新技术企业与技术扩散区位之间关系，以张江高科技园区为案例分析了技术势能、技术合作伙伴之间的距离、技术扩散通道的内外环境等三个因子对宏观、微观两个尺度技术扩散的不同影响和激励。夏万军和纪宏（2007）通过对技术进步的不同处理并把技术溢出看作不同经济体间相似度的正函数，推导出一个索洛模型的扩展模型并建立了扩展收敛方程，研究发现技术扩散对区域经济收敛过程的影响是双重的。如果技术进步是部分依靠外部创新，则技术扩散对生产力具有"水平效应"。如果把技术进步看作是部门相关的，则模型潜在地包含了增长率的异质性。王飞（2008）将空间竞争引入博弈论模型，重点分析了空间双寡头和空间多寡头垄断下的创新扩散，成功推导出与邻近效应和等级效应截然不同的空间竞争下的扩散规律。何予平和秦海菁（2009）对全球化中的技术垄断与技术扩散问题的研究，构建了全球化中技术扩散的传导机制与模型，分析了全球范围内先进技术拥有国家（或地区）实施技术垄断并技术扩散的主要方式和特点。

3.1.5 技术创新理论

1912 年，约瑟夫·熊彼特在其著作《经济发展理论》中首次提出了技术创新这一概念。熊彼特（Schumpeter，1912）认为，创新是指企业家将"生产要素和生产条件的一种从未有过的新组合"，引入生产系统以获得"超额利润"的过程，指出创新即为新产品、新技术、新材料、新市场、新组织方式等。熊彼特指出企业家是创新的主体，并将发明引入经济系统的企业家称为创新者，认为"创新是企业家的基本风格或企业家的基本职能"。不同国家、不同学科领域的学者对技术创新内涵界定与表述存在差异。技术创新是以其构思新颖性和成功实现为特征的、有意义的非连续事件，由此创新从本质和特征上包含两方面因素：一是技术创新活动是非连续性；二是技术创新活动能够成功地实现。伊诺思（Enos，1962）首次明确技术创新是几种行为综合的结果，这些行为包括发明的选择、资本投入的保证、组织建立、制订计划、招用工人和开辟市场等。曼斯菲尔德（Mansfield，1961）认为技术创新是一项发明的首次应用，尤其强调的是新产品或工艺的首次应用。英国经济学家斯通曼（Stoneman，2001）认为技术创新是首次将科学发明输入生产系统，并通过研发形成商业化过程。英国经济学家弗里曼和索尔特（Freeman and Soete，1997）认为技术创新是第一次引进一个新产品或工艺中所包含的技术设计、生产、财政、管理和市场等步骤。

我国对技术创新理论的研究起步比较晚，傅家骥（1999）将技术创新定义为企业家抓住市场的潜在盈利机会，以获取商业利益为目标，重新组织生产条件和要素，建立起效能更强、效率更高和费用更低的生产经营系统，从而推出新产品、新工艺方法、开辟新市场，获得新原材料或半成品供给来源或建立企业新组织，它是包括科技、组织、商业和金融等一系列活动的综合过程。许庆瑞（1990）将技术创新定义为一种新的思想的形成，到利用并生产出满足市场用户需要的产品的整个过程。广义而论，它不仅包括一项技术创新成果本身，而且包括成果的推广、扩散和应用过程。

综上所述，国内外学者从不同角度赋予了技术创新不同的内涵，归纳起来主要有以下几种观点：第一，将技术创新视为技术或发明的商业应用，强调发明和设想的商业化应用及其经济价值，这种科技成果商品化和产业化的过程才是技术创新。第二，将技术创新看成是形成的生产力成功进入市场的

全过程。技术创新包括从科学发现、发明到研发成果被引入市场、商业化和
应用扩散的一系列科学、技术和经营活动的全过程，它包括从最初的发现，
直到商业化成功的全过程。第三，把技术创新理解为技术与经济和社会的有
机结合，即技术创新是技术发明同社会经济相结合的过程，技术发明只是提
供了实现技术目的的可能性，这种可能性要转化为现实性，就必须满足社会
经济性的要求，即一项发明只有在一定的经济社会条件下才能变为产业技术。

3.2　主要概念界定

3.2.1　后发企业

后发企业是面临两种竞争劣势并试图在出口市场展开竞争的企业（Hob-
day，1995）。第一种竞争劣势与技术有关，即"技术劣势"。发展中国家后
发企业通常远离发达国家的技术和研发源头，与世界科技和创新中心距离遥
远，在科学、工程、技术和研发方面处于落后的地位。第二种劣势与引领潮
流的发达国家市场和挑剔的用户有关，即为"市场劣势"。除了远离技术和
研发源头以外，发展中国家的后发企业还远离它们希望供应的主流国际市场，
通常面对的是发展不足的小规模当地市场和简单用户。

后发企业的定义需要满足三个条件：在战略目标方面，后发企业是快速
跟随者，它们的战略目标就是追赶；在运作模式方面，后发企业是模仿者，
而不是创新者，善于利用多种形式的资源杠杆效应；在组织学习方面，后发
企业是快速学习者，能够借助于制度支持来加快提升自身能力的速度，不断
占领更高水平的竞争地位（Mathews and Cho，1999）。显然，后发企业的界
定十分苛刻，有学者把它们限定为取得追赶成功的后发企业，把没有取得追

赶成功的后发企业排除在外，因而难以比较不同追赶绩效的后发企业，从而无助于发现追赶绩效的影响因素（Mathews and Cho，1999）。一些学者把后发企业特定为出口导向型企业，但中国企业和出口导向型企业在学习过程上存在重要的差异（Xie and Wu，2003）。林润辉等（2016）认为后发企业是面临技术和市场双重劣势，利用多种资源的杠杆效应进行快速学习，以赶超为目标的发展中国家的企业。本研究认为，后发企业应该是面临技术和市场双重劣势并以追赶为目标的发展中国家的国内企业。

3.2.2　技术追赶

技术追赶是指在一定时期内，后发国家的企业、科研机构等技术主体为了缩小技术差距，通过技术努力实现技术发展的过程（林润辉等，2016）。总体上，技术追赶包括两种实现方式：其一是通过技术引进、消化及吸收等实现对先发国家的技术追赶；其二更多体现为技术跨越，即经由不同技术路径的创造等实现技术追赶（洪勇和苏敬勤，2008）。但是，作为后发企业仍然面临着技术本身难以实现内化，甚至追赶的严峻考验。随着中国企业与国外领先企业间技术差距的日益缩小，国外领先企业对技术转让的态度更加保守，靠技术引进、模仿的传统追赶模式很可能使得后发企业陷入"落后—追赶—落后"的追赶陷阱。由于先天的后发劣势，企业在技术和市场两个层面遭遇追赶瓶颈，迫切需要从两个方面进行突破，一是突破技术追赶的瓶颈和能力跨越，二是利用现有技术能力开拓新市场的能力利用（洪勇和苏敬勤，2008）。世界上主要后发国家的技术脉络的梳理验证了引进、消化、吸收和再创新对后发国家技术追赶的重要影响和作用机制（吴先明、高厚宾和邵福泽，2018；Ernst and Kim，2002），与技术先进的跨国公司相比，我国企业大多数属于后发企业，缺乏关键技术和核心技术。因此，在与先进企业间合作时，常处于技术学习和技术被输出的地位（汪建成和毛蕴诗，2002）。传统理论认为后发企业可以借助模仿创新或自主创新等技术导向方式制定企业的市场进入策略（杨德林和陈春宝，1997）。对后发企业来说，模仿学习是一个必经的阶段，企业成功的关键在于在模仿的过程中能否逐步积累经验和能力，从单纯的模仿到创造性模仿，然后过渡到全面创新（朱恒源和杨斌，2018）。然而，全球化进程的加速推进在一定程度上强化了市场需求的多样化，同时也带来竞争的加剧，使后发企业市场进入机会越来越少（臧树伟和李伟，2016），企业间建立的技术联盟已经成为常态，同时多样化的合作伙伴构成的联盟组合也成为企业获取分散的互补性异质资源，从而提升技术优势的重要战略途径（寿柯炎、魏江和刘洋，2018）。

后发情境下企业技术追赶的影响因素错综复杂，既包括产业技术特性、市场结构等，也包括国家层面的资源要素、产业政策等。一些学者结合资源基础观论述了后发企业如何获得并保持竞争优势，通过建立关系、杠杆化利用和学习等途径克服自身技术劣势（林润辉等，2016）。学者也关注协同创新的作用，林润辉等（2016）认为协同是系统中多个子系统要素之间产生的整体效应，总体上，协同模式更多的可以被划归到战略联盟体系中，因此本研究侧重将战略联盟的企业作为研究对象，分析后发情境下企业如何借助战略联盟实现技术追赶的作用机制。

3.2.3　技术创新

熊彼特认为创新是把一种从来没有过的关于生产要素的新组合引入生产体系，这种新组合包括以下内容：①引进新产品；②引用新技术；③开辟新的市场；④控制原材料新的供应来源；⑤实现产业的新组织（Schumpeter，1912；柳卸林，1993）。企业追求技术创新不仅可以保持其在商业上的优势，规避竞争者的威胁，也可以突破原有的制度，促进经济体系的发展（柳卸林，2000）。技术创新是指企业家将"生产要素和生产条件的一种从未有过的新组合"，引入生产系统以获得"超额利润"的过程，由此，技术创新可以概括为五个方面，即引入新的产品（含产品的新质量），采用新的技术（含生产方法、工艺流程），开拓原材料的新供应源，开辟新的市场，采用新的组织、管理方式方法（Michael and Grit，2004）。

与熊彼特的界定类似，创新可视为一种新的产品或服务、新的流程、新的管理系统及结构等（Damanpour，1991）。经济合作与发展组织在《国家创新体系》的报告中对创新进行了界定，认为创新是不同主体或机构相互之间的作用，技术变革是一个不完美的线性方式，是系统元素间反馈、相互作用的结果，同时指出组织间的互动作用直接作用于企业和经济体系的产出和绩效（陈劲，2000）。

| 第 4 章 |

不同情境下后发企业技术
追赶的理论框架

通过对后发国家、后发经济体、新兴经济体、后发产业等相关研究的梳理与分析，可以发现后发企业的研究实际上是置于不同情境中的。一方面，由于其自身在技术、市场以及二者间交互过程中呈现出的落后或相对弱势状态，部分企业倾向于借助"引进、消化、吸收再创新"或"战略联盟"等战略或策略选择、实施等实现其技术追赶，甚至技术创新、技术领先的目标；另一方面，由于部分企业所属行业、技术领域的特征，成为国家重点关注的产业，或国家谋求技术突破的关键领域，例如日本借助国家政策推进半导体行业的发展等，有针对性的制度环境甚至是政策的制定无疑也成为部分企业实现技术追赶的关键路径。

鉴于此，本研究将按照情境因素的区分构建不同的后发企业技术追赶的框架或模型，进而考察、建构后发企业技术追赶的分析框架与实现机制。

4.1　后发企业技术追赶的情境解析

后发企业技术追赶的情境在很大程度上取决于战略选择，这也成为决定后发国家技术赶超战略的实施成效的关键所在。借鉴已有研究，本研究将从赶超战略的技术选择、时机选择和路径选择所遵循的基本规律出发，从技术选择、时机选择、路径选择等三方面入手，结合技术、市场、政策等多要素的分析，形成后发企业技术追赶的实现机制分析。

选择何种类型的技术或产业部门并进行追赶是实施技术赶超战略的关键。比较优势理论和资源禀赋理论认为，技术赶超过程中技术类型的选择应该遵循比较优势原则，即各个国家或地区应该分析其所掌握的资源的比较优势，在此基础上实施有针对性的技术赶超战略。在确定技术赶超的对象后，选择技术赶超的时机对赶超战略的成功实施至关重要，诸多学者从技术发展的视角考察了技术赶超的最佳时机。后发国家或地区应根据自身在不同产业中的技术能力选择不同的技术时机：对产品创新能力较强的产业，选择流动性或过渡性阶段进入；对过程创新能力较强的产业，选择明确性阶段进入。

通过对后发国家技术追赶及赶超的经验研究，国内外学者在后发国家的技术赶超路径方面取得了丰富的成果。已有研究主要分为两类：第一类研究发现技术赶超路径遵循特定的顺序；第二类研究认为技术赶超路径并非完全是线性的，也具有跳跃性。

基于此，本研究认为针对后发企业技术追赶的研究情境与分析路径可以体现在以下几种情形下：其一，后发企业技术追赶的影响因素及作用机制提炼，结合已有文献，细化、识别出后发企业技术追赶的影响因素，选取典型企业进行案例分析，进一步识别影响中国后发企业技术追赶的因素，以此作为本研究的理论起点和基础；基于前述的后发企业技术追赶影响因素的识别，考察各因素对后发企业技术追赶的作用机制，进一步厘清各因素之间的影响及作用关系，为后续的概念框架设计提供理论基础。其二，后发企业技术追赶概念框架设计，主要依据先前识别的后发企业技术追赶影响因素及作用机制，围绕"追赶什么，何时追赶，如何追赶"的理论问题，形成基于"技术－时机－路径"的后发企业技术追赶的概念框架，选取不同产业中参与战略联盟的典型企业加以分析，进一步修正概念模型，结合中国企业的技术特征、产业特征等，提炼中国后发企业技术追赶的模式。其三，后发企业技术追赶实现机制的实证检验部分主要从案例分析、实证分析的角度检验后发企业技术追赶的实现机制，以检验、调整后发企业技术追赶的概念模型，进一步优化技术追赶的模式；选取 ICT、新能源汽车产业的典型企业进行案例分析，考察上述样本企业如何实现对先发企业的技术追赶，验证"技术－时机－路径"的概念框架的解释力度。引入大跨度历史数据，分别利用分产业分析和跨产业分析，检验"技术－时机－路径"的概念框架对中国企业技术追赶实现机制的解释力度，并与案例分析的结果相比较，进一步验证、优化后发企业技术追赶的模式。其四，后发企业技术追赶的模式选择与实施方案主要是借鉴典型企业的技术追赶的机制与模式，进一步提炼、形成中国情境下后发企业借助联盟策略选择实现技术追赶的模式，依据技术特征、产业特征的差异设计可供选择的技术追赶模式，为后续企业选择特定模式实现技术追赶提供模式参考和理论指导，在后发情境下，考虑到中国企业自身特征及其所选择追赶模式的差异，细化出中国情境下后发企业技术追赶的实施方案，提出中国后发企业技术追赶的实现路径及管理对策，为相关企业技术追赶提供理论支撑。

4.2 后发企业技术追赶的模式与理论框架

4.2.1 基于战略联盟的后发企业技术追赶分析框架构建

1. 战略联盟的组织形式及其效应研究

战略联盟作为企业间合作的一种制度安排，其概念最早由美国 DEC 公司的总裁霍普兰德和管理学家奈杰尔于 20 世纪 80 年代初期提出，他们认为战略联盟是由两个或两个以上有着对等经营实力的企业，为达到共同拥有市场、使用资源等战略目标，通过各种协议、契约形成的优势相长、风险共担、要素水平相互流动的合作模式（Schifrin，2001a，2001b）。这一概念提出之前，企业的实际运作中已出现了较多的战略联盟，DEC 公司自身也是战略联盟的一个主要践行者。

随着战略联盟研究的深入，一些学者侧重从组织形式的角度展开研究。一些学者依据股权联盟和非股权联盟两种联盟组织形式的差异，结合 CATI 联盟数据库的比较发现企业所选择的联盟模式因其技术和产业特征而不同。一般地，处于成熟期的产业中企业多采取建立合资企业的股权联盟形式，而高技术产业中非股权联盟占据主导地位（Hagedoorn and Narula，1996）；有学者比较了 1960～1998 年全球战略联盟的数量、组织形式的变化，发现联盟数量和参与联盟的企业数量显著增加，高技术产业企业广泛参与到联盟中，同时非股权联盟逐步占据主导地位（Hagedoorn and van Kranenburg，2003）；通过对生物制药领域的研究，有学者证实了非股权联盟的形式逐步成为主导，与此同时联盟主导企业的规模正经历着显著变化（Roijakkers and Hagedoorn，

2005）。有学者发现中国台湾企业参与的战略联盟主要包括合资企业和契约联盟两种形式（Chen and Chen，2003）；与上述对联盟组织形式演进趋势的比较不同，部分学者以 IBM 为案例，结合 IBM 的技术发展分析了联盟策略变化对其联盟形式的影响，发现由技术利用战略向技术研发战略转变的过程中，IBM 选择更多的参与非股权联盟，印证了非股权联盟对企业技术研发、技术获取的作用（Dittrich，Duysters and de Man，2004）。

与前述学者依据股权形式对联盟组织形式的区分不同，一些学者按照企业参与联盟的影响因素区分其联盟组织形式，将战略联盟区分为技术联盟和市场联盟两种，发现技术联盟成立信息的发布引致股票市场超额收益大于市场联盟，但企业由战略联盟所获得的超额收益与企业盈利能力和规模呈负相关，投资者的不确定性随市场联盟数量增加而增加，与技术联盟数量增加无关（Das，Sen and Sengupta，1998）；有学者考察基于学习和基于效率两种联盟形式对企业绩效的影响，发现基于学习的联盟网络对企业技术创新绩效的影响大于基于效率的联盟网络的作用（Hagedoorn and Duysters，2002），一些学者证实了不确定性和知识溢出对联盟组织形式的影响，指出企业多数情况下会选择建立合资企业的联盟形式，但由于交易成本、道德风险和逆向选择，契约形式的研发联盟依然存在（Silipo，2008）。

一些学者从契约和能力的角度考察了联盟组织形式及其影响因素，引入联盟企业技术专业化程度的相似度对契约和股权两种联盟形式进行区分，发现联盟企业间技术专业化程度的分散使企业选择股权联盟的倾向增加（Colombo，2003）；随后，又结合企业特征和联盟属性将联盟划分为开发式商业联盟和探索式技术联盟两种形式，研究发现新建企业多利用互补性资源参与商业联盟，随着规模扩大，这些企业参与商业联盟的倾向降低，更多地参与到技术联盟中（Colombo，Grilli and Piva，2006）。一些学者研究发现核心企业驱动了战略联盟由关系松散的网络向联系紧密且组织合理的网络转变，而且这种网络形式的变化也契合了计算机产业的变化（Cloodt，Hagedoorn and

Roijakkers，2006）。

从联盟组织形式的差异分析出发，一些学者比较了不同的联盟组织形式对企业或联盟绩效的影响，发现联盟企业间先前的合作关系、吸收能力等均正向促进联盟绩效，路径依赖使得企业技术基础与联盟绩效呈倒"U"型关系（Kim and Song，2007）；通过考察了联盟组织形式和联盟伙伴的技术多样性对企业创新绩效的影响，发现股权联盟促进企业技术多样性的收益，而联盟组织形式借助联盟企业的信息共享能力及其联盟动机促进其创新绩效（Sampson，2007）。有学者从实物期权和知识基础两个角度将联盟组合策略分为核心型、对冲型、能力型和组合型，分析了企业的战略联盟组合策略对其专利产出的影响，发现采用核心型和对冲型组合策略的企业专利产出水平高于其他两种组合，核心型联盟组合策略下企业专利产出水平更高（McGill and Santoro，2009）。部分学者通过将企业区分为创新性企业和模仿性企业，分析发现创新性企业的联盟组合更加复杂，其可通过利用性资源获益，模仿性企业则通过探索性资源获益，但总体上联盟复杂性与企业创新绩效间存在倒"U"型关系（Duysters and Lokshin，2011）。与前述学者从整体上对联盟组织形式的考察不同，一些学者考察了专利联盟对企业创新绩效的影响，选取光盘产业作为研究对象，研究发现企业参与专利联盟后创新质量和数量均显著减少，即专利联盟抑制了联盟企业的创新绩效（Joshi，2011）。

2. 企业参与战略联盟动机的研究

随着战略联盟相关研究的深入，一些学者开始关注企业参与战略联盟的动机（或目的），现有涉及企业联盟动机的研究主要沿三方面展开，包括联盟动机的总体考察、技术导向的联盟动机研究以及市场导向的联盟动机研究等。

早期的涉及联盟动机的研究多以资源基础理论、交易成本理论等为理论基础。学者们对于企业的联盟动机归结为三方面：其一是与基础研究、应用研究及技术发展相关的动机；其二是涉及创新过程的联盟动机；其三是与市场获取和机会搜寻相关的动机，包括进入或拓展外国市场、实现国际化等（Hagedoorn，1993）。学者们对日本和美国的战略联盟企业的分析也得到了类似的结论，研究发现日本企业试图通过战略联盟实现研发多样化、降低研发成本、应对外国企业的竞争等，而获取技术的动机不明显；随后，以美国企业为样本，发现获取基础研究成果是企业参与战略联盟的主要原因为分摊研发成本、降低知识溢出的风险、应对日本企业的竞争等（Miyata，1995；Miyata，1996）。部分学者研究发现联盟动机主要表现在技术和市场两方面，技术动机包括获取技术机会、降低创新生命周期、获取隐性知识溢出、降低研发成本和风险等，而市场动机则由进入新市场、改变市场结构、实现规模经济等构成（Mowery，Oxley and Silverman，1998）。

　　与上述学者结合资源基础和交易成本理论对联盟动机的研究不同，另有学者侧重以某一理论为基础解释企业的联盟动机，一些学者比较了资源基础理论和交易成本理论对联盟动机的解释，构建了基于资源基础的联盟动机解释框架，分析了租金创造、资源利用、资源多样化、资源模仿和资源处理对企业参与战略联盟的影响（Tsang，1998）。部分学者侧重于从资源基础角度分析企业的联盟时机和动机，认为联盟成员间知识、技术等资源的数量和质量、资源的互补性和相似性等影响企业的联盟决策（Miotti and Sachwald，2003）。有学者指出企业的联盟决策受技术互补性、创新生命周期缩短、市场获取以及市场结构的改变等因素影响（van Dijk and Weggeman，2003）。

　　部分学者结合一些国家、产业等展开研究。有学者以资源基础理论和社会网络理论为基础，利用化学产业战略联盟的大样本数据区分了技术领先型和技术边缘型企业参与战略联盟动机的差异（Ahuja，2000）。以中外企业共同参与的技术联盟为对象的研究发现，中国企业的联盟动机集中在市场地位、国际扩张和技术交流等，外国企业则借助与中国企业的联盟合作进入中国市场，学习如何在中国运营等（Dong and Glaister，2006）。有学者发现高技术企业参与战略联盟的动机按重要性依次为获取资源、缩短技术研发的时间和进入市场等（Yasuda，2005）；也有学者发现成本和风险分担是一些企业参与战略联盟的主要原因，与此同时信息流动也影响其联盟决策（López，2008）。与国外学者采取的定性与定量相结合的研究范式不同，我国学者主要借助定性研究考察企业的战略联盟动机及其影响因素。万映红和李江（2000）结合市场能力理论、交易成本理论、代理理论、博弈论和战略理论等分析了企业的联盟动机；严建援、颜承捷和秦凡（2003）将资源、竞争战略和组织学习作为企业参与战略联盟的驱动力，认为获取知识、技术等资源，寻求市场能力，降低交易成本以及相互学习等是企业主要的联盟动机。

企业参与战略联盟动机的论述不仅仅体现在资源基础理论和交易成本理论上，一些学者将组织学习理论引入战略联盟动机的分析中，发现战略因素和社会因素可以较好解释半导体企业的联盟动机（Eisenhardt and Schoonhoven，1996）；有学者发现市场联系和企业在地理（或空间）上的扩张是其参与战略联盟的主要原因，也印证了组织学习理论对联盟动机的论述（Gwster and Buckley，1996）。苏中锋、谢恩和李垣（2007）从有形资源获取，知识、能力学习等两方面分析了企业的联盟动机，认为企业参与战略联盟可有效降低资源交易的费用和不确定性，提高交易效率，也可以通过联盟实现隐性知识的学习和传递等，促成企业的竞争优势。

与上述学者将组织学习理论应用到战略联盟的研究类似，一些学者从企业战略和演化的角度考察了企业的战略联盟动机，发现企业参与战略联盟的意图可区分为探索和利用两方面（Koza and Lewin，1998）。薛澜和沈群红（2001）发现学习成本和协作成本的节约、企业间关系资源的建立和发展、技术能力的获取、传递和整合以及知识的合作生产与利用等是企业参与战略联盟的主要原因。林仁方和陈志俊（2006）强调了联盟对市场结构的影响，认为寡头企业会出于战略考虑建立联盟关系，借助负外部性影响外部竞争者的收益；有学者发现无论是国家还是区域层面，企业的联盟战略都与企业间研发合作构成互补关系，企业往往通过参与联盟限制知识流动、保持其竞争优势和技术创新能力，而不是促进知识流动（Narula and Santangelo，2009）；周青和陈畴镛（2012）以专利联盟为例，研究发现推动企业发展、获取技术优势、提升产品竞争优势等是企业选择参与专利联盟的主要原因，联盟对知识获取方式以及知识整合过程的影响同样是一些企业选择参与联盟的主要原因。

相较于众多学者从总体上对企业联盟动机的考察，一些学者将联盟视为企业获取技术或知识的重要途径。部分学者从资源基础角度研究联盟动机（Doz and Hamel，1998；Das and Teng，2000），认为已有研究虽然阐释了企业特有的、无法复制的资源对企业间异质性的影响（Wernerfelt，1984），但已有研究大多忽略了资源基础的作用，由此认为战略联盟是企业获取竞争优势的主要手段，企业通过自身资源基础与外部资源的权衡确定最优资源边界，指出企业的技术动机包括获取其他企业的技术资源，确保和发展自身的资源优势等，一定程度上验证了企业为确保自身的知识、技能等不会消逝，会借助战略联盟保持其技术能力的研究结论（Nelson and Winter，1982）。有学者强调动机和机会对企业联盟关系的影响，验证了拥有技术、商业和社会资本等累积性资本和掌握关键性技术对战略联盟建构的影响（Ahuja，2000）；部分学者以上述研究为基础，从资源类型和技术不确定性两方面展开研究，发现技术、知识资源的获取是企业参与战略联盟的主要诱因（Faems，2003）。

一些学者强调了获取互补性资源（知识、技术等）对企业创新成功的重要性（Teece，1986，2002），借助战略联盟获取互补性技术不仅促进战略联盟伙伴间取得规模经济，也促进新资源、新技术和竞争优势的产生（Hitt et al.，2000）；由于企业不能将所有创新资源全部纳入内部，借助战略联盟实现技术获取逐步成为一种新的创新模式（Tether，2002）；竞争加剧使得越来越多企业参与跨国、跨产业联盟，以 IBM 为对象的研究证实了技术获取是企业参与战略联盟的主要意图（Dittrich，2002）。有价值的、稀有的和不易模仿资源的交互是企业间建立战略联盟关系的关键因素（Overby，2005）；张方华（2006）将资源分为信息、知识和资金三类，分析资源获取对企业技术创新的影响。

与上述学者从资源基础的角度对联盟动机的研究不同，后续学者开始关注知识、技术等，认为资源基础可能忽视了对为什么合作、谁会参与合作以及跟谁合作等问题的考察，通过构建一个综合性分析框架，发现企业参与战略联盟的原因更多体现在获取互补性知识、技术等方面（Miotti and Sachwald，2003）；从交易成本和资源基础两个角度识别了企业的联盟动机，发现技术不确定性、资源互补性以及联盟的技术效应和学习效应是影响企业参与战略联盟的关键因素（Chen and Chen，2003）；创新过程复杂性使得获取外部创新资源成为其建立、参与战略联盟的主要原因（Schmidt，2005）。部分学者研究发现企业为获取新的、互补性技术、降低研发风险和成本（Kim and Song，2007），会选择参与战略联盟，而联盟伙伴的选择取决于其技术水平和吸收能力。易朝辉和夏清华（2007）构建了"资源 - 学习 - 企业成长"的分析框架，比较中外企业参与战略联盟的动机，发现中外企业的联盟动机均表现为获取互补性资源和技术能力。以制药和生物技术企业为样本，有学者验证了互补性和相似性资源对企业间战略联盟关系建立的影响（Rothaermel and Boeker，2008）；与之类似，联盟关系作为新技术（知识）产生的关键，指出企业会利用战略联盟合作实现创新（Lin et al.，2012），知识流动在新知识获取中的作用，指出企业参与战略联盟是为了通过直接联系、间接联系和非冗余联系提升核心技术能力（Vanhaverbeke，Gilsing and Duysters，2012）。

一些学者在考察技术、知识等资源获取对企业参与战略联盟影响的同时，也分析了其对绩效的影响，认为研发合作是企业内部研发活动的有效补充（Hagedoorn，2002），验证了联盟基础上的合作研发对创新成功的影响。在上述研究的基础上，部分学者开始关注企业参与的战略联盟合作关系一方面降低了研发风险和成本，另一方面也促进了企业间技术、知识等资源的流动、交互，提升了创新成功的可能性。我国学者张方华（2006）依据资源类型的不同考察了其各自对企业技术创新绩效的影响，发现信息和知识资源的获取促进企业的创新绩效，而资金资源对企业合作基础上的创新绩效存在非线性影响；有学者利用联合专利申请表征联盟绩效，发现一些战略联盟生产率显著优于其他联盟，他们将这种差异源于企业间先前的合作关系、知识基础和吸收能力等（Kim and Song，2007）。吸收能力通过研发联盟比例、技术距离和研发强度等影响企业的联盟组合，作用于以合作专利为表征的创新绩效（Lin et al.，2012）。技术获取动机对企业创新绩效的影响，发现直接联系对核心和非核心技术均存在倒"U"型影响，非直接联系正向促进非核心技术发展，非冗余联系促进企业核心技术能力的提升（Vanhaverbeke，Gilsing and Duysters，2012）。

伴随着技术获取动机的考察，一些学者则侧重考察市场获取和拓展的联盟动机。有研究考察了企业基于市场动机构建的联盟关系（Hagedoorn，1993），1960 年以来的战略联盟的形式及历史演变表明企业利用战略联盟参与、获取或拓展外国市场的程度显著加深，使强化市场能力和进入外国市场是信息技术和生物制药等高技术企业参与战略联盟的主要原因（Mowery，Oxley and Silverman，1998）；战略联盟可能导致知识学习的两难，但对企业迅速获取外部市场和规模经济具有促进作用（Larsson et al.，1998）。一些企业参与战略联盟的主要原因是为了获取市场而不是技术（Grant and Baden - Fuller，2004），部分学者也证实了市场导向对参与企业战略联盟合作的影响（Gallié and Roux，2008）。

有研究以韩国企业为样本分析了企业在技术发展的不同阶段参与战略联盟的动机及其差异，发现技术成熟期企业参与战略联盟的动机表现为市场拓展和利用（Chung，Bae and Kim，2003）。有学者将联盟作为一种战略决策，比较发现产品和技术发展、进入和拓展市场及市场驱动是企业主要的联盟动机（Dodourova，2009）。有研究强调企业在联盟决策中对合作伙伴的选择更多地体现着自身发展战略，一些企业侧重于选择与其存在市场联系的伙伴建立战略联盟，也有一些企业与从事科学研究的企业建立战略联盟关系，另外，还有一些企业将两类企业同时纳入战略联盟（Franco and Gussoni，2010）。有研究通过阿根廷和西班牙两国企业的比较得到进入新市场和新产品市场化是企业最主要的战略联盟目的（Edwards，Castro-Martinez and Fernández-de-Lucio，2010）。

一些学者考察企业规模对其联盟动机的影响，发现已有研究多侧重对美国、欧洲和日本等大企业的分析，这些企业的战略联盟动机集中于将成熟技术拓展到外国市场（Davenport and Miller，2000）；一些企业利用大跨度数据区分不同规模企业的联盟动机，认为与大企业相比，小企业受市场因素影响更明显（Bayona，Marco and Huerta，2001）；一些学者研究指出与外国企业的合作成为新建企业或小企业进入外国市场的重要手段（Shrader，2001；Oviatt and McDougall，1994；Zacharakis，1998），与当地企业合作可以为企业提供较为适宜的知识和市场条件（Hymer，1976；Kogut，1988；Makino and Delios，1996），企业可以以更快的速度、更低的成本和市场风险向外国市场拓展（Aulakh，Kotabe and Sahay，1996；Buckley and Casson，1996；Contractor and Lorange，1988），促进其竞争优势（Shrader，2001）。20 世纪 90 年代后，获取和拓展市场成为各种规模企业最主要的战略联盟动机（McCutchen and Swamidass，2004）。

全球化和国际化进程加快在一定程度上促成了众多企业参与到战略联盟中，国内市场的剧烈变化刺激了企业拓展其市场和产品范围，越来越多的企业通过搜寻、选择与外国企业建立战略联盟与合作关系，实现产品和研发国际化（Archibugi and Iammarino，2002）；研究发现参与战略联盟的中国台湾企业出口导向明显，往往选择规模较大且具有一定声誉的境外企业作为合作伙伴（Chen and Chen，2002）。与之类似，参与跨国战略联盟对半导体企业建立其海外基地和拓展海外市场存在显著的影响（Leiblein and Reuer，2004）。一些学者考察了影响本国与外国企业研发合作的因素，通过德国和葡萄牙企业的对比，发现进入外国市场是其合作的主要目的，印证了海外市场拓展对研发联盟的影响（Faria and Schmidt，2007）。涉及外国市场时，出口导向的企业更倾向于与当地企业开展合作（Dachs，Ebersberger and Pyka，2008）。一些学者指出适应当地市场的需要是企业选择参与跨国联盟的主要目的（Brockhoff，1998；Shrader，2001），企业参与的跨国研发合作通过市场拓展和新产品风险降低等途径显著增强其在不同国家的市场能力（Duysters and Lokshin，2011）。

3. 战略联盟动机的概念界定与表现形式

一些学者将战略联盟定义为两个或两个以上合作伙伴为实现共同的目标而把资源集合在一起共同开展活动而组成的契约网络（Teece，1992）。战略联盟是企业间为交换、共享或共同开发新产品或服务而进行的自发性活动，这种活动建立在一定的动机或目标的基础上（Gulati，1998）。战略联盟联系着两个或多个企业商业往来的诸多方面，这种联盟实质是一种契约性贸易合作关系，它通过促进各方互利的技术、技能以及利用这些技术和技能所生产的产品的贸易活动提高联盟企业竞争战略的有效性（Yoshino and Rangan，1995）。随后一些研究对战略联盟的概念界定达成一致，认为战略联盟是指两个或多个独立企业之间通过资源或能力的交换、共享或共同发展以相互获取相关收益的有目的的合作关系，这一界定强调了联盟建立的目的性和联盟的性质，即战略联盟是企业间的战略合作关系。

对于技术联盟，一些学者认为其是战略联盟的一种形式（或一种特例），是企业在创新导向下参与的战略联盟，也有的学者指出大多数联盟都涉及技术因素，认为技术联盟可等同于战略联盟，或者称为战略技术联盟等（王飞绒和陈劲，2010；Porter and Detampel，1995）。许多学者在战略联盟基础上，依据其侧重点不同对技术联盟进行界定，认为技术联盟是由两个或两个以上企业与其他创新主体为达到技术创新目标而形成，涉及技术交流、共享的联盟组织形式（王飞绒和陈劲，2010；Griliches，Hall and Pakes，1991）。借鉴上述界定，本研究将战略联盟定义为"两个或多个企业（或其他类型的主体）建立的涉及技术创新、技术共享等技术因素的股权或非股权形式的联盟"。由这一定义可知，本研究侧重于对企业间联盟合作内容的考察，即涉及技术或知识的共享资源、共同研发创新、共同实现技术产业化等。

依据相关学者对企业参与战略联盟原因的区分与识别，本研究发现技术因素和市场因素是企业参与战略联盟的主要动因，降低成本和不确定性更多的是技术因素或市场因素的外在表现。《现代汉语词典》对动机的解释是"推动人从事某种行为的念头"，其英译为 motive、motivation 或 intention。结合动机概念的基本界定及已有涉及联盟动机的研究，本研究认为企业的战略联盟动机可界定为"推动（引致）企业选择参与或建立战略联盟的原因或目的"，亦即企业选择建构或参与技术联盟的目的，本研究侧重从技术、市场以及技术＋市场等方面考察企业的战略联盟动机。

4. 企业参与战略联盟的动机解析

事实上，过往的战略联盟整体趋势的分析、提炼出企业的战略联盟动机，一些学者考察了企业参与战略联盟的动因及影响因素，也有一些学者结合资源基础、交易成本、战略管理、组织学习等理论分析了企业参与战略联盟的理论基础。总体上，无论是基于特定国家（特定产业）或典型企业的联盟动机的实证分析，还是从理论上对企业联盟动因的分析，技术和市场两方面因素的作用都得到较好的阐释；另有一些学者强调了风险、成本等因素对企业联盟决策的影响。基于已有成果，本研究认为可将企业参与战略联盟的影响因素归结为三类，即获取技术、获取市场和降低风险、成本等。

（1）技术动机。已有研究将技术获取视为企业参与战略联盟的最主要原因。企业资源理论被后续资源基础相关研究视为企业借助战略联盟获取技术的理论起点（Wernerfelt，1984）。获取基础研究和应用研究所需的技术、知识等创新资源，技术融合和发展对企业发展存在重要影响（Hagedoorn，1993）；

一些学者分别证实了获取技术溢出和技术搜寻等作为战略联盟动机的作用（Miyata，1995；Miyata，1996；Mowery，Oxley and Silverman，1998）；部分学者将资源区分为相似性资源和互补性资源，强调了企业的联盟决策或联盟行为对互补性技术、知识等资源获取的作用（Miotti and Sachwald，2003）。

组织学习理论同样是战略联盟动机研究的理论基础，一些学者强调技术的作用，认为企业间合作基础上的技术学习、技术追赶等是其联盟主因；另有一些学者结合典型企业的案例分析，发现某些企业会借助战略联盟合作限制技术流动和外部技术溢出，验证了联盟关系对联盟外企业的影响。由此可见，虽然已有研究在技术获取对企业联盟决策的作用达成一致，但联盟的作用机制和效果仍存在些许差异。

（2）市场动机。与技术获取建立在资源基础理论和组织学习理论的基础上类似，学者们对市场因素的考察多以交易成本理论为出发点，企业战略理论也是市场获取动机的重要基础。联盟合作对企业进入、拓展、占领外国市场的作用（Hagedoorn and Duysters，2002），后续一些学者也纷纷考察了企业出于战略考虑选择参与的战略联盟对市场进入、拓展和市场份额扩张以及垄断地位的形成的影响。企业自身的发展和外部条件的变化使其面临战略调整，会带来其联盟决策或联盟行为的变化（Chung，Bae and Kim，2003）。事实上，当企业的技术趋于成熟时，其会倾向于利用联盟关系来进入、拓展市场，巩固市场地位和扩大市场份额等。

市场获取是企业应对外部挑战的重要手段，一些学者以产品、技术全球化和国际化为背景的研究证实了市场获取对企业发展的影响，将市场因素与技术因素同时考察时发现，相比于市场因素，技术因素对企业参与战略联盟的影响变得不明显。通过上述分析，本研究认为进入或拓展市场同样是企业建构、参与战略联盟的重要原因。

（3）其他动机。在考察技术、市场两方面因素影响企业战略联盟决策的同时，一些学者强调了风险及成本等对企业战略联盟决策的影响，分析了战略联盟对企业创新的不确定性和成本的影响（Hagedoorn，1993；Miyata，1995；Miyata，1996），强调了联盟对降低研发成本、缩短创新生命周期的作用（Mowery，Oxley and Silverman，1998）；后续学者结合特定企业的案例验证了成本和风险分摊对企业联盟决策的影响。事实上，无论是风险或成本分摊，还是不确定性的降低，均可视为技术或市场因素的一种表现形式，即不确定性等体现为技术或市场的不确定性。一方面，企业为降低创新过程复杂性而选择通过战略联盟获取技术、知识等资源，在一定程度上降低了企业面临的创新风险（Schmidt，2005），获取新技术或互补性技术降低了技术研发的风险和研发成本（Kim and Song，2007）。另一方面，有学者认为企业的战略联盟行为导致了其学习的两难，但有助于进入或拓展市场、降低市场风险，参与战略联盟有助于企业以更快的速度、更低的成本和风险拓展市场（Shrader，2001）；企业的联盟行为在拓展市场的同时，也降低了企业的风险（Dodourova，2009），印证了市场拓展对降低新产品风险的作用（Duysters and Lokshin，2011）。

通过对企业战略联盟动机的界定及影响因素识别，这里将重点从技术和市场两方面加以区分，同时考察二者可能的组合。

具体地，本研究在现有动机研究的基础上，引入对企业技术水平和企业所处发展阶段等企业属性的考察，结合特定时期企业发展战略展开分析，从某种意义上保证了对企业战略联盟动机的界定能更加切实地体现企业战略导向。现实中，企业的联盟目的可能同时包含技术和市场因素，也就是说存在技术和市场的某种组合。由此，本研究认为可进一步细化出企业参与战略联盟的动机，即技术动机、市场动机以及"技术+市场"动机组合等三种类型。

实际上，由于企业战略导向的差异及其应对市场竞争等方面的考虑，企业会依据其自身属性、产业特征、外部竞争环境等因素的变化适时进行战略调整，包括是否参与战略联盟、联盟时机及联盟伙伴选择等，从这个角度看企业的联盟决策及动机可能处于不断变化之中。鉴于此，本研究认为对特定企业而言，其在某一时点上的联盟决策、联盟行为及其目的是确定的，但其企业属性、发展阶段等内外部环境的变化会引起联盟战略和行为的变化与调整。例如，在初创期，企业可能更多地依靠自身技术谋求发展，但也需要整合其他企业的优势技术，这就使其联盟目的更多地以技术动机为主；随着企业规模的壮大，技术实力的提升，在产业竞争中占据一席之地，其可能更多的是考虑如何应对市场竞争、提高市场占有率，倾向于通过与其他企业间联盟关系的建立实现市场拓展和市场份额扩张，同时其也可能借助与其他企业合作，利用其技术优势促进技术升级，此时其战略联盟动机可能同时包含着技术和市场因素。

5. 企业参与战略联盟动机的表现形式

依据前文构建的企业参与战略联盟动机的概念框架，结合企业联盟动机的阐释，本研究分析了技术和市场等两种因素作为企业参与战略联盟动机的作用及表现形式。

（1）技术动机的表现形式。技术复杂性的增加、技术生命周期缩短导致技术创新不确定性增加，成为众多企业参与战略联盟的重要原因。通过对联盟相关研究的梳理发现获取技术是企业参与联盟的主要目的。依据联盟动机的内涵界定，本研究认为技术动机主要表现为企业通过建立联盟关系实现技术获取和技术许可等两方面。

技术获取动机包含以下情形：①整合不同企业的技术、知识等创新资源或创新要素，共同从事技术的研发以降低研发成本和规避风险等；②结合企业的需要，与具有技术优势的企业（或组织）建立联盟关系，定制适宜于本企业的技术、产品等；③发挥战略联盟企业的技术优势，实现技术集成、融合与提升等；④通过参与战略联盟实现企业专利技术的产业化；⑤通过联盟合作实现技术共享、技术学习、技术追赶或技术改进等。参见表4-1。

表4-1   后发企业联盟动机的主要表现形式

动机类型		表现形式
技术动机	技术获取	①整合不同企业的技术、知识等创新资源或创新要素，共同从事技术研发以降低研发成本和规避风险等；②结合企业的需要，与具有技术优势的企业（或组织）建立联盟关系，定制适宜于本企业的技术、产品等；③发挥联盟企业的技术优势，实现技术集成、融合与提升等；④通过参与战略联盟实现企业专利技术的产业化；⑤通过战略联盟合作实现技术共享、技术学习、技术追赶或技术改进等
	技术许可	①通过参与技术联盟，实现技术许可、交叉许可或技术转移等；②技术领域相近的企业间通过联盟关系的构建制定产业技术标准；③通过参与战略联盟获取联盟契约的技术支持或技术保障等；④借助联盟合作关系实现网络嵌入或企业间网络关系的强化等，以应对技术竞争
市场动机	市场进入	①通过建立合资企业进入新的市场；②通过与不同国家或区域的企业间建立联盟关系，进入外国或外区域的市场；③借助联盟关系为其他企业或市场提供其市场和产品权利等
	市场拓展	①利用与外国企业的联盟合作关系，实现产品出口；②通过与其他企业的合作寻求对市场的控制，以保证（或提升）其市场份额和竞争优势等；③利用其他企业（如当地企业）的优势地位（文化、营销渠道等）进行市场营销；④经由联盟关系实现市场拓展或独占市场等
"技术+市场"动机	技术获取+市场进入	技术获取和市场进入所涉及情形的组合
	技术获取+市场拓展	技术获取和市场拓展所涉及情形的组合
	技术许可+市场进入	技术许可和市场进入所涉及情形的组合
	技术许可+市场拓展	技术许可和市场拓展所涉及情形的组合

　　与之相对，企业参与战略联盟所涉及的技术许可动机包含：①通过参与战略联盟，实现技术许可、交叉许可或技术转移等；②技术领域相近的企业间通过联盟关系的构建制定产业技术标准；③通过参与战略联盟获取联盟契约的技术支持或技术保障等；④借助联盟合作关系实现网络嵌入或企业间网络关系的强化等，以应对技术竞争。

（2）市场动机的表现形式。市场动机同样是企业建立联盟关系或参与战略联盟的主要目的，已有研究在一定程度上验证了市场动机对企业联盟决策的影响。结合已有研究，本研究认为当企业为保持其市场竞争优势和市场份额而选择与特定企业建立联盟合作关系时，借此进入市场或拓展市场、形成垄断地位等是市场动机的主要方面。

市场进入动机主要包含以下几种情形：①通过建立合资企业进入新的市场；②通过与不同国家或区域的企业间建立联盟关系，进入外国或外区域的市场；③借助联盟关系为其他企业或市场提供其市场和产品权利等。

市场拓展动机包含以下情形：①利用与外国企业的联盟合作关系，实现产品出口；②通过与其他企业的合作寻求对市场的控制以保证（或提升）其市场份额和竞争优势等；③利用其他企业（如当地企业）的优势地位（文化、营销渠道等）进行市场营销；④经由联盟关系实现市场拓展或独占市场等。

（3）"技术＋市场"动机组合的表现形式。前文分别从技术和市场两方面对企业参与战略联盟的动机进行区分，考察技术和市场等两种动机下企业联盟动机的表现形式，并列举、设计了相应的量化方案。事实上，市场竞争的加剧带来的技术变革速度加快，使越来越多企业不会单纯为了获取技术或市场而选择建立联盟关系，多数情形下上述两种因素可能同时影响企业是否参与技术联盟的决策，即技术和市场因素是共同存在的，因此需要考察"技术＋市场"的联盟动机组合。"技术＋市场"的联盟动机更多是技术和市场两种动机的某种组合，即为技术获取、技术许可、市场进入、市场拓展动机的组合，表现为"技术获取＋市场进入""技术获取＋市场拓展""技术许可＋市场进入""技术许可＋市场拓展"等形式。

具体地，"技术＋市场"动机包含以下情形：①联盟企业力图通过整合双方的技术优势，从事新技术创新，以拓展、进入不同国家或地区的市场；②联盟各方利用其技术共同生产、销售产品等，以扩大其市场份额和竞争优势；③联盟一方授权或许可另一方在其所属国家或第三国使用其技术来从事生产、销售的权利；④联盟企业间依据他国市场的需求，共同研发、定制技术或产品等以满足其市场需求；⑤联盟企业通过合作实现技术改进，乃至后续的产业化及销售等皆可视为"技术＋市场"的联盟动机。

4.2.2 基于联盟动机、专利策略与创新绩效关系的分析框架

本研究将联盟动机界定为企业建立或参与战略联盟的意愿、企图或愿景。对任何企业而言，其联盟意愿往往伴随着相对明确的绩效目标，但联盟动机本身作为一种意愿或愿景不会直接引致其绩效目标的实现，因而联盟动机向企业创新绩效的转化就需要借助具有操作内涵的行动方案来实现。企业的专利策略是关于行动方向、目标和实现路径的行动方案，联盟企业借助特定专利策略的选择、细化与实施，可实现由联盟动机向创新绩效的转化。鉴于此，本研究将联盟动机、专利策略与企业创新绩效纳入分析视野，通过对联盟动机、专利策略与企业创新绩效间作用关系的解析，构建联盟动机、专利策略与企业创新绩效间作用关系的分析框架（见图 4－1），随后分别构建联盟动机影响企业专利策略选择、不同联盟动机下专利策略影响企业创新绩效的分析框架，进而分析联盟动机、专利策略如何影响企业的创新绩效。

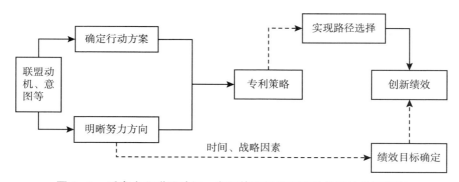

图 4－1 后发企业联盟动机、专利策略与创新绩效关系的分析框架

1. 联盟动机与企业专利策略选择的关系

联盟动机是企业建立或参与技术联盟的意愿或愿景，而这种明确的意图、愿景可借助多种方案实现，在诸多行动方案中必有一种或几种是其可选择的最优或次优方案。鉴于不同的联盟企业自身属性、其所面临的内外部环境的不同，其方案的确定与实施就会存在显著的差异。因此，在这种明确的联盟动机下，战略联盟企业需要在付诸行动之前，通过对内外部环境因素、技术因素、市场因素以及其发展战略等各种因素的通盘考虑和评估，进而对各种备选方案进行甄别、比选以确定切合实际的优化方案，而专利策略作为企业实现其技术创新或发展目标的手段或谋略，其选择与制定就是优化方案选择与细化的过程。

事实上，企业的联盟动机和意图在影响其行动方案选择的同时，也决定了联盟企业是以技术，还是以市场，或是以"技术＋市场"作为自身的努力方向。对联盟企业而言，努力方向的明晰会进一步促进其专利策略的选择与运用，也会促进其选择、制定合理有效的创新资源配置方式，从这个角度看，企业的战略联盟动机也会通过明晰其努力方向，进而决定其专利策略的选择与运用。基于上述分析，建立企业的联盟动机影响其专利策略选择的分析框架如图4-2所示。

2. 不同联盟动机下后发企业的专利策略组合的绩效效应

联盟企业在其动机和意图下确立了技术、市场或"技术＋市场"的努力方向后，还须将时间因素和企业战略纳入分析，即结合其相对明确的联盟意愿确立在什么样的战略周期内实现何种战略目标，意即将联盟企业的动机和努力方向赋予了时间和绩效概念，这一绩效目标的确定需要企业通过具有操作性的专利策略的实施才能实现。对联盟企业而言，在确定了其绩效目标后，其会在联盟动机和意愿的驱动以及努力方向的引导下，借助其所选择的专利策略付诸努力。

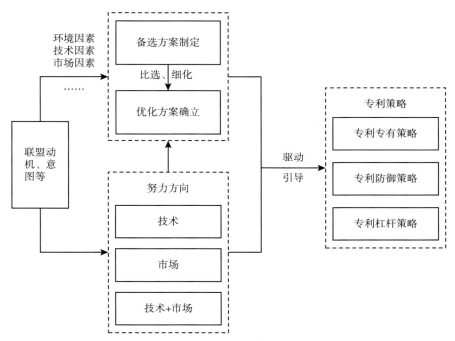

图 4 - 2 联盟动机影响后发企业的专利策略选择的分析框架

然而，战略联盟企业的努力方向和绩效目标的确定并未体现其实现路径的选择，这就要求这些企业在目标确定后进一步选择、确定具体的行动路径才能促进其战略目标和绩效目标的实现。结合其对各方因素的判断以及其所选择、确定的具有操作内涵的专利策略，这些企业会制定出具体的行动方案，包括如何选择联盟合作伙伴、以什么样的方式进行合作以及如何进行市场定位等，正是这些行动方案的确定与细化使得联盟企业的行动路径可以有所遵循，也是这些企业的联盟意图和绩效目标得以实现的关键。基于上述分析，构建联盟企业在不同动机下所采取的专利策略影响其创新绩效的分析框架如图 4 - 3 所示。

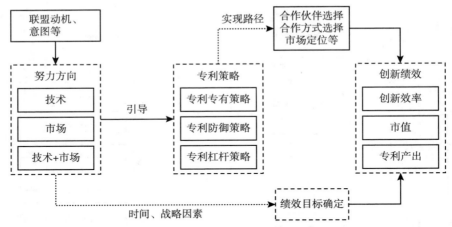

图 4-3　不同联盟导向下后发企业的专利策略组合的绩效效应分析框架

4.2.3　基于政策导向的后发企业技术追赶的案例分析框架

本研究通过对后发企业技术追赶的理论基础和模式的分析，建立了基于战略联盟的后发企业技术追赶分析框架，以及基于"技术-市场-政策"的后发企业技术追赶分析框架。实际上，对于我国的诸多产业与企业而言，其所面临的无疑是后发情境下的战略选择问题、时机选择问题。近年来，我国从宏观战略层面所制定、实施的政策也成为诸多企业实现技术追赶的重要驱动因素，如东北等老工业基地振兴、西部大开发等国家区域发展战略规划，推进战略性新兴产业发展，等等。基于此，本研究将通过对战略性新兴产业发展规划及战略梳理、新能源汽车产业发展战略及政策规划、专精特新企业发展政策及战略等涉及后发企业发展的战略规划与政策解读，结合政策导向的作用选取典型企业进行案例分析，考察基于政策导向的后发企业技术追赶的实现机制。

1. 战略性新兴产业发展规划及战略梳理

在全球经济格局加速变革、科技竞争日益激烈的当下，战略性新兴产业已成为各国抢占未来经济制高点的关键领域。我国高度重视战略性新兴产业的发展，通过一系列科学规划与有力政策，全力推动其蓬勃发展，为经济转型升级与可持续发展注入强大动力。我国自 2006 年以来，在不同阶段针对战略性新兴产业的发展需求，精准制定并实施了一系列战略规划和政策措施。这些政策涵盖了顶层设计、财政金融支持、技术创新推动以及产业培育与市场规范等多个层面，且随着时间的推移不断完善和优化。从早期的规划引领和资金扶持，到中期的技术创新驱动和市场培育，再到近期的产业集群发展和环境优化，各个阶段的政策相互衔接、协同发力，共同推动了我国战略性新兴产业从萌芽起步到蓬勃发展的跨越。随着科技的不断进步和全球经济形势的变化，我国继续出台和完善相关政策，持续助力战略性新兴产业迈向更高水平，为我国经济的高质量发展提供坚实支撑。

对于战略性新兴产业发展，我国充分发挥了顶层战略规划的引领作用，2016 年 12 月发布实施的《"十三五"国家战略性新兴产业发展规划》明确了战略性新兴产业在国民经济中的战略地位，旨在推动产业结构深度调整，培育经济增长新引擎。规划全面布局了新一代信息技术、高端装备、新材料、生物产业、新能源汽车、新能源、节能环保、数字创意等八大战略性新兴产业，明确各产业发展重点与方向，这一规划为"十三五"期间战略性新兴产业的发展提供了纲领性指导，引导资源向这些关键领域集聚。2021 年 2 月正式印发实施的《"十四五"战略性新兴产业发展规划》进一步强调战略性新兴产业对构建现代化经济体系、实现高质量发展的重要意义，推动产业融合化、集群化、生态化发展。聚焦新一代信息技术、生物技术、新能源、新材料、高端装备、新能源汽车、绿色环保以及航空航天、海洋装备等战略性新兴产业，促进新技术、新产品、新业态、新模式加速迭代，构建具有独特优势的产业发展新动能。"十四五"规划顺应了产业发展的新趋势，为战略性新兴产业在新时期的发展指明了方向。

以此为指引，我国后续通过设立中央财政新兴产业创业投资引导基金、地方战略性新兴产业专项资金等专项资金支持，企业所得税优惠、研发费用加计扣除政策、进口关键设备和零部件关税减免政策等税收优惠政策推进财政支持；通过央行引导信贷投放、政策性银行支持、科创板设立、债券市场融资支持等金融政策扶持；通过国家科技重大专项、支持企业建设研发平台、设立产学研合作专项资金、建设科技成果转化服务平台等产业技术创新政策推进技术创新；通过产业集群培育、市场培育与规范建立等促进产业培育与发展环境优化政策的落地实施。

2. 新能源汽车产业发展战略及政策规划

新能源汽车产业作为战略性新兴产业的重要组成部分，对于我国实现能源转型、减少碳排放、推动汽车产业升级具有不可替代的重要意义。自21世纪初以来，我国政府通过一系列具有前瞻性的战略规划和强有力的政策措施，全力推动新能源汽车产业从起步到蓬勃发展，逐步在全球新能源汽车市场占据领先地位。我国自2006年以来，围绕新能源汽车产业发展的不同阶段和关键环节，制定并实施了一系列全面且系统的战略规划和政策措施。这些政策从顶层设计出发，涵盖了技术研发、产业扶持、市场推广、基础设施建设等多个层面，并且随着产业发展的需求不断优化和完善。在政策的持续推动下，我国新能源汽车产业从无到有、从小到大，实现了跨越式发展。在未来，面对全球新能源汽车产业竞争的加剧和技术的快速变革，我国需继续保持政策的连续性和创新性，进一步完善产业生态，加强技术创新，提升产业竞争力，推动新能源汽车产业迈向更高质量的发展阶段，为我国实现碳达峰、碳中和目标以及经济社会的可持续发展作出更大贡献。

作为战略性新兴产业的一个重要组成部分，我国也针对新能源汽车产业专门形成了顶层战略规划，包括2012年6月28日发布实施的《节能与新能源汽车产业发展规划（2012—2020年）》，该规划明确了新能源汽车产业在国家战略中的重要地位，从技术研发、产业布局、市场培育等多方面进行了全面部署，为新能源汽车产业在这一阶段的发展提供了明确的方向和目标，引导了大量资源投入新能源汽车领域，推动了产业的初步规模化发展；2020 年 11 月 2 日发布实施的《新能源汽车产业发展规划（2021—2035 年）》，顺应了全球新能源汽车技术发展趋势和我国能源转型需求，为新能源汽车产业在未来 15 年的长期发展绘制了宏伟蓝图，强调了技术创新、产业融合、国际合作等方面的重要性，推动新能源汽车产业向更高质量、更可持续的方向发展。

后续又通过国家科技支撑计划项目、国家重点研发计划"新能源汽车"重点专项等实现技术研发支持政策促进技术追赶；通过新能源汽车生产企业准入管理政策、新能源汽车产业投资管理规定实现了对新能源汽车产业的扶持；通过新能源汽车购置补贴政策、新能源汽车免征车辆购置税政策、新能源汽车下乡活动等实现了由技术向市场的转化和推广；通过充电桩建设补贴政策、居民区电动汽车充电基础设施建设、推进既有居住区电动汽车充电设施建设等促进新能源汽车相关基础设施的建设；通过新能源汽车双积分政策、公共领域车辆电动化政策等其他配套政策促进了新能源汽车的市场作用得以充分发挥。

3. 专精特新中小企业发展政策及战略

专精特新中小企业作为我国经济发展中的重要力量，在推动创新、促进产业升级、稳定就业等方面发挥着不可替代的作用。这类企业专注于细分市场，具备专业化、精细化、特色化、新颖化的特征，是产业链供应链的关键环节和产业基础再造的重要支撑。为培育壮大专精特新中小企业群体，我国政府出台了一系列战略规划与政策措施，从不同维度助力其成长与发展。自 2004 年以来，我国围绕专精特新中小企业发展的不同阶段和关键需求，制定并实施了一系列全面且富有成效的战略规划和政策措施。这些政策从顶层设计出发，涵盖财政、金融、创新、人才、服务和市场等多个维度，并且随着产业发展和企业需求的变化不断优化和完善。在政策的持续推动下，我国专精特新中小企业群体不断发展壮大，成为推动经济高质量发展的重要力量。面对日益激烈的市场竞争和快速变化的技术环境，我国进一步强化政策的协同效应，持续加大对专精特新中小企业的支持力度，不断完善政策体系，助力专精特新中小企业在创新发展的道路上取得更大突破，为我国经济的持续繁荣和产业升级作出更大贡献。

我国关于专精特新中小企业发展的顶层战略规划包括 2016 年 11 月发布实施的《工业"四基"发展目录（2016 年版）》，该目录中首次提出要引导培育一批专精特新"小巨人"企业，围绕工业基础领域的核心基础零部件（元器件）、先进基础工艺、关键基础材料和产业技术基础（以下简称"四基"），明确了重点发展方向。这一目录为专精特新中小企业在工业基础领域的发展指明了路径，引导中小企业聚焦核心基础领域，通过专业化发展提升自身竞争力，为产业基础高级化和产业链现代化奠定基础；2021 年 7 月发布实施的《"十四五"促进中小企业发展规划》将培育专精特新中小企业作为重要任务，从加强创新能力建设、完善服务体系、强化融资支持等多方面进行部署，为专精特新中小企业在"十四五"期间的发展提供了全面指导，旨在推动中小企业向专业化、精细化、特色化、新颖化方向发展，提升中小企业整体发展质量。

我国通过设立中小企业发展专项资金、专精特新中小企业奖补政策等财政支持政策不断加大对专精特新中小企业的支持力度；通过设计"专精特新"中小企业专属金融产品、资本市场支持等促进金融相关的政策扶持；通过鼓励企业建立研发机构、产学研合作支持政策等促进专精特新中小企业的创新意愿；通过"专精特新"中小企业人才培训计划、人才引进政策促进专精特新中小企业的人才培育；通过中小企业公共服务平台建设、"专精特新"服务专员制度等强化对专精特新中小企业的服务体系建设；通过政府采购支持、引导企业参加国内外展会等实现专精特新中小企业的市场开拓和支持力度。

第 5 章

技术导向驱动的后发企业
技术追赶实现机制研究

5.1 技术导向下后发企业
技术追赶的模式分析

为应对技术复杂性增加、技术生命周期缩短、技术创新不确定性增加等，技术导向驱动企业会通过战略联盟行为来降低风险和不确定性。企业间技术水平的差异使其对技术本身的关注也不同，从而导致了其建立或参与战略联盟的动机和意愿存在差异。因技术水平不同，企业参与战略联盟的技术动机存在差别，使其后续选择采取的专利策略也会有所不同。企业建立或参与战略联盟的技术动机主要表现为技术获取和技术许可两种，其中技术水平不高的企业多将利用战略联盟实现技术获取、利用等作为其联盟意图，而具有技术优势的企业会试图借助技术授权、许可强化其技术地位和技术能力等。

后发情境下，技术水平不高或技术实力不强的企业倾向于通过战略联盟整合不同企业的技术、知识等创新要素，降低研发成本、技术风险，实现优势技术的获取、利用，技术学习、技术追赶甚至是技术创新能力的提升等。

虽然是半导体行业和计算创新领域的全球领先企业，但英特尔公司在其他领域却不一定具有技术优势。1998 年，计算机硬件领域的巨头英特尔公司与软件领域的巨头微软公司合作，利用其技术优势研发可供个人计算机与其他类型的终端设备使用的电视播放的软件平台技术。一些学者从资源基础理论、组织学习理论等角度分析了战略联盟对企业获取技术、知识，提升其创新能力的促进作用（Tsang，1998；López，2008；万映红和李江，2000），通过技术学习、创新资源的优化配置等（Narula and Santangelo，2009；周青和陈畴镛，2012；Doz and Hamel，1998），降低技术研发的成本和风险，并借助专利策略实现其绩效目标。一方面，这些不具备技术优势的后发企业通过专利防御策略利用联盟伙伴的优势技术，优化其专利组合（林仁方和陈志俊，2006），降低技术研发及专利侵权的风险（Das and Teng，2000），不仅有助于资源的优化配置，也显著促进创新效率提升（Narula and Santangelo，2009；周青和陈畴镛，2012；Wernerfelt，1984）；另一方面，后发企业通过专利杠杆策略的实施，借助其吸收能力实现对战略联盟伙伴的技术学习、利用，甚至内化，实现以专利数量表征的创新能力提升，获得更大的市场机会，进而促成其市值的增加（见图 5－1）。

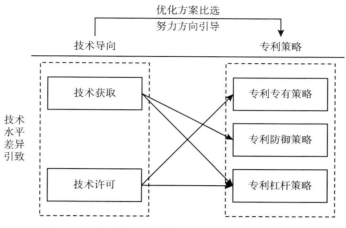

图 5－1　技术导向下后发企业技术追赶的分析框架

5.2　技术获取驱动的后发企业技术追赶机制分析

5.2.1　技术获取动机对后发企业专利策略选择的影响

一些学者结合资源基础理论、组织学习理论等论述了企业联盟决策或联盟行为对其获取技术、知识等创新资源，提升学习能力和技术水平的作用（Tsang，1998；Ahuja，2000；Eisenhardt and Schoonhoven，1996；Gwster and Buckley，1996）。1998 年英特尔与微软建立战略联盟，英特尔利用了微软在计算机软件领域的优势技术研制出 PC 与其他终端设备交互以实现电视播放的软件平台。对于英特尔等企业而言，由于其在某些技术领域不存在技术优势或技术水平不高，其会将通过建立或参与战略联盟获取、利用联盟伙伴的优势技术作为联盟意图或愿景，一方面利用合作伙伴的技术优势提升其知识存量（Somaya，2012），另一方面借助战略联盟实现技术学习，从而促进创新资源优化配置和合理利用（Lin et al.，2012；Vanhaverbeke，Gilsing and Duysters，2012；王飞绒和池仁勇，2011），降低自身从事技术研发的成本和风险。因此，这些企业会倾向于将战略联盟伙伴的优势技术获取、利用视为其努力方向。

在这种战略联盟意图和努力方向的指引下，企业可以通过多种可供选择的行动方案的实施来实现其战略联盟意愿，因而需要对各种可行方案进行权衡、取舍，结合自身技术水平和发展战略等实际情况，综合比选、确定具体的行动方案。具体而言，结合时间因素以及其战略、绩效目标的考虑，这类技术水平不高的企业趋于将专利防御策略和专利杠杆策略的策略组合作为其首选方案。短期来看，专利防御策略的实施有助于企业获取、利用其战略联盟伙伴的优势技术，扩张其专利组合（Somaya，2012），在一定程度上降低了其面临的专利技术侵权风险以及独立从事技术研发的成本；与此同时，这些企业会在战略联盟的基础上，出于长远发展的考虑，运用专利杠杆策略对获取的优势技术进行学习、消化吸收、内化（王飞绒和池仁勇，2011），提升自身的研发能力。

基于上述分析，结合英特尔利用微软的软件技术的案例可以发现，试图借助战略联盟获取、利用联盟伙伴优势技术的企业会通过专利策略的实施来达到其绩效目标，由此提出研究假设如下：

假设 1：技术获取动机会引致联盟企业采用专利防御策略和专利杠杆策略的策略组合。

与单纯出于技术或市场的考虑建立或参与战略联盟不同，一些企业的战略联盟动机或意愿可能同时包含技术和市场两方面因素的考虑，这主要是由于联盟企业技术水平、市场地位等因素的影响，以及市场竞争加剧引致的技术变革速度加快，产品、技术生命周期的变化等所引致。结合技术获取动机的实际效应构成，本研究将从"技术获取＋市场进入""技术获取＋市场拓展"等方面考察企业因技术和市场动机而进行的战略联盟决策对其专利策略选择的影响。

产品技术生命周期缩短、技术复杂性增加以及全球竞争加剧等对企业的技术优势和市场地位均造成了巨大的冲击，企业需要时刻关注、评估技术、市场环境变化可能对其造成的影响，并通过一定的策略行为降低其陷入竞争劣势的可能性以及来自外部专利技术的威胁。1999年，3COM公司通过对外部市场、技术发展趋势的预判，选择与阿尔卡特公司建立战略联盟，利用其技术优势研发出无线PDA软件平台，并将自身优势技术应用于服务商及终端客户，实现了移动终端设备市场的进入。事实上，不同企业的创新资源和技术实力的差异是其联盟行为产生的根源，诸如3COM等在某些领域不具备技术优势的企业会试图通过建立或参与战略联盟获取、利用其他企业的优势技术，进入新的市场，促成其目标的实现。在这种动机下，战略联盟企业会趋于将技术获取基础上的市场进入、地位提升以及市场收益增加视为其努力方向。

确定了努力方向的基础上，企业需要在付诸行动前通过方案细化、比选，选择出优化方案，成为其战略目标和绩效目标得以实现的关键。一般地，这些企业会倾向于通过专利防御策略和专利杠杆策略的运用实现其战略目标。在短期，企业会通过专利防御策略的实施，将其获取的战略联盟伙伴的优势技术用于生产经营活动，有效防范可能出现的专利侵权和被敲竹杠的风险，降低其陷入竞争劣势的可能性；而长期中，这些企业会借助专利杠杆策略的实施，将其获取、利用的战略联盟合作伙伴技术、市场资源通过学习、消化吸收（徐亮等，2009），逐步内化以促成其技术水平和价值的提升（Nelson and Winter，1982；Teece，1986，2002），为其后续的生产经营活动带来更大的市场机会，从而达到市场价值提升的目标。

基于上述分析，结合3COM公司的战略联盟案例可以发现，企业借助外部技术获取、利用实现市场进入的战略联盟动机和愿景下所确立的努力方向和绩效目标会引致其借助专利策略的实施，因而提出研究假设如下：

假设2："技术获取+市场进入"的战略联盟动机引致联盟企业专利防御

策略和专利杠杆策略的策略组合的实施。

技术获取动机下联盟企业专利策略选择的研究假设如表 5-1 所示。

表 5-1　　　　技术获取动机下联盟企业专利策略选择的研究假设

研究假设	具体描述
假设 1	技术获取动机会引致联盟企业采用专利防御策略和专利杠杆策略的策略组合
假设 2	"技术获取 + 市场进入"的动机引致企业专利防御策略和专利杠杆策略的策略组合的实施

5.2.2　技术获取驱动下后发企业专利策略组合的绩效效应

本研究认为，虽然企业建立或参与战略联盟的动机和意愿是其发展战略的一个重要方面，但无论是以技术，还是以市场，或以"技术 + 市场"作为企业的努力方向，这种战略联盟动机和努力方向本身不会促进企业绩效目标的实现，而是通过专利策略这一具有操作内涵的行动方案的制定与实施体现出来的。战略联盟企业只有在其联盟意图的驱动以及努力方向的引导下，通过具有操作内涵的专利策略的运用和实施，联盟动机才能实现向企业创新绩效的转化，通过分析后发企业战略联盟动机如何影响其专利策略选择，结合具体的联盟动机细化出各种动机下联盟企业所侧重选择、运用的专利策略组合，本研究将依据战略联盟动机下专利策略组合影响企业创新绩效的分析框架，阐明联盟企业因不同动机、努力方向而确定的绩效目标如何通过具有操作内涵的专利策略组合的实施得以实现，进而提出专利策略影响企业创新绩效的研究假设。

虽然不同企业建立或参与战略联盟的动机或意愿有所差异，但通过战略联盟动机影响企业专利策略选择的分析发现，无论是出于技术因素还是市场因素的考虑，抑或是将技术和市场同时作为其关注点，多数企业为实现其绩效目标会将专利策略组合作为其行动方案，但因其联盟动机、努力方向以及绩效目标的差异，这些企业所确立、遵循的行动路径会有所差异，分析框架如图 5 - 2 所示。

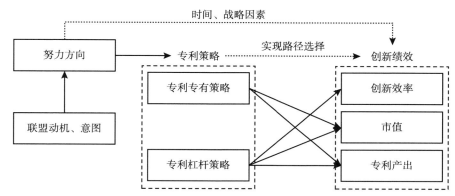

图 5 - 2　技术导向下企业专利策略组合影响创新绩效的分析框架

1. 技术获取导向下专利防御策略与专利杠杆策略组合对创新绩效的影响

技术获取的战略联盟动机下，技术水平不高的企业将建立或参与战略联盟，获取、利用联盟伙伴的优势技术视为其联盟愿景，意欲借助技术获取、利用降低其研发成本、提升其研发能力。在这一努力方向的指引下，企业趋于通过专利防御策略与专利杠杆策略的组合进一步细化出具体的行动方案来实现其绩效目标。

一方面，这些技术水平不高的企业会借助战略联盟基础上的专利防御策略的实施扩张其专利组合，获取、利用外部优势技术进行生产经营活动，降低其从事技术研发的成本、风险的同时，促进创新资源的优化配置和合理利用以及创新效率的提升（Lin et al.，2012；Vanhaverbeke，Gilsing and Duysters，2012；Michael and Grit，2004），还有助于降低陷入技术劣势、造成专利侵权以及被其他专利持有人蓄意敲竹杠的风险。

另一方面，这些企业也会通过对外部技术的评估，承接其战略联盟伙伴的知识或技术溢出，借助专利杠杆策略的实施，利用学习能力和吸收能力将获取技术的学习、消化吸收、内化，不仅有助于增加知识存量，强化知识储备，也促进其研发能力的提升和专利数量的增加；长期来看，研发能力和专利技术产出的增加会为这些企业带来更好的市场机会，促进其市值的增加。

基于上述分析可以发现，在技术获取的战略联盟动机下，技术水平不高的战略联盟企业会借助专利防御策略与专利杠杆策略组合实现绩效目标，由此提出研究假设如下：

假设3a：技术获取动机下，联盟企业会借助专利防御策略与专利杠杆策略组合促成创新效率提升；

假设3b：技术获取动机下，联盟企业会借助专利防御策略与专利杠杆策略组合实现其市值增加；

假设3c：技术获取动机下，联盟企业会借助专利防御策略与专利杠杆策略组合实现专利产出增加。

2. "技术获取 + 市场进入"导向下专利防御策略与专利杠杆策略组合对创新绩效的影响

"技术获取 + 市场进入"的战略联盟动机下，诸多不具备技术优势或市场地位的企业会试图通过建立或参与战略联盟获取、利用联盟伙伴的优势技术进入市场。在这种联盟愿景下，联盟企业往往会借助专利防御策略与专利杠杆策略组合的运用实现创新效率提升、创新产出增加的绩效目标。

其一，这些不具备技术优势的企业会出于研发成本和创新效率的考虑，借助专利防御策略获取、利用其战略联盟伙伴的优势技术以降低其独立从事技术创新、技术市场化的成本和风险，也降低了其陷入竞争劣势的可能性，借此促进其创新效率的提升。这些企业可将战略联盟基础上获取的技术以及其改进的技术用于生产经营范围延伸等（Dachs, Ebersberger and Pyka, 2008），根据市场的差异化需求对产品、技术进行调整和改进，从而促进其市场地位和市值的提升。

其二，这些企业在获取、利用其战略联盟合作伙伴技术、市场资源的同时（徐亮等，2009），会借助专利杠杆策略的实施实现其联盟伙伴优势技术的学习、融合（Nelson and Winter，1982；Teece，1986，2002），在提升自身技术水平和技术层次的同时，在一定程度上也会促成其专利技术产出的显著增加（Hitt et al.，2000）。

通过上述分析可以发现，在"技术获取 + 市场进入"的联盟动机下，旨在通过技术获取实现市场进入的战略联盟企业会借助专利策略的选择、细化与实施促成其绩效目标，由此提出研究假设如下：

假设 4a："技术获取 + 市场进入"动机下，联盟企业会借助专利防御策略与专利杠杆策略组合提升创新效率；

假设 4b："技术获取 + 市场进入"动机下，联盟企业会借助专利防御策略与专利杠杆策略组合实现其市值提升；

假设 4c："技术获取 + 市场进入"动机下，联盟企业会借助专利防御策略与专利杠杆策略组合促进其专利产出增加。

技术获取动机下联盟企业专利策略绩效效应的研究假设如表 5 - 2 所示。

表 5 - 2　　技术获取动机下联盟企业专利策略绩效效应的研究假设

研究假设	具体描述
假设 3a	技术获取动机下，联盟企业会借助专利防御策略与专利杠杆策略组合促成创新效率提升
假设 3b	技术获取动机下，联盟企业会借助专利防御策略与专利杠杆策略组合实现其市值增加
假设 3c	技术获取动机下，联盟企业会借助专利防御策略与专利杠杆策略组合实现专利产出增加
假设 4a	"技术获取 + 市场进入"动机下，联盟企业会借助专利防御策略与专利杠杆策略组合提升创新效率
假设 4b	"技术获取 + 市场进入"动机下，联盟企业会借助专利防御策略与专利杠杆策略组合实现其市值提升
假设 4c	"技术获取 + 市场进入"动机下，联盟企业会借助专利防御策略与专利杠杆策略组合促进其专利产出增加

5.3 技术利用驱动的后发企业技术追赶机制分析

5.3.1 技术利用驱动下后发企业专利策略选择的影响

与技术水平不高的企业为获取、利用其他企业的优势技术而建立、参与战略联盟不同，一些后发企业倾向于将自身优势技术授权、许可给其他企业作为其参与战略联盟意图或愿景。例如，1985 年，苹果授权微软将其 Mac 图形界面软件应用于 Windows 操作系统，借助这种优势技术的外向许可，苹果公司扩大了其优势技术的利用程度，间接促进了系统界面技术的发展。现实中，诸如苹果公司等具有技术优势的企业会通过对自身技术优势以及外部技术发展趋势的评估、预测，有选择地通过技术联盟将技术授权、许可给联盟伙伴进行生产经营活动，一方面可以获取许可收入、促进市场机会或商业机会的出现，另一方面也使其专利技术的维权成本降低（Somaya，2012）。因此，这些企业在技术许可的联盟愿景下，会将优势技术利用程度增加、技术领域扩张作为努力方向。

在明确的联盟意愿和努力方向的指引下，这些具有技术优势的企业会通过对各种可行的行动方案的权衡、比较，确立具体的行动方案以促成战略联盟目标的实现。通常情况下，这些企业会借助专利专有策略和专利杠杆策略的实施来实现其绩效目标。一方面，专利专有策略会引导企业通过优势技术的外向许可获取高额许可收益，同时也会起到牵制竞争对手或潜在竞争对手的效果，促成其专利维权成本的下降；另一方面，这些企业会借助专利杠杆策略的实施，利用被许可企业获取有关市场竞争、技术发展趋势等信息，利用自身的学习能力、吸收能力等加速与外部技术融合以及优势领域的拓展，促进其市场价值提升（高宇、高山行和沈灏，2011），也带来其研发能力的成长。

基于上述讨论，结合苹果对微软技术许可的案例可以发现，企业旨在提升其优势技术地位和利用程度的联盟意图和努力方向会引致其借助特定专利策略的实施实现其绩效目标，由此提出研究假设如下：

假设5：技术许可的联盟动机使联盟企业趋于选择专利专有策略和专利杠杆策略的策略组合。

市场竞争加剧以及技术生命周期的缩短等都会使企业竞争优势处于动态变化中，即便其具有较强的技术优势，但依靠自身力量实现市场扩展仍面临着巨大的风险，即极少有企业可以在多样化的同时确保其竞争优势；与此同时，随着战略联盟的合作演变为一种重要的创新组织模式，越来越多企业将其视为竞争优势的维持、强化的重要手段，认为它不仅有助于创新资源的优化配置、合理利用，也会降低企业的研发成本和风险，推动企业在关注自身优势技术领域的同时，利用战略联盟获取其他企业的优势技术进行生产经营活动（Hitt et al.，2000；Vanhaverbeke，Gilsing and Duysters，2012）。因此，一些企业为应对外部市场、技术以及产品竞争的冲击，会借助联盟合作将优势技术许可给其他企业以拓展市场、改善市场结构、扩张市场份额。在这种战略联盟动机和意愿下，企业趋于将借助技术外向许可基础上的市场拓展作为其努力方向，并依此确定其可供选择的策略和行动方案。

当企业确立了借助技术外向许可实现市场拓展的努力方向后，便会结合其联盟意愿、努力方向进一步细化其战略和绩效目标，并借助专利专有策略和专利杠杆策略的实施来实现其战略和绩效目标。一方面，这些企业可以通过专利专有策略的运用将其所获许可收入作为新一轮的研发经费用于后续的技术创新，不仅有助于保持优势地位、优化资源配置（Lin et al.，2012；Vanhaverbeke，Gilsing and Duysters，2012），也会促进其市场能力强化和市场机会的出现；另一方面，企业通过将技术许可给其他企业实现的市场份额扩张，在强化其市场能力的同时，也有助于其加深对外部技术、市场环境的了解和把握，并结合专利杠杆策略的实施，实现与外部技术的交互、融合，促成战略联盟企业技术价值的提升，也促进其市场价值的提升。

基于上述分析可以发现，企业通过技术许可拓展其市场份额的联盟意愿，明晰了其努力方向和行动目标，并经由专利策略的实施达到创新绩效提升的目标，由此提出研究假设如下：

假设6："技术许可 + 市场拓展"的联盟动机使企业趋于采取专利专有策略和专利杠杆策略的策略组合。

联盟动机影响联盟企业专利策略选择的研究假设如表5-3所示。

表5-3　　　　　联盟动机影响联盟企业专利策略选择的研究假设

研究假设	具体描述
假设5	技术许可动机使联盟企业趋于选择专利专有策略和专利杠杆策略的策略组合
假设6	"技术许可 + 市场拓展"的联盟动机使联盟企业趋于专利专有策略和专利杠杆策略的策略组合

5.3.2　技术利用驱动下后发企业专利策略组合的绩效效应

虽然不同企业建立或参与战略联盟的动机或意愿有所差异，但通过前文对联盟动机影响企业专利策略选择的分析发现，无论是出于技术因素还是市场因素的考虑，抑或是将技术和市场同时作为其关注点，多数企业为实现其绩效目标会将专利专有策略与专利杠杆策略的组合作为其行动方案，但因其战略联盟动机、努力方向以及绩效目标的差异，这些企业所确立、遵循的行动路径会有所差异。

具有技术优势的企业为有效应对外部市场和竞争环境的变化，会通过自身技术水平、产业技术发展趋势的评估确定是否存在技术优势以及利用何种技术应对技术竞争，进而在技术许可的战略联盟意愿下，将优势技术授权、许可给其他企业，为实现其创新效率和市值提升、促进其专利产出增加的绩效目标，这些企业会趋于采用专利专有策略与专利杠杆策略的组合。

1. 技术许可导向下专利专有策略与专利杠杆策略组合对创新绩效的影响

首先，这些具有技术优势的企业通过将技术许可给技术实力不强的企业，可以有选择地借助外部企业实现技术商业化，获取高额的许可收入，也有助于降低其维权成本，而且借助专利专有策略，这些企业会将部分许可收入作为研发经费用于后续的技术创新和专利申请，降低技术创新过程中所面临的资源限制，实现其专利产出的增长。

其次，联盟企业间技术许可基础上的合作使优势企业可通过被许可企业获取关于技术竞争、发展趋势等信息，加深对市场的了解，借助专利杠杆策略获取、学习其他企业的优势技术，扩张其专利技术领域，使其创新成果适用性提升，为其带来更大的市场机会，从而促成其市值的增加（刘益、赵阳和李垣，2010）。

基于上述分析可以发现，在技术许可动机下，那些具有技术优势的战略联盟企业会借助专利专有策略与专利杠杆策略组合的运用促进其绩效目标的实现，由此提出研究假设如下：

假设 7a：技术许可动机下，联盟企业会借助专利专有策略与专利杠杆策略组合实现其市值的增加；

假设 7b：技术许可动机下，联盟企业会借助专利专有策略与专利杠杆策略组合促进专利产出增加。

2. "技术许可 + 市场拓展" 导向下专利专有策略与专利杠杆策略组合对创新绩效的影响

对于掌握核心技术的企业而言，即便其具有较强的技术优势，但依靠自身力量实现市场扩展仍面临着巨大的风险，于是众多企业会通过战略联盟的建立，将技术许可给外部企业进行生产经营及产业化，降低其独自运营所面临的风险。在"技术许可＋市场拓展"的动机下，这些企业会将技术外向许可基础上的市场拓展和市场份额提升视为其努力方向。在这一努力方向的指引下，这些企业会借助具有操作性的专利专有策略与专利杠杆策略组合实现其增加创新产出的绩效目标。

一方面，优势企业趋向于在战略联盟的基础上通过专利专有策略的实施进一步扩大对优势技术的控制能力以形成对外部企业的牵制，使其所掌握的核心技术成为其他企业的生产经营、研发活动无法绕过的技术壁垒，不断强化其技术地位，与此同时，这种围绕自身核心技术领域的技术研发也会显著促进其以专利数量衡量的技术研发能力提升。

另一方面，这些企业将优势技术许可给其他企业的同时，也会利用战略联盟关系获取有关外部市场、技术环境等相关信息以降低其市场拓展成本，而此时战略联盟企业也会借助专利杠杆策略的运用，实现其优势技术与外部技术的交互、融合，强化其技术价值，促进其技术领域延伸，从而为其带来更大的市场机会，促进其品牌价值和市值的提升。

基于上述分析可以发现，在"技术许可＋市场拓展"动机下，旨在借助技术优势实现市场拓展和份额扩张的战略联盟企业会借助专利专有策略和专利杠杆策略组合的运用促进其绩效目标的实现，由此提出研究假设如下：

假设8a："技术许可＋市场拓展"动机下，联盟企业会借助专利专有策略和专利杠杆策略组合实现其市值提升；

假设8b："技术许可＋市场拓展"动机下，联盟企业会借助专利专有策略和专利杠杆策略组合促进其专利产出的增加。

技术利用动机下联盟企业专利策略绩效效应的研究假设如表5－4所示。

表 5 - 4   技术利用动机下联盟企业专利策略绩效效应的研究假设

研究假设	具体描述
假设 7a	技术许可动机下,联盟企业会借助专利专有策略和专利杠杆策略组合实现其市值的增加
假设 7b	技术许可动机下,联盟企业会借助专利专有策略和专利杠杆策略组合促进专利产出增加
假设 8a	"技术许可 + 市场拓展"动机下,联盟企业会借助专利专有策略和专利杠杆策略组合实现其市值提升
假设 8b	"技术许可 + 市场拓展"动机下,联盟企业会借助专利专有策略和专利杠杆策略组合促进其专利产出增加

第 6 章

市场导向驱动的后发企业
技术追赶实现机制研究

6.1 市场导向下后发企业
技术追赶的模式分析

已有研究指出市场结构、竞争状况、市场能力等对企业市场地位产生了深刻的影响。一些学者认为市场势力较弱的企业会借助战略联盟建立合资企业，实现新市场或者不同国家或区域市场的进入（Hagedoorn，1993；Miyata，1995；Tsang，1998），抑或通过战略联盟为其他企业提供市场、营销网络或产品生产等，有助于其实现市场进入、市场地位提升等战略目标（Miotti and Sachwald，

2003；Nelson and Winter，1982；Faems，2003）。

2000 年，日本电气公司通过与英特尔公司建立战略联盟，利用其在计算机硬件核心部件、周边设备等领域的技术优势实现了互联网和企业服务器市场的进入。现实中，不具备市场势力的后发企业倾向于将战略联盟作为其行动路径，将市场进入作为努力方向，结合专利策略实现其市场地位强化、市场能力提升的战略目标。一方面，战略联盟的选择有助于市场势力不强的企业参与到联盟伙伴的营销网络，利用专利防御策略降低市场进入成本、获取市场信息、优化专利组合（林仁方和陈志俊，2006），结合市场需求及市场反馈等强化其市场能力、营销能力（Teece，1986），并借助产品、技术的改进、定制等更好地满足市场需求，促进其市场机会甚至市值的增加；另一方面，后发企业会倾向于借助战略联盟合作基础上的贴牌生产、市场势力等获益（Teece，2002），显著降低其技术研发成本、风险，后发情境下，市场地位不强的企业会通过专利杠杆策略促进其优势技术领域的增加，在促进其专利数量的增加的同时（Hitt et al. ，2000），也显著提升了其创新效率。

6.2 市场进入驱动的后发企业技术追赶机制分析

6.2.1 市场动机对后发企业专利策略选择的影响

市场动机是企业为实现市场进入、市场份额扩张以及市场地位强化等所进行的战略联盟决策体现出来的意图和愿景。由于企业市场地位和市场能力的不同，其战略联盟动机或意图本身也会有所不同（见图 6 - 1），主要表现为市场进入和市场拓展两种。其中，市场能力不高、地位不强的企业力图通过建立或参与战略联盟来获取市场信息、资源，或者借助贴牌生产、嵌入营销网络等形式实现市场进入，而具有市场地位和市场能力的企业则试图通过参与战略联盟等活动促成其市场份额扩张、地位强化等战略目标的实现。

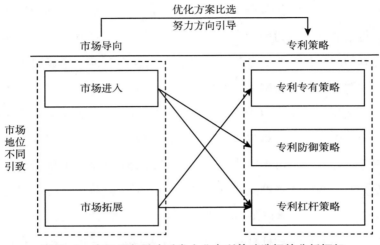

图6－1　市场导向影响后发企业专利策略选择的分析框架

　　市场结构、竞争态势以及市场能力等都深刻影响着企业的市场能力和市场地位，使众多市场地位不强的企业所从事的生产经营活动面临着高额成本和不确定性。一些学者指出，高成本和高风险会使那些市场地位不强的企业借助战略联盟获取市场信息、嵌入营销网络，利用战略联盟伙伴的技术优势和市场地位实现其市场进入和市场能力提升（van Dijk and Weggeman，2003；万映红和李江，2000；严建援、颜承捷和秦凡，2003）。2000年，为进入因特网和企业服务器市场，日本电气公司选择与英特尔建立战略联盟，利用英特尔在核心部件及周边设备的技术能力进行产品生产、销售，降低其技术采购成本的同时，也降低了市场进入成本。现实中，诸多不具备市场地位的企业试图进入新的市场时多趋于遵循日本电气公司的行动路径，将战略联盟基础上的贴牌生产、市场信息获取以及营销网络嵌入等作为其努力方向。

　　在市场进入的战略联盟动机和努力方向下，不具有市场地位的联盟企业会结合自身实际以及战略联盟伙伴优势的比较，细化出切实可行的实施方案，通过具有操作内涵的专利防御策略和专利杠杆策略的实施达到绩效提升的目标。具体地，为降低其所面临的专利技术侵权风险，这些企业进入新的市场时会借助专利防御策略加深其对市场信息、技术信息的获取、了解，利用其战略联盟伙伴的优势技术贴牌生产（Dong and Glaister，2006；苏中锋、谢恩和李垣，2007），或嵌入其战略联盟伙伴的营销网络以生产经营及技术产业化（Franco and Gussoni，2010），促成其市场进入成本降低，以及市场地位提升和收益增加；长期来看，这些企业会在实现市场进入、贴牌生产以及嵌入营销网络的基础上，通过专利杠杆策略的实施对联盟伙伴优势技术进行学习、消化吸收，实现研发能力提升的战略目标。

基于上述讨论，结合日本电气公司的联盟案例可以发现，试图通过技术联盟实现市场进入的企业在确立了贴牌生产、嵌入营销网络等努力方向的基础上，会通过具体的专利策略的实施达成其绩效目标，由此提出研究假设如下：

假设 9：市场进入动机引致联盟企业专利防御策略和专利杠杆策略的策略组合的实施。

随着技术复杂性增加和技术创新进程的加快，几乎没有任何一家企业能够掌握某一技术领域全部的关键技术或核心技术，一些企业会出于技术和市场因素的考虑将其在某些技术领域的优势技术许可给其他技术水平较低的企业或新建企业（Archibugi and Iammarino，2002；Dachs, Ebersberger and Pyka，2008），或者通过交叉许可的形式与与之存在较强技术关联的企业建立战略联盟，将战略联盟伙伴的优势技术用于其生产经营活动。1997 年，思杰系统有限公司以 7500 万美元的价格将 WinFrame 技术许可给微软公司，利用微软在Windows 系统中的优势和市场份额，迅速有效地实现市场进入，也获取了高额许可收入。与此同时，微软则将 WinFrame 技术用于 Windows NT 4.0 和Windows NT 5.0 系统，其 Windows NT 服务器用户也获得了 WinFrame 的使用权，免去了微软独立从事 WinFrame 技术研发的成本和风险。事实上，诸如思杰系统与微软之间的这种"技术许可+市场进入"的战略联盟合作行为与实践，在实现了思杰系统市场进入的联盟意图的基础上，进一步确立了许可基础上的优势技术利用和市场进入成本降低、市场价值提升作为其努力方向，并借助具体的行动方案实现其战略和绩效目标。

旨在借助技术许可实现市场进入的企业会在其战略联盟意愿和努力方向的驱动下，借助专利专有策略和专利防御策略的实施促成其绩效目标的实现。具体地，虽然这些联盟企业具备了一定的技术优势，但由于技术创新速度较快，而且关键技术掌握在较多企业手中，使这些企业的技术市场化可能造成技术侵权。因此，这些企业多会通过专利防御策略利用其联盟伙伴的技术优势降低其侵权和被"敲竹杠"的风险（Grant and Baden-Fuller，2004；Chung，Bae and Kim，2003），也降低了技术研发以及市场进入成本；与此同时，这些企业也会借助专利专有策略的实施，将许可收入以及技术市场化所获收益用于后续的围绕自身优势领域的持续创新和专利申请，在确保自身的优势技术不被侵蚀的同时，也会促进其市场价值和研发能力的提升。

基于上述讨论可以发现，具有技术优势的企业通过技术许可将优势技术用于市场进入，并借助更具操作内涵的专利策略的实施来实现创新绩效提升的目标，思杰系统公司的案例也证实了这种作用，由此提出研究假设如下：

假设10："技术许可+市场进入"的联盟动机使企业趋于采取专利专有策略和专利防御策略的策略组合。

市场进入动机下联盟企业专利策略选择的研究假设如表6-1所示。

表6-1　　　　市场进入动机下联盟企业专利策略选择的研究假设

研究假设	具体描述
假设9	市场进入动机引致联盟企业专利防御策略和专利杠杆策略的策略组合的实施
假设10	"技术许可+市场进入"的联盟动机使企业趋于采取专利专有策略和专利防御策略的策略组合

6.2.2 市场进入动机下后发企业专利策略组合的绩效效应

基于本研究的分析得到，虽然企业建立或参与战略联盟的动机和意愿是其发展战略的一个重要方面，但无论是以技术，还是以市场，或以"技术＋市场"作为企业的努力方向，这种联盟动机和努力方向本身不会促进企业绩效目标的实现，而是通过专利策略这一具有操作内涵的行动方案的制定与实施体现出来的。战略联盟企业只有在其联盟意图的驱动以及努力方向的引导下，通过具有操作内涵的专利策略的运用和实施，战略联盟动机才能实现向企业创新绩效的转化。本研究通过分析了企业联盟动机如何影响其专利策略选择，结合具体的战略联盟动机细化出各种动机下联盟企业所侧重选择、运用的专利策略组合，这里将依据战略联盟动机下专利策略组合影响企业创新绩效的分析框架，阐明联盟企业因不同动机、努力方向而确定的绩效目标如何通过具有操作内涵的专利策略组合的实施得以实现，进而提出专利策略影响企业创新绩效的研究假设。

基于专利策略的作用机制和功能解析可以发现，企业因不同动机或意愿做出的战略联盟决策决定着努力方向，进而影响其绩效目标，而绩效目标的实现程度则取决于其所采取的具体的行动方案。结合企业联盟动机、努力方向的分析发现，仅当企业将"技术许可＋市场进入"作为其联盟动机或意愿时，其会借助专利专有策略与专利防御策略组合促进其绩效目标的实现（见图6－2）。

市场进入的战略联盟动机下，市场地位不强的企业倾向于将战略联盟基础上的贴牌生产、市场信息获取以及营销网络嵌入等作为其努力方向，进而实现市场进入、市场地位提升（van Dijk and Weggeman，2003；万映红和李江，2000；严建援、颜承捷和秦凡，2003），并通过专利专有策略与专利防御策略组合实现其绩效目标。

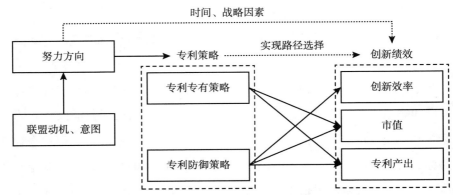

图6-2 市场导向下专利策略组合影响创新绩效的分析框架

其一，企业间的联盟关系使市场能力不强的企业可通过嵌入合作伙伴的营销网络，获知市场信息和技术信息，借助专利防御策略达到降低其市场进入成本的目的，同时专利防御策略的运用也会促进企业专利组合的扩张（Somaya，2012），推动其利用合作伙伴的市场能力和营销能力获取市场信息，依据市场需求、反馈定制产品、改进技术（Chung，Bae and Kim，2003），从而促成其市场机会的出现以及市值的增加。

其二，定位于市场进入的企业借助战略联盟伙伴的优势技术进行贴牌生产（Dong and Glaister，2006；苏中锋、谢恩和李垣，2007），利用战略联盟伙伴的市场地位和技术优势获利。长期来看，这些企业会运用专利杠杆策略对联盟伙伴的优势技术进行学习、融合，不仅促成其技术领域扩张，带来其以专利数量衡量的研发能力的提升（杨东和李垣，2008），而且其对联盟伙伴的技术学习会显著降低其自身从事相关技术研发的成本和风险，达到强化其创新效率的目标。

基于上述分析可以发现，在市场进入的动机下，市场地位不强的联盟企业会借助专利防御策略与专利杠杆策略的组合的实施促进其绩效目标的实现，由此提出研究假设如下：

假设11a：市场进入动机下，联盟企业会借助专利防御策略与专利杠杆策略组合提升其创新效率；

假设 11b：市场进入动机下，联盟企业会借助专利防御策略与专利杠杆策略组合促进其市值提升；

假设 11c：市场进入动机下，联盟企业会借助专利防御策略与专利杠杆策略组合带来专利产出增加。

旨在借助战略联盟实现"技术许可＋市场进入"的企业，本身会拥有某一技术领域的优势技术，但并未掌握某一技术领域的全部关键技术或核心技术，当这些企业试图引入新产品或进入新市场时，其可能对其他企业的专利技术造成侵权，但其所拥有的优势技术也可能对其他企业形成钳制。在这种情形下，这些企业将技术许可或交叉许可基础上的市场进入作为其努力方向的企业会在其"技术许可＋市场进入"的战略联盟意图下，通过对外部专利技术信息的获取、识别确定与其存在高度的技术关联，或可能对其技术商业化构成威胁的专利技术持有人，进而在其战略联盟意图的驱动和努力方向的指引下，借助专利专有策略与专利防御策略组合的实施促成其绩效目标的最终实现。

一方面，这些企业会在其技术许可和市场进入的努力方向的指引下，通过对外部技术、市场的评估，确定其技术商业化过程中可能造成威胁的专利技术及其持有人，与之通过技术许可或交叉许可建立技术联盟，形成专利池或专利技术标准，使处于专利池的企业对各成员企业的专利技术利用不受专利权的限制，并借助专利防御策略的实施获取、利用其战略联盟伙伴的优势技术，扩张其专利技术领域和专利组合，降低其专利侵权的风险，而且这种交叉许可或专利池会成为其自身技术研发的有效替代，促进其研发支出和成本降低，从而带来创新效率提升。

另一方面，为保证其在优势领域的技术地位，这些企业会借助专利专有策略的实施，在优势领域持续地进行技术创新，强化其优势领域的技术能力和研发能力，促成其专利产出的显著增加，也可借助专利围栏对可能的技术威胁形成牵制；与此同时，这些企业技术优势的强化也会为其创造更大的发展空间，促成其技术垄断地位和市场机会的出现，带来其市值的提升。

基于上述分析得到，在"技术许可＋市场进入"动机下，旨在借助技术许可或交叉许可实现市场进入的联盟企业会通过专利专有策略与专利防御策略组合的运用促进其绩效目标的实现，由此提出研究假设：

假设12a："技术许可＋市场进入"动机下，联盟企业会借助专利专有策略与专利防御策略组合促进其创新效率提升；

假设12b："技术许可＋市场进入"动机下，联盟企业会借助专利专有策略与专利防御策略组合带来其市值提升；

假设12c："技术许可＋市场进入"动机下，联盟企业会借助专利专有策略与专利防御策略组合促进其专利产出增加。

市场进入动机下专利策略组合影响联盟企业创新绩效的研究假设如表6－2所示。

表6－2　　　市场进入动机下专利策略组合影响联盟企业创新绩效的研究假设

研究假设	具体描述
假设11a	市场进入动机下，联盟企业会借助专利防御策略与专利防御策略组合提升其创新效率
假设11b	市场进入动机下，联盟企业会借助专利防御策略与专利防御策略组合促进其市值提升
假设11c	市场进入动机下，联盟企业会借助专利防御策略与专利防御策略组合带来专利产出增加
假设12a	"技术许可＋市场进入"动机下，联盟企业会借助专利专有策略与专利防御策略组合促进其创新效率提升
假设12b	"技术许可＋市场进入"动机下，联盟企业会借助专利专有策略与专利防御策略组合带来其市值提升
假设12c	"技术许可＋市场进入"动机下，联盟企业会借助专利专有策略与专利防御策略组合促进其专利产出增加

6.3 市场拓展驱动的后发企业技术追赶机制分析

6.3.1 市场拓展动机对后发企业专利策略选择的影响

与不具备市场地位的企业试图借助战略联盟实现市场进入、降低成本、获取市场收益不同，具有市场势力和市场地位的企业趋于通过技术联盟将其经营范围在空间、价值链上拓展。一方面，企业通过与其他国家的企业合作实现外国市场的占领，改变其市场结构；另一方面，则利用企业的市场优势地位与其他企业进行交互合作促进其市场能力强化和市场份额扩张。1988年，英国电信公司通过参股日本国际电信集团快速实现了市场占领，并拓展了其在日本市场的份额和控制能力。在这种战略联盟动机下，企业会更关注于市场能力和市场地位，将战略联盟基础上的市场份额扩张、市场收益增加作为其努力方向。

在市场拓展的战略联盟动机下，为促成其目标的实现，这些企业会依据其努力方向和发展战略的指引下，细化出可供选择的行动方案的集合，通过备选方案的比照进一步确定行动方案，并借助专利专有策略和专利杠杆策略的实施促成其绩效目标的实现。专利专有策略的运用使这些企业可通过对市场前景、技术发展态势等战略要素的评估，结合自身优势，通过持续的技术创新和专利申请实现其技术和市场优势的保护、控制甚至形成垄断（Prahalad，1997；刘小青和陈向东，2010），带来更大的市场机会，促成其市场价值的提升。长期来看，这些企业会结合其市场地位以及对市场的判断，甄选出更符合市场需求、适应性更高的技术（杨东和李垣，2008；马文聪和朱桂龙，2013），借助专利杠杆策略实现与外部优势技术的融合，带来其技术价值和市场地位的提升，进而实现其市场价值的提升。

基于上述分析，结合英国电信公司借助战略联盟实现市场拓展的案例可以发现，企业为拓展市场、提升收益而进行战略联盟行为会引致联盟企业通过专利策略的实施来实现其绩效目标，由此提出研究假设如下：

假设 13：市场拓展动机使战略联盟企业趋于采取专利专有策略和专利杠杆策略的策略组合。

与单纯出于技术或市场的考虑建立或参与战略联盟不同，一些企业的战略联盟动机或意愿可能同时包含技术和市场两方面因素的考虑，这主要是由于参与战略联盟的企业技术水平、市场地位等因素的影响，以及市场竞争加剧引致的技术变革速度加快，产品、技术生命周期的变化等所引致。结合技术动机、市场动机的构成，本研究将考察企业因技术动机和市场动机而进行的联盟决策对其专利策略选择的影响。

企业间技术、知识等创新资源的差异是导致其技术水平不同的主要原因，也是影响其技术能力、市场地位的重要因素。一些企业通过对内外部环境、技术、市场等因素的分析，选择与具有技术优势的企业建立联盟关系，将战略联盟伙伴的优势技术用于生产经营活动以期实现其市场地位提升和市场份额扩张。2001 年，当索尼试图进行无线通信领域时，其通过对市场上主要企业的考察、评估，选择与爱立信建立技术联盟，利用爱立信在通信技术领域的优势技术合作研发无线电话。借助这一战略联盟合作，索尼不仅在无线电话技术领域形成技术优势、提升其产品档次，也显著降低了其独立从事技术研发的成本和风险。事实上，"技术获取 + 市场拓展"的联盟意愿会驱动联盟企业将借助战略联盟伙伴的优势提升其产品档次、市场份额，降低技术研发、市场拓展等成本作为其努力方向。

当企业确定了将战略联盟伙伴优势技术用于产品档次提升、市场份额扩张以及成本降低作为其努力方向后，会进一步在联盟动机的驱动和努力方向的指引下，制定出具有操作性的行动方案，通过专利专有策略和专利杠杆策略的实施来实现其战略和绩效目标。一方面，通过对外部企业技术实力、产品档次以及市场地位的判断，这些企业会选择与技术实力较强、产品档次较高、具有市场地位的企业建立战略联盟，通过专利专有策略的实施利用、改进联盟伙伴的优势技术，不仅可以降低其独立从事技术研发的成本，也会提升其产品档次，促成其产品份额扩张和收益增加；另一方面，这些企业可充分利用其战略联盟伙伴即时获取市场信息，借助专利杠杆策略的运用，依据市场反馈改进技术，提升其产品、技术的适应性和价值，更好地满足市场需求（刘益、赵阳和李垣，2010），从而带来其市场价值的增加。

基于上述分析可以发现，将"技术获取+市场拓展"作为其联盟意图的企业会在其努力方向的引导下，借助专利策略和具体行动方案的实施实现其目标，索尼与爱立信在无线电话领域的联盟行为也验证了这种作用机制，因而提出研究假设如下：

假设 14："技术获取+市场拓展"的联盟动机引致企业专利专有策略和专利杠杆策略的策略组合的运用。

市场拓展动机下联盟企业专利策略选择的研究假设如表 6-3 所示。

表 6-3   市场拓展动机下联盟企业专利策略选择的研究假设

研究假设	具体描述
假设 13	市场拓展的联盟行为会引致联盟企业采用专利专有策略和专利杠杆策略的策略组合
假设 14	"技术获取+市场拓展"的联盟行为会引致联盟企业专利专有策略和专利杠杆策略的策略组合的实施

6.3.2 市场拓展动机下后发企业专利策略组合的绩效效应

随着全球化、国际化程度加深，越来越多的具有一定市场地位和市场能力的企业试图通过建立或参与技术联盟实现市场能力的强化、市场结构的改变（van Dijk and Weggeman，2003；万映红和李江，2000；严建援、颜承捷和秦凡，2003；Grant and Baden-Fuller，2004；Edwards，Castro-Martinez and Fernández-de-Lucio，2010），在市场拓展的战略联盟动机下，将市场价值最大化作为其战略目标。这些具备市场地位和市场能力的企业往往更关注于技术状况和市场份额，在市场份额扩张以及市场价值提升的努力方向的指引下，通过专利专有策略与专利杠杆策略组合的实施实现其绩效目标。

一方面，这些旨在借助市场能力促进市场份额扩张的企业会借助专利专有策略的实施，围绕自身优势持续地进行技术创新和专利申请以形成专利围栏和专利丛林，实现优势技术的保护、控制甚至形成垄断（Prahalad，1997），而这种市场地位的强化会不断扩大其市场优势，成为其捕捉市场机会、提升市值的重要手段。

另一方面，通过与其他企业的专利联盟合作，这些具有市场地位的企业可以更加迅速、有效地获知外部技术、市场等信息，对技术、市场发展趋势做出合理预测，结合专利杠杆策略的实施，利用自身学习能力和吸收能力，按照市场需求改进相关技术，实现技术要素的优化组合，从而促进其研发能力的提升，实现专利技术产出的增加。

基于上述分析可以发现，在市场拓展动机下，具有市场地位的战略联盟企业会借助专利专有策略与专利杠杆策略组合的运用促进其绩效目标的实现，由此提出研究假设如下：

假设15a：市场拓展动机下，联盟企业会借助专利专有策略与专利杠杆策略组合促进其市值提升；

假设15b：市场拓展动机下，联盟企业会借助专利专有策略与专利杠杆策略组合实现专利产出增加。

现实中，企业间技术、知识等创新资源的差异在一定程度上构成其技术实力的差异，也成了一些企业试图借助技术创新战略的实施获取技术优势的原因。在"技术获取 + 市场拓展"的联盟行为和动机下，众多不拥有技术优势或市场地位的企业会通过战略联盟获取、利用其联盟伙伴的优势技术，将技术获取基础上的产品档次提升、市场份额扩张作为努力方向，借助专利专有策略与专利杠杆策略的组合实施来实现其绩效目标。

其一，这些企业会选择与具备技术实力和市场地位的企业建立技术联盟，借此获取、利用其战略联盟伙伴的优势技术，借助专利专有策略将外部技术消化吸收、内化为其自身技术，免去了自身从事相关技术研发的成本和风险，也带来其创新效率的提升；而且，这种与外部优势技术的整合也会促进其产品技术含量和产品档次的提升，成为联盟企业技术实力提升、市场地位形成的关键。

其二，战略联盟企业间这种基于技术和市场两方面因素考察而进行的合作使得其可以充分利用合作伙伴的市场能力，即时获取市场反馈信息，适时通过自身实际与外部市场、技术环境的比对，借助专利杠杆策略改进、优化其产品、技术，提升其适应性和价值，更好地捕捉市场机会、满足市场需求（刘益、赵阳和李垣，2010），促成其市场份额和市值的提升。

基于上述分析可以发现，在"技术获取 + 市场拓展"的联盟动机下，战略联盟企业会借助专利专有策略与专利杠杆策略组合的运用促进其绩效目标的实现，由此提出研究假设：

假设 16a："技术获取 + 市场拓展"动机下，联盟企业会借助专利专有策略与专利杠杆策略组合促进其创新效率提升；

假设 16b："技术获取 + 市场拓展"动机下，联盟企业会借助专利专有策略与专利杠杆策略组合促进其市值提升；

假设 16c："技术获取 + 市场拓展"动机下，联盟企业会借助专利专有策略与专利杠杆策略组合实现其专利产出增加。

市场拓展动机下联盟企业专利策略绩效效应的研究假设如表 6 - 4 所示。

表 6 − 4 　 　 　 市场拓展动机下联盟企业专利策略绩效效应的研究假设

研究假设	具体描述
假设 15a	市场拓展动机下，联盟企业会借助专利专有策略与专利杠杆策略组合促进其市值提升
假设 15b	市场拓展动机下，联盟企业会借助专利专有策略与专利杠杆策略组合实现专利产出增加
假设 16a	"技术获取 + 市场拓展" 动机下，联盟企业会借助专利专有策略与专利杠杆策略组合促进其创新效率提升
假设 16b	"技术获取 + 市场拓展" 动机下，联盟企业会借助专利专有策略与专利杠杆策略组合促进其市值提升
假设 16c	"技术获取 + 市场拓展" 动机下，联盟企业会借助专利专有策略与专利杠杆策略组合实现其专利产出增加

第 7 章

政策导向驱动的后发企业
技术追赶实现机制研究

7.1　政策导向下后发企业
技术追赶的模式分析

在当今经济发展格局中，政策和战略作为关键的引导力量深刻影响着相关产业的发展轨迹。从国家层面来看，战略性新兴产业的崛起是政策与战略驱动的典型范例。学术界关于后发国家、后发产业相关研究为我国进一步发挥后发优势，实现多领域、多产业技术追赶甚至创新引领起了重要理论指导作用；与此同时，政策制定者在不断吸收发达国家、新型工业化国家相关发展经验的基础上，也通过对我国国情、相关情境下产业发展路径的深入分析，建构了较为合理有效的实施方案，不仅体现在国家战略导向上，也体现在政策制定、政策与市场的有效互动等方面。因此，本研究将从国家战略导向和政策导向驱动等两方面形成后发企业技术追赶的模式分析。

自 2009 年起，党中央、国务院高度重视战略性新兴产业发展，将其视为引领国家未来发展的核心力量。2010 年，国务院发布《关于加快培育和发展战略性新兴产业的决定》①，明确将节能环保、新一代信息技术、生物、高端装备制造、新能源、新材料、新能源汽车等列为现阶段重点发展领域。实际上，在新科技革命和产业变革的大背景下，推动互联网、大数据、人工智能等同各产业深度融合，是释放数字化叠加倍增效应、加快战略性新兴产业发展、构筑综合竞争优势的必然选择。例如，随着人工智能技术的飞速发展，国家对人工智能产业的政策扶持力度不断加大，2024 年中央经济工作会议将"人工智能＋"列为国家经济发展重点任务，这为产业发展带来了新的机遇和方向。

政策和战略对产业发展的推动作用是多维度的。在国家战略导向下，各地纷纷出台配套政策，促进传统产业的转型升级。以制造业为例，自 2016 年工业和信息化部推出"制造业单项冠军企业"认定办法以来②，截至 2024 年，已进行了八批次认定，极大地激发了企业的积极性，也成为我国相关制造业企业不断奋进、实现技术追赶的重要动力和指导。

---

① 国务院. 国务院关于加快培育和发展战略性新兴产业的决定 [EB/OL]. 中国政府网，https：//www. gov. cn/zhengce/content/2010 – 10/18/content_1274. htm，2010 – 10 – 18.
② 工业和信息化部. 制造业单项冠军企业培育提升专项行动实施方案 [Z]. 2016 – 03 – 01.

7.2 国家战略导向下的后发企业技术追赶机制分析

7.2.1 战略性新兴产业的界定与主要发展方向

战略性新兴产业是引导未来经济社会发展的重要力量。发展战略性新兴产业已成为世界主要国家抢占新一轮经济和科技发展制高点的重大战略。战略性新兴产业是新兴科技和新兴产业的一个深度结合，推动新一轮的产业革命，最终形成战略性支柱产业。

实际上，伴随着战略性新兴产业的不断发展，学者和管理者们细化出其所涉及三个关键词，即新兴科技、新兴产业和战略性。从产业内容看，战略性新兴产业一直是国家产业发展的重点目标和主要方向，在产业结构调整中承担重要作用。从战略地位来看，强调以国际视野和战略思维来选择和发展。战略性新兴产业是以重大技术突破和重大发展需求为基础，对经济社会全局和长远发展具有重大引领带动作用，知识技术密集、物质资源消耗少、成长潜力大、综合效益好的产业。加快培育和发展战略性新兴产业对推进我国现代化建设具有重要战略意义。

加快培育和发展战略性新兴产业是推进产业结构升级、加快经济发展方式转变的重大举措。战略性新兴产业以创新为主要驱动力，辐射带动力强，加快培育和发展战略性新兴产业，有利于加快经济发展方式转变，有利于提升产业层次、推动传统产业升级、高起点建设现代产业体系，体现了调整优化产业结构的根本要求。与此同时，加快培育和发展战略性新兴产业是构建国际竞争新优势、掌握发展主动权的迫切需要。当前，全球经济竞争格局正在发生深刻变革，科技发展正孕育着新的革命性突破，世界主要国家纷纷加快部署，推动节能环保、新能源、信息、生物等新兴产业快速发展。我国要在未来国际竞争中占据有利地位，必须加快培育和发展战略性新兴产业，掌握关键核心技术及相关知识产权，增强自主发展能力。

7.2.2 推进战略性新兴产业发展的政策体系

我国支持战略性新兴产业发展的政策措施自 2010 年以来，经历了培育起步阶段、规模扩张阶段、高质量发展阶段和全球引领阶段等四个阶段。

1. 战略性新兴产业的培育起步阶段（2010~2015 年）

2010 年，国务院《关于加快培育和发展战略性新兴产业的决定》中首次明确节能环保、新一代信息技术、生物、高端装备制造、新能源、新材料、新能源汽车等七大重点领域和产业。[①] 战略性新兴产业是以重大技术突破和重大发展需求为基础，对经济社会全局和长远发展具有重大引领带动作用，知识技术密集、物质资源消耗少、成长潜力大、综合效益好的产业。

《关于加快培育和发展战略性新兴产业的决定》中明确了阶段性的培育目标。到 2015 年，战略性新兴产业形成健康发展、协调推进的基本格局，对产业结构升级的推动作用显著增强，增加值占国内生产总值的比重力争达到8% 左右；到 2020 年，战略性新兴产业增加值占国内生产总值的比重力争达到 15% 左右，吸纳、带动就业能力显著提高。节能环保、新一代信息技术、生物、高端装备制造产业成为国民经济的支柱产业，新能源、新材料、新能源汽车产业成为国民经济的先导产业；创新能力大幅提升，掌握一批关键核心技术，在局部领域达到世界领先水平；形成一批具有国际影响力的大企业和一批创新活力旺盛的中小企业；建成一批产业链完善、创新能力强、特色

---

① 国务院. 国务院关于加快培育和发展战略性新兴产业的决定 ［EB/OL］. 中国政府网, ht-tps：//www. gov. cn/zhengce/content/2010 – 10/18/content_1274. htm, 2010 – 10 – 18.

鲜明的战略性新兴产业集聚区。再经过十年左右的努力，战略性新兴产业的整体创新能力和产业发展水平达到世界先进水平，为经济社会可持续发展提供强有力的支撑。

为高效推进战略性新兴产业发展，我国在全球新技术革命和产业变革加速期，各国争相布局新兴产业以抢占经济科技制高点的关键时刻，配套发布了"十二五"国家战略性新兴产业发展规划，建立首批 20 个战略性新兴产业示范基地，通过培育战略性新兴产业，推动节能环保、新一代信息技术、生物、高端装备制造、新能源、新材料、新能源汽车等七大重点领域形成产业链协同效应，推动产业结构升级和可持续发展。

2. 战略性新兴产业的规模扩张阶段（2016～2020 年）

2016 年，我国制定的"十三五"国家战略性新兴产业发展规划，新增数字创意、新能源汽车等产业，强调产业集群化发展，尤其是将数字创新产业首次纳入战略性新兴产业，明确涵盖虚拟现实、数字出版、动漫游戏等领域，提出建设国家级数字内容生产基地，将新能源汽车产业同步纳入，将整车制造、动力电池、充电设施等纳入重点支持范围，提出 2020 年产销 200 万辆目标。① 2016 年，国家发展改革委等部门联合发布的 2016 版《战略性新兴产业重点产品和服务指导目录》，涉及战略性新兴产业 5 大领域 8 个产业（相关服务业单独列出）、40 个重点方向下的 174 个子方向，近 4000 项细分产品和服务。②

3. 战略性新兴产业的高质量发展阶段（2021～2024 年）

2021 年，"十四五"规划从顶层设计的角度提出推动融合集群发展，构

---

① 国务院．"十三五"国家战略性新兴产业发展规划［EB/OL］．中国政府网，http：//www. gov. cn/zhengce/content/2016 - 12/19/content_5150090. htm，2016 - 12 - 19.

② 国家发展和改革委员会．战略性新兴产业重点产品和服务指导目录（2016 版）［EB/OL］．https：//www. ndrc. gov. cn/xxgk/zcfb/gg/201702/t20170204_961174. html，2017 - 01 - 25.

建新一代信息技术等八大新增长引擎。党的二十大报告明确指出，"推动战略性新兴产业融合集群发展，构建新一代信息技术、人工智能、生物技术、新能源、新材料、高端装备、绿色环保等一批新的增长引擎"，这为新征程上战略性新兴产业发展提出了明确要求和重要指引。必须充分认识推动战略性新兴产业发展的重大意义，准确把握战略性新兴产业发展的阶段特征和任务要求，持续完善产业生态，推动融合化集群化发展，加快打造经济增长新引擎。"十三五"期间，我国进入新发展阶段，加快培育战略性新兴产业，对于构建新发展格局、推动经济高质量发展、满足人民日益增长的美好生活需要和推进中国式现代化都具有重要意义。

4. 战略性新兴产业的全球引领阶段（2025～2035 年）

2023 年，国务院国资委提出打造世界级产业集群目标，重点突破氢能、量子通信等前沿领域。加快发展战略性新兴产业和未来产业，支持中央企业牵头建立更多的创新联合体，加大重点技术布局和全链条融合创新力度，推动基础研究、应用研究、产业化全链条融合发展，打造一批世界级战略性新兴产业集群；紧紧围绕推进高水平科技自立自强和实现高质量发展，坚持把科技创新摆在更加突出位置，积极锻长板、补短板、强基础，勇做科技创新的排头兵，加快建设现代化产业体系；加快打造原创技术策源地，指导推动中央企业强化关键核心技术攻关，推动企业着力提升原创技术需求牵引、源头供给、资源配置、转化应用能力，为保障我国产业安全、经济安全和国家安全提供有力支撑；加快打造可靠的国家战略科技力量，充分发挥中央企业市场需求、集成创新、组织平台等优势，深度参与国家实验室体系建设，培育一批专精特新企业；加快推进企业主导的产学研深度融合，聚焦"由谁来创新""动力在哪里""成果如何用"等加大对企业的政策支持力度，促进创新链、产业链、资金链、人才链深度融合，促进科技成果向现实生产力转化，助力提升重点产业链自主可控能力。

7.2.3 国家战略规划对促进新能源汽车产业发展的导向作用

在全球能源转型、环境保护意识日益增强以及经济结构调整的大背景下，新能源汽车产业的发展显得尤为重要，新能源汽车作为一种可持续的交通解决方案，逐渐成为全球汽车产业发展的焦点。发展新能源汽车产业，对于国家实现能源转型、降低对进口石油的依赖、减少碳排放、改善空气质量具有重要意义。同时，新能源汽车产业作为战略性新兴产业，其发展能够带动相关产业链的协同发展，创造大量就业机会，推动技术创新和产业升级，为经济增长注入新的动力。

政策在新能源汽车产业的发展过程中扮演着至关重要的角色。政府通过制定和实施一系列政策措施，如财政补贴、税收优惠、产业规划、技术标准等，引导和支持新能源汽车产业的发展方向，促进技术创新，扩大市场需求，完善产业生态。对新能源汽车产业政策进行系统梳理，有助于深入了解政策的演变历程、政策目标和实施效果，为产业研究提供全面的政策背景和理论支持。同时，通过对政策的分析，能够发现政策在实施过程中存在的问题和挑战，为政府部门制定更加科学合理的政策提供参考依据，推动新能源汽车产业的可持续健康发展。

1. 新能源汽车技术探索期（2000～2009 年）

这一阶段新能源汽车技术尚处于起步阶段，燃料电池、混合动力等关键技术面临诸多难题，如燃料电池的成本高昂、能量转换效率有待提高、混合动力系统的集成和优化不够成熟等。因此，国家将大量资源投入技术研发领域，通过"863 计划"等科研项目，组织高校、科研机构和企业开展联合攻关，重点突破新能源汽车的核心技术瓶颈。这一阶段主要涵盖了三方面工作：一是新能源汽车发展建议与燃料电池研发启动；二是《新能源汽车生产准入管理规则》发布；三是"十城千辆"试点与购车补贴政策实施。

（1）新能源汽车发展建议与燃料电池研发启动。2000 年，在德国奥迪汽车公司从事技术工作长达十年的万钢教授，凭借其在汽车领域的深厚技术积累和前瞻性眼光，向国务院提出"开发新能源轿车"，实现中国汽车工业跨越式发展的建议。随后，万钢被聘任为国家"863 计划"电动汽车重大专项首席科学家、总体组组长。此后，以万钢为组长的十三位专家组成的重大专项专家组，提出了"三纵三横"总体路线。这一路线以燃料电池和动力蓄电池技术、电驱动系统技术、共性基础技术三大技术体系为"三横"，燃料电池汽车、混合动力汽车、纯电动汽车动力系统技术平台为"三纵"的总体研发体系，为中国新能源汽车技术研发奠定了坚实的框架基础。

（2）《新能源汽车生产准入管理规则》发布。2007 年，我国正式实施《新能源汽车生产准入管理规则》[①]。该规则对新能源汽车进行了明确的定义，即采用先进技术原理、新技术、新结构，以非常规车用燃料为动力源（或使用常规车用燃料，采用新型车载动力装置），集成了车辆动力控制和驱动等先进技术的汽车，具体包括混合动力汽车、纯电动汽车（BEV，包括太阳能汽车）、燃料电池电动汽车（FCEV）、氢发动机汽车以及其他新能源（如高效储能和二甲醚）汽车。这一定义的明确，为新能源汽车产业的规范化发展提供了清晰的标准和方向。这一规则的发布，标志着国家对新能源汽车产业开始实施规范化管理，提高了行业准入门槛，促使企业加大技术研发和质量管控力度，有利于优化产业结构，避免低水平重复建设和无序竞争，为新能源汽车产业的健康、可持续发展奠定了制度基础。

（3）"十城千辆"试点与购车补贴政策实施。2009 年，国务院发布《汽车产业调整与振兴规划（2009—2011）》，首次提出大规模发展新能源汽车的

---

① 国家发展和改革委员会. 新能源汽车生产准入管理规则 ［EB/OL］. http：//www. mofcom. gov. cn/article/zcfb/zcwg/200712/20071205290556. shtml，2017 - 11 - 01.

目标，将新能源汽车产业的发展上升至战略高度，为产业发展注入了强大动力。[①] 2009 年，科技部、财政部、国家发展改革委、工业和信息化部共同启动"十城千辆节能与新能源汽车示范推广应用工程"，即"十城千辆"工程[②]，该工程的实施和购车补贴政策的出台，在新能源汽车产业发展初期发挥了重要作用。一方面，通过在多个城市开展示范运行，让更多消费者接触和了解新能源汽车，提高了市场认知度和接受度；另一方面，直接的财政补贴降低了消费者的购车成本，激发了市场需求，促进了新能源汽车的销售和推广，为新能源汽车产业的发展提供了市场基础。同时，也带动了相关产业链的初步发展，吸引了更多企业进入新能源汽车领域，推动了技术的不断进步和创新。

2. 新能源汽车政策培育期（2010~2017 年）

这一阶段，新能源汽车相关政策的重点从前期的技术研发和示范应用逐渐转向规模化推广。政府通过制定明确的发展目标，引导企业扩大生产规模，提高市场占有率。同时，加大市场推广力度，通过多种政策手段激发市场需求。除了购车补贴、免征购置税等直接刺激消费者购买的政策外，还积极推动新能源汽车在公共领域的应用，如公交、出租、物流等领域，通过政府采购等方式，为新能源汽车提供稳定的市场需求。例如，许多城市大规模采购新能源公交车，替换传统燃油公交车，不仅减少了城市污染，也为新能源汽车的推广起了示范作用，带动了私人消费市场的发展，促进了新能源汽车的规模化推广。

（1）明确重点领域与新兴产业创投基金支持。2010 年，国务院决定加快

---

① 汽车产业调整和振兴规划［EB/OL］. 中国政府网，http：//www.gov.cn/zwgk/2009 - 03/20/content_1264324. htm，2009 - 03 - 20.

② 科技部，财政部，国家发展和改革委员会，工业和信息化部. 关于启动十城千辆节能与新能源汽车示范推广应用工程的通知［Z］. 2009 - 01 - 23.

培育和发展战略性新兴产业，新能源汽车被确定为七大重点领域之一，这一决策为新能源汽车产业发展提供了强大的政策驱动力，意味着国家从战略高度对其进行布局和支持，引导各类资源向该领域集聚，推动产业快速发展。2010年，国家新兴产业创投计划正式启动，中央财政资金通过直接投资创业企业、参股创业投资基金等方式，支持包括新能源汽车在内的战略性新兴产业发展，为新能源汽车企业提供了重要的资金支持渠道。

（2）《节能与新能源汽车产业发展规划（2012—2020年）》发布。2012年6月，国务院正式印发《节能与新能源汽车产业发展规划（2012—2020年）》[1]。该规划明确提出，到2020年，新能源汽车累计产销量要超过500万辆。该规划为新能源汽车产业发展提供了明确的目标和方向，引导企业合理安排生产和研发计划，促进了产业的有序发展。同时，规划中提出的各项任务和措施，推动了新能源汽车产业链的完善和发展，加强了产业上下游企业之间的协同合作，提高了产业的整体竞争力。例如，在规划的引导下，国内众多企业加大了在新能源汽车关键技术领域的研发投入，宁德时代等动力电池企业迅速崛起，在电池技术研发和生产规模上取得了显著进展，为我国新能源汽车产业的发展提供了有力的配套支持。

（3）免征购置税与补贴范围扩大。2014年8月，国家发布《关于免征新能源汽车车辆购置税的公告》[2]，自2014年9月1日至2017年12月31日，对购置的新能源汽车免征车辆购置税。这一政策直接降低了消费者购买新能源汽车的成本，提高了消费者购买新能源汽车的积极性，有效刺激了市场需求。同时，补贴范围扩大至插电混动车型，进一步推动了新能源汽车市场的发展，促进了新能源汽车技术的多元化发展，加快了新能源汽车的普及速度。

---

①　国务院. 节能与新能源汽车产业发展规划（2012—2020年）[EB/OL]. 中国政府网，http://www.gov.cn/zwgk/2012-07/09/content_2179032.htm，2012-07-09.

②　财政部，国家税务总局，工业和信息化部. 关于免征新能源汽车车辆购置税的公告 [Z]. 2014-08-06.

（4）《战略性新兴产业重点产品目录》发布。2016 年，国家发布的《战略性新兴产业重点产品目录》明确了对动力电池、电机等新能源汽车核心部件的支持范围，为新能源汽车核心部件企业提供了明确的政策导向，引导企业聚焦关键领域，加大研发和生产投入，提高产品质量和技术水平[①]。同时，也促进了产业链上下游企业之间的协同发展，加强了产业的集聚效应。

（5）企业目标提出与充电基础设施补贴启动。2017 年，国家提出要培育若干家新能源汽车企业进入世界前十的目标，旨在提升我国新能源汽车企业在全球市场的竞争力，推动企业加大技术创新和市场拓展力度。为实现这一目标，企业纷纷加大研发投入，提升产品品质和技术水平，拓展国内外市场。同年，国家启动充电基础设施专项补贴，加大对充电设施建设的支持力度，充电基础设施专项补贴的启动，有效缓解了充电设施建设滞后的问题，为新能源汽车的推广和普及提供了有力保障，促进了新能源汽车市场的健康发展。

3. 新能源汽车市场化扩张期（2018～2022 年）

这一阶段，政策引导新能源汽车产业逐渐从政策驱动向市场驱动转变。随着补贴政策的退坡和双积分政策等市场机制的实施，新能源汽车产业不再单纯依赖政府补贴来推动发展，而是更加注重市场需求和产品竞争力的提升。补贴政策退坡促使企业降低成本、提高技术水平，以适应市场竞争。双积分政策则通过市场机制，引导企业加大新能源汽车的生产和研发投入，推动产业向绿色转型。企业开始更加关注消费者需求，不断推出符合市场需求的产品，如新能源汽车的续航里程不断提升、智能化配置不断增加，以提高产品的市场吸引力。市场驱动转型使得新能源汽车产业更加健康、可持续发展，提高了产业的抗风险能力和市场竞争力。

（1）补贴政策退坡与技术门槛提升。2018 年，新能源汽车补贴政策首次

---

① 国家发展和改革委员会. 战略性新兴产业重点产品目录［Z］. 2016 - 12 - 19.

出现退坡，这一政策调整在产业发展历程中具有标志性意义。2018 年 2 月，四部门发布《关于调整完善新能源汽车推广应用财政补贴政策的通知》①，在运营里程、补贴标准、电池系统能量密度要求等方面进行了全面调整，推动了新能源汽车技术的进步。

（2）新能源汽车双积分政策实施。2019 年，《乘用车企业平均燃料消耗量与新能源汽车积分并行管理办法》正式实施，这一政策将平均燃油消耗量积分与新能源汽车积分合并，对汽车制造商提出了全新的要求和挑战。② 对于传统燃油汽车企业来说，是一次强制性约束。而新能源汽车积分的引入，使汽车制造商无论是在生产量上还是在技术突破上都必须积极参与绿色转型。同时，双积分政策也带动了相关产业链的发展，包括电池制造、电机生产、充电设施建设等领域，创造了大量的就业机会和经济增长点。

（3）补贴期限延长与退坡幅度调整。为应对产业发展面临的挑战，稳定新能源汽车市场，国家对补贴政策进行了重要调整，将新能源汽车推广应用财政补贴政策实施期限延长至 2022 年底，并对补贴标准和技术指标要求作出相应调整。此次政策调整，在有效提振新能源汽车产销量的同时，对国家财政造成的压力有限，也促进了新能源汽车市场的健康发展，激发了消费者的购买热情，推动了新能源汽车的普及。

（4）新能源汽车下乡活动开展。2021 年，为开拓新能源汽车下沉市场，促进农村地区新能源汽车消费，工信部等多部门联合开展新能源汽车下乡活动。新能源汽车下乡活动对开拓下沉市场和促进消费起了积极作用，提高了农村消费者对新能源汽车的认知度和接受度，有效激发了农村市场的消费潜

---

① 财政部，工业和信息化部，科技部，国家发展改革委. 关于调整完善新能源汽车推广应用财政补贴政策的通知 ［EB/OL］. http：//jjs. mof. gov. cn/zhengcefagui/201802/t20180213_2813613. htm，2018 – 02 – 13.

② 工业和信息化部，财政部，商务部，海关总署，市场监管总局. 乘用车企业平均燃料消耗量与新能源汽车积分并行管理办法 ［EB/OL］. https：//www. miit. gov. cn/zwgk/zcwj/wjfb/gg/art/2020/art_1c5d7d0c5f3d4c5d8a5e5d8a5e5d8a. html，2019 – 09 – 11.

力，促进了新能源汽车市场的多元化发展。

（5）免征购置税政策延续与产业发展规划发布。2022 年，为进一步促进新能源汽车消费，国家延续新能源汽车免征车辆购置税这一政策，这是自 2014 年以来，国家第四次延续新能源汽车免征购置税政策。2022 年国家出台《新能源汽车产业发展规划（2021—2035）》，为新能源汽车产业的长期发展指明了方向，明确了产业发展的目标和重点任务。① 政策延续和规划发布对产业发展具有长期的引领和推动作用，为新能源汽车产业的可持续发展奠定了坚实基础。

4. 新能源汽车高质量发展期（2023 年至今）

这一阶段，新能源汽车政策在推动新能源汽车产业向智能化和全球化方向发展方面发挥了关键作用。在智能化方面，政策鼓励企业加大智能驾驶、车联网等技术的研发投入。在全球化方面，政策支持企业拓展海外市场，加强国际合作。法规标准在新能源汽车产业高质量发展中规范了市场秩序，提高了产业的整体质量和竞争力，推动新能源汽车基础设施升级和全球市场布局。

（1）研发费用加计扣除与央企新兴产业倍增计划。2023 年，国家对研发费用加计扣除政策规定企业开展研发活动中实际发生的研发费用，对新能源汽车企业的研发投入产生了显著的激励作用。2023 年，针对央企战略性新兴产业倍增计划启动，旨在推动中央企业在战略性新兴产业领域加大投资和布局，实现产业规模和竞争力的倍增，不仅为新能源汽车用户提供了更加便捷的充电服务，解决了消费者的充电焦虑问题，还促进了新能源汽车的市场推广和普及，带动了新能源汽车产业链的协同发展，推动了新能源汽车产业的

---

① 工业和信息化部，财政部，商务部，海关总署，市场监管总局. 乘用车企业平均燃料消耗量与新能源汽车积分并行管理办法［EB/OL］. https：//www. miit. gov. cn/zwgk/zcwj/wjfb/gg/art/2020/art_1c5d7d0c5f3d4c5d8a5e5d8a5e5d8a. html，2019－09－11.

高质量发展。

（2）《交通物流降本提质增效行动计划》发布。2024 年 11 月，交通运输部和国家发展改革委发布《交通物流降本提质增效行动计划》，明确要求到 2027 年，沿海主要港口利用疏港铁路、水路、封闭式皮带廊道、新能源汽车运输大宗货物的比例要超过 80%。从市场需求角度来看，港口作为货物运输的重要枢纽，其对新能源汽车的需求将带动新能源物流车市场的快速发展，随着港口对新能源物流车需求的增加，新能源物流车市场规模不断扩大，促进了新能源汽车在物流领域的普及。在技术创新方面，港口对新能源汽车的需求促使企业加大技术研发投入，提升新能源汽车的技术性能。这些技术创新不仅提升了新能源汽车在物流领域的竞争力，也推动了整个新能源汽车产业的技术进步。

（3）《乘用车燃料消耗量新国标》制定。2025 年，国家制定《乘用车燃料消耗量新国标》，提出到 2030 年企业平均燃料消耗量需达到 3.3L/100km 的目标。[①] 这一目标的设定对新能源汽车产业技术升级具有重要的引导作用。从技术创新方向来看，企业为了满足国标要求，必须加大在节能技术方面的研发投入。从产业结构调整角度来看，新国标将推动新能源汽车市场份额的进一步扩大，新能源汽车由于其零排放或低排放的优势，将更符合国标要求。这将促使消费者更多地选择新能源汽车，推动新能源汽车市场的快速发展，进一步优化汽车产业结构，促进新能源汽车产业的高质量发展。

5. 新能源汽车产业的政策演进总结

我国新能源汽车产业政策经历了从技术探索期到高质量发展期的多个阶段，每个阶段都有其独特的政策特点和发展脉络。

（1）技术探索期（2000～2009 年），新能源汽车相关政策以技术研发和

---

① 国家市场监督管理总局，国家标准化管理委员会. 乘用车燃料消耗量限值（GB 19578—2024）［M］. 北京：中国标准出版社，2025.

示范应用为主，通过启动燃料电池技术研发和"十城千辆"试点等举措，为产业发展奠定了技术和市场基础。这一时期，虽然补贴规模较小，但为后续的产业发展指明了方向，激发了企业的研发热情。

（2）政策培育期（2010～2017 年），新能源汽车相关政策重心转向规模化推广，形成了"购车补贴＋税收减免＋充电支持"的完善补贴体系，补贴力度加大。通过明确重点领域、发布产业发展规划、扩大补贴范围等政策，推动了新能源汽车产业的快速发展，企业规模不断壮大，市场规模持续增长，产业生态逐渐构建。

（3）市场化扩张期（2018～2022 年），新能源汽车相关政策引导产业从政策驱动向市场驱动转变，补贴逐步退坡，技术标准不断提升。通过补贴政策退坡、实施双积分政策、开展新能源汽车下乡活动等措施，促进了企业技术创新，提高了产业竞争力，开拓了下沉市场，推动了新能源汽车在不同领域的应用。

（4）高质量发展期（2023 年至今），新能源汽车相关政策主要聚焦智能化和全球化，通过研发费用加计扣除、启动央企战略性新兴产业倍增计划、发布交通物流降本提质增效行动计划、制定乘用车燃料消耗量新国标等政策，推动新能源汽车产业向智能化、全球化方向发展，加强法规标准引导，推进基础设施升级和全球市场布局。

总体上，相关政策在新能源汽车产业发展中起了关键作用，新能源汽车相关政策通过引导和支持促进了技术创新，推动了新能源汽车产业从无到有、从小到大、从弱到强的发展，使我国新能源汽车产业在全球市场中占据了重要地位。政策的不断调整和完善，适应了产业发展的不同阶段需求，为产业的可持续发展提供了有力保障。

7.2.4 战略性新兴产业发展成效分析

近年来，在诸多利好性政策的支持下我国战略性新兴产业实现高效、快速地发展，充分发挥了经济高质量发展引擎作用。同时，战略性新兴产业发展呈现出重点领域发展壮大、新增长点涌现、创新能级跃升、竞争实力增强等诸多特点，形成了良好的发展局面。但是，当今世界正面临百年未有之大变局，"十四五"乃至更长一段时期内，我国战略性新兴产业将面临更加严峻的内外部环境，需要在产业布局优化、创新能力提升、发展环境营造、国内需求释放以及深化开放合作等方面采取更加科学有效的针对性措施，从而推动战略性新兴产业进一步壮大发展。

战略性新兴产业快速发展，促进相关产业发展的新动能作用强劲。"十三五"以来，战略性新兴产业总体实现持续快速增长，经济增长新动能作用不断增强。2015～2024 年，我国战略性新兴产业规模以上工业增加值年均增速达到 11.2%，高于同期规模以上全国总体工业增加值 4.8%。2024 年，我国战略性新兴产业规模以上工业增加值年均增速达到 9.1%，高于同期规模以上全国工业总体 3.2%。2015～2024 年，我国战略性新兴产业规模以上服务业企业营业收入年均增速达 16.3%，高于同期全国规模以上服务业企业总体约 4.2%。2024 年，我国战略性新兴产业规模以上服务业企业营业收入增速达到 13.5%，高于同期规模以上全国服务业企业总体增速近 3.5%。①

战略性新兴产业龙头企业不断涌现，产业持续增长引擎带动作用明显。2024 年，我国战略性新兴产业企业在世界 500 强榜单中占有 35 个席位，数量较 2015 年增加 17 个。② 据国家信息中心对上市公司数据分析显示，截至 2024 年底，A 股上市公司中共有 1850 家战略性新兴产业企业，占上市公司总体的 46.8%，其中，营收规模达到百亿元以上的战略性新兴产业上市企业达到 205 家，较 2015 年增加 134 家，占战略性新兴产业上市企业总数的比重

---

① 国家统计局网站及国研网战略性新兴产业数据库，经笔者整理得到。
② 国务院发展研究中心. 全球竞争力视角下的中国新兴产业崛起路径研究［M］. 北京：中国发展出版社，2025.

由 2015 年的 6.2% 提升到 2024 年的 13.7%[1]，头部企业规模及质量持续提升同时，引领带动作用进一步凸显。

战略性新兴产业的发展促进新增长点不断涌现。一是前沿技术领域跨越发展。"十三五"以来，在战略性新兴产业政策和战略规划的指引下，我国一些前沿领域取得了爆发式发展，例如，在数字经济、人工智能、工业互联网、物联网等领域新业态、新模式不断涌现，同时战略性新兴产业领域产业跨界趋势愈加明显。伴随着人工智能政策不断落地，人工智能技术的应用商业化进程也逐步加快，人工智能技术和应用飞速发展。2023 年底人工智能核心产业的规模已接近 6000 亿元，人工智能的企业数量超过 4500 家[2]，人工智能应用催生的新技术、新模式、新业态不断地涌现。二是培育一批战略性新兴产业。在空天海洋、信息网络、生命科学、核技术等领域培育发展了一批战略性新兴产业。同时，通过大力发展新型飞行器及航行器、新一代作业平台和空天一体化观测系统等新一代技术，着力构建量子通信和泛在安全物联网，加快发展合成生物和再生医学技术，加速开发新一代核电装备和小型核动力系统、民用核分析与成像，积极布局完整的氢能产业链，打造形成了未来我国战略性新兴产业发展的新优势。三是战略性新兴产业竞争实力不断增强。我国新能源发电装机量、新能源汽车产销量、智能手机产量、海洋工程装备接单量等均位居全球第一；在新一代移动通信、核电、光伏、高铁、互联网应用、基因测序等领域也均具备世界领先的研发水平和应用能力。

国家层面针对战略性新兴产业政策环境优化，取得发展新成效。从国家到地方层面，战略性新兴产业政策支持体系得到不断完善，推动战略性新兴产业发展的政策体系越发健全，主要表现在三方面：其一是细分领域战略规划陆续编制印发。国务院和相关部门先后出台 20 多个与战略性新兴产业细分领域密切相关的顶层政策文件，涵盖整体目标、创新环境保障和具体发展举

---

[1] 国家数据中心每年发布的战略性新兴产业发展年度报告，经笔者整理得到。
[2] 中国互联网络信息中心. 生成式人工智能应用发展报告（2024）[R]. 2024.

措等，为战略性新兴产业的五大领域、八大行业的发展提供强有力的规划支撑；其二是重点地区产业促进政策体系日趋完善。全国主要省市均制定并发布了加快推动本省市战略性新兴产业发展的顶层设计政策文件，同时因地制宜地颁布了若干推动本地优势特色战略性新兴产业发展的相关政策；其三是一批国家重大工程建设加快推进。自《"十三五"国家战略性新兴产业发展规划》发布以来，相关部门积极推动有关重大工程落地实施，并取得积极进展。国家发展改革委、科技部、工业和信息化部、财政部等相关部门相继发布了50余项支持重点工程的政策性文件，围绕重大工程，相关部门积极实施了20余项相关（试点）工程与重点项目。

金融支持战略性新兴产业发展的方式方法及专项资金扶持政策迈出重要步伐。国务院办公厅发布《国务院办公厅转发证监会关于开展创新企业境内发行股票或存托凭证试点若干意见的通知》[①]，引导互联网、大数据、云计算、人工智能、软件和集成电路、高端装备制造、生物医药等领域独角兽企业获得优先上市通道。证监会积极推进科创板建设，2019年6月13日，科创板正式开板，为包括战略性新兴产业在内的科技创新型优质企业提供绿色上市通道。截至2024年12月末，科创板上市公司达到581家，总市值达到6.72万亿元[②]，科创板已经逐步发展成为融合科技创新、战略性新兴产业与资本市场的重要枢纽，既是科技创新机制改革的受益者、实践者，也将是在加快发展新质生产力、实现科技高水平自立自强及现代化产业体系建设等方面发挥独特作用的推动者。原银保监会鼓励银行机构在传统表内外业务的基础上，积极开展与金融租赁、证券基金、行业协会、地方政府的合作交流，充分利用非银行机构资源，为企业提供财务顾问、债券承销、租赁＋保理、理

---

① 国务院办公厅. 国务院办公厅转发证监会关于开展创新企业境内发行股票或存托凭证试点若干意见的通知 [EB/OL]. 中国政府网，http：//www.gov.cn/zhengce/content/2018 – 03/30/content_5258041.htm，2018 – 03 – 30.

② 孙兆. 科创板年报来袭 半导体行业表现亮眼 [N]. 中国经济时报，2025 – 01 – 13.

财投资、并购和产业基金、供应链金融等多元化金融服务，实现全产品、多渠道金融服务支持战略性新兴产业发展。同时，各地在设立专项资金扶持战略性新兴产业发展方面做了大量工作。

我国战略性新兴产业发展积极探索适合新技术、新产品、新业态、新模式发展的监管方式。在新一代信息技术领域，《国务院关于进一步扩大和升级信息消费 持续释放内需潜力的指导意见》提出对信息消费坚持包容审慎的监管，积极应用大数据、云计算等新技术创新行业服务和管理方式，放宽新业态、新模式市场准入。① 在新能源汽车领域，基于共享经济理念的分时租赁等商业模式不断涌现，国家能源局支持创新充电商业模式，支持发展众筹建桩，充分利用社会资源参与充电基础设施建设，探索特许经营模式，吸引专业充电运营商负责运行维护，推动充电基础设施专业化、规模化发展；科技部、工业和信息化部、国家发展改革委等部门引入新能源汽车自助分时租赁项目，实行个人付费的市场化租赁服务方式，以更加包容、更加开放的态度鼓励新兴产业发展。在金融科技领域，2024 年以来，中国人民银行会同国家发展改革委、科技部、工业和信息化部、人力资源社会保障部、国家卫生健康委等相关部门在北京、上海、浙江、广东等 15 省市积极组织金融科技创新应用试点通过事前制定应急与退出机制，采用风险拨备资金、保险计划等补偿措施，建立了多层次、立体化的综合风控体系，打造灵活高效的试错容错机制。

与此同时，经过多年的发展，我国战略性新兴产业取得了三方面成绩。其一是创新能级跃升，打造发展新优势。"十三五"以来，在创新驱动发展战略引领下，战略性新兴产业重点行业、重点企业创新投入持续提升。其二是创新基础设施不断夯实，科研基础条件大为改善。例如，我国新建了中国

---

① 国务院. 国务院关于进一步扩大和升级信息消费 持续释放内需潜力的指导意见［EB/OL］. 中国政府网，http：//www. gov. cn/zhengce/content/2017 – 08/24/content_5220066. htm，2017 – 08 – 24.

散裂中子源二期、新一代超算中心、深海探测载人潜水器等一批重大科技基础设施，建立国家重点实验室和国家技术创新中心，规范管理国家科技资源共享服务平台。其三是集群加速发展，构建发展新引擎，国家级战略性新兴产业集群建设成效显著。为了集中优势资源推动各地特色产业集群发展，国家发展改革委积极推进战略性新兴产业产业集群建设有关工作。

7.3 政策导向驱动的后发企业技术追赶机制分析

7.3.1 国家政策推进制造业单项冠军企业发展

制造业单项冠军企业是指长期专注于制造业某些特定细分产品市场、生产技术或工艺国际领先、单项产品市场占有率位居全球前列的企业，被誉为制造业皇冠上的"明珠"、金字塔的"塔尖"。为了引导制造企业树立"十年磨一剑"的精神，长期专注于企业擅长的领域，走"专特优精"发展道路。同时，推动制造企业在全球范围内整合资源，占据全球产业链主导地位，提升制造业国际竞争力。

2016 年，我国工业和信息化部开始实施制造业单项冠军企业培育提升专项行动。2016 年以来，工业和信息化部先后认定了 8 批制造业单项冠军。这些企业在增强产业链供应链自主可控能力、突破"卡脖子"难题中发挥了中坚作用，是增强制造业发展活力、推动高质量发展的重要力量。辽宁省高度重视培育制造业单项冠军企业，2023 年，辽宁省出台了《辽宁省制造业单项冠军企业认定管理办法》①，目前，已经认定了两批共 88 家省级制造业单项

---

① 辽宁省工业和信息化厅. 辽宁省制造业单项冠军企业认定管理办法［Z］. 2023 - 08 - 22.

冠军企业。此后，辽宁省还建立"辽宁省省级单项冠军培育库"，旨在帮助未被认定为国家级或省级制造业单项冠军，具有独立法人资格，具备健全的财务、知识产权、技术标准、质量保证和安全生产等管理制度的企业，按照"储备一批、培育一批、壮大一批"的原则。2025 年 3 月，辽宁省工业和信息化厅发布了关于调整完善省级制造业单项冠军培育库的通知，明确提出将培育库作为培育国家级、省级制造业单项冠军企业的基础，并实施动态管理，由此构建了辽宁省制造业单项冠军梯度培育格局。

为企业成长减负，辽宁省工业和信息化厅与辽宁省财政厅联合出台了《数字辽宁智造强省专项资金（优质企业培育方向）管理办法》①，通过"免申即享"方式对获得国家级制造业单项冠军的企业给予 50 万元资金奖励，对获得省级单项冠军认定的企业给予 30 万元资金奖励。2022 年以来，辽宁省省级财政共奖励单冠企业 1650 万元，为企业发展助力。辽宁省积极引导单项冠军企业管理创新，组织企业高管到精益管理标杆企业参观学习，为单项冠军企业开展免费管理咨询诊断，组织企业参与工信部单项冠军项目融资需求征集工作，帮助辽阳石化机械设计制造有限公司获得建行辽宁省分行 4200 万元保证额度。同时，汇总整理辽宁省 63 户国家级、省级制造业单项冠军发展经验和典型做法，编印《辽宁省制造业单项冠军典型案例汇编》，引导企业对标先进，深耕专业领域，实现高质量发展。

7.3.2 制造业单项冠军企业认定标准与指标体系

工业和信息化部制定的制造业单项冠军企业认定标准中对于制造业单项冠军企业认定，重点评估企业专业发展、市场竞争、自主创新、经营管理等

---

① 辽宁省财政厅，辽宁省工业和信息化厅. 数字辽宁智造强省专项资金（优质企业培育方向）管理办法［EB/OL］. https：//czt. ln. gov. cn/czt/zwgkzdgz/zdgkwj/tfw/20230209144423626283/index. shtml，2022 - 07 - 21.

方面指标①。

1. 专业发展指标

专业发展指标主要体现在以下三方面：①长期专注并深耕于制造业产业链某一环节或某一产品领域。截至申报年的上年末，从事相关领域时间达到10年及以上，属于新产品的应达到5年及以上。②企业发展稳中向好，近3年平均主营业务收入须达到4亿元及以上。③工业和信息化部认定的专精特新"小巨人"企业、国务院国资委认定的创建世界一流专业领军示范企业，优先推荐。

2. 市场竞争指标

市场竞争指标主要体现在以下三方面：①申请产品（生产性服务）市场占有率位居全球前三。②申请产品质量精良，生产技术或制造工艺国际先进，关键性能指标处于国际同类产品领先水平，主导产品能耗达到行业能耗限额标准先进值。③重视并实施国际化经营和品牌战略，国际业务收入行业领先，全球资源配置能力强。

3. 自主创新指标

自主创新指标主要体现在以下三方面：①重视技术和产品创新，拥有高水平研发机构，研发投入强度达到行业领先水平。②拥有核心自主知识产权，国际、国内专利数量行业领先，主导或参与制定国际、国家和行业标准。③科技成果转化成效明显，相关知识产权已实际应用并产生经济效益。

4. 经营管理指标

经营管理指标主要体现在以下三方面：①经营业绩优秀，主营业务收入

---

① 工业和信息化部. 制造业单项冠军企业培育提升专项行动实施方案 [Z]. 2016 – 03 – 01.

或利润行业领先。②管理体系完善，积极开展管理创新。战略管理、运营管理、风险管理水平高，企业质量管理能力强。③企业文化先进，企业家精神和工匠精神作用彰显。高层次人才引育能力强，拥有科技领军人才、高技能人才和高水平创新团队，建有校企合作人才培养载体。

7.3.3 大连华锐重工集团的发展与战略实践[①]

2024 年，在工业和信息化部公布的第八批制造业单项冠军企业名单中，大连华锐重工集团股份有限公司光荣登榜。作为战略性新兴产业涵盖的重点推进的产业类型，大连华锐重工集团股份有限公司可以划归为高端装备制造产业。

实际上，在战略性新兴产业发展规划及产业发展路线图中，对高端装备制造产业明确地提出了发展指引。面向我国产业转型升级和战略性新兴产业发展的迫切需求，统筹经济建设和国防建设需要，大力发展现代航空装备、卫星及应用产业，提升先进轨道交通装备发展水平，加快发展海洋工程装备，做大做强智能制造装备，把高端装备制造业培育成为国民经济的支柱产业，促进制造业智能化、精密化、绿色化发展。按照具体产业细分主要包括以下几个产业：

（1）航空装备产业。统筹航空技术研发、产品研制与产业化、市场开拓及服务提供，加快研制具有市场竞争力的大型客机，推进先进支线飞机系列化产业化发展，适时研发新型支线飞机；大力发展符合市场需求的新型通用飞机和直升机，构建通用航空产业体系；突破航空发动机关键核心技术，加快推进航空发动机产业化；促进航空设备及系统、航空维修和服务业发展；提升航空产业的核心竞争力和专业化发展能力。

---

① 相关资料来自大连华锐重工集团公司官方网站，笔者整理。

（2）卫星及应用产业。紧密围绕经济社会发展的重大需求，与国家科技重大专项相结合，以建立我国自主、安全可靠、长期连续稳定运行的空间基础设施及其信息应用服务体系为核心，加强航天运输系统、应用卫星系统、地面与应用天地一体化系统建设，推进临近空间资源开发，促进卫星在气象、海洋、国土、测绘、农业、林业、水利、交通、城乡建设、环境减灾、广播电视、导航定位等方面的应用，建立健全卫星制造、发射服务、地面设备制造、运营服务产业链。推进极地空间资源开发。

（3）轨道交通装备产业。大力发展技术先进、安全可靠、经济适用、节能环保的轨道交通装备，建立健全研发设计、生产制造、试验验证、运用维护、监测维修和产品标准体系，完善认证认可体系等，提升牵引传动、列车控制、制动等关键系统及装备自主化能力。巩固和扩大国内市场，大力开展国际合作，推动我国轨道交通装备全面达到世界先进水平。

（4）海洋工程装备产业。面向海洋资源特别是海洋油气资源开发的重大需求，大力发展海洋油气开发装备，重点突破海洋深水勘探装备、钻井装备、生产装备、作业和辅助船舶的设计制造核心技术，全面提升自主研发设计、专业化制造、工程总包及设备配套能力，积极推动海洋风能利用工程建设装备、海水淡化和综合利用等装备产业化。促进产业体系化和规模化，增强国际竞争力。

（5）智能制造装备产业。重点发展具有感知、决策、执行等功能的智能专用装备，突破新型传感器与智能仪器仪表、自动控制系统、工业机器人等感知、控制装置及其伺服、执行、传动零部件等关键核心技术，提高成套系统集成能力，推进制造、使用过程的自动化、智能化和绿色化，支撑先进制造、国防、交通、能源、农业、环保与资源综合利用等国民经济重点领域发展和升级。

大连华锐重工集团股份有限公司主要为冶金、港口、能源、矿山、工程、交通、造船、环保等国民经济基础产业提供大型高端装备和全生命周期智能服务解决方案，现已形成冶金机械、起重机械、散料装卸机械、港口机械、能源机械、传动与控制系统、船用零部件、工程机械、海工机械等九大产品结构。大连华锐重工集团股份有限公司建有"一个总部、六大研制基地"，占地面积 200 多万平方米。大连华锐重工集团股份有限公司拥有获得科技部批准组建的"国家风电传动及控制工程技术研究中心"，构建了独具市场竞争能力的风电核心零部件、核电起重设备和大型船用曲轴专业化研制基地；具备重大技术装备自主研发和机电液一体化设计、制造、安装、调试及总承包能力；具有国际化经营能力，产品远销 90 余个国家和地区；建有国家级技术中心（由 1 个设计研究院、9 个专业设计院、4 个研究所及 3 个实验室等院所组成）、德国技术研发中心、博士后工作站，构筑了完善的科研开发体系；研制出 2 万吨多吊点起重机、"华龙一号"核环吊等一批国之重器，为提升综合国力、保障国家经济安全作出了重要贡献。

大连华锐重工集团股份有限公司总部位于大连市著名的风景区——付家庄海滨，是企业的管理中心、投资决策中心、研发中心和经贸中心，拥有先进的信息化管理系统，实现对下属公司科学的管理。

泉水临海重型装备研制基地位于大连市装备制造业聚集区内，占地面积近 50 万平方米，建有 15000 吨级和 5000 吨级两个自用码头和 20 多万平方米大型临海产品露天总装场地，拥有 150 余台（套）国际一流的大型数控加工设备，具有超大型装备加工、总装和发运能力。重点研制散料装卸机械、港口机械、大型造船门式起重机、核电站用起重设备、连铸和轧钢设备以及大型船用曲轴、隧道掘进设备等产品。

中革新能源装备核心部件制造基地位于大连市甘井子区革镇堡镇，距离周水子国际机场 6 公里，占地面积近 40 万平方米，拥有 300 余台（套）国际一流的冷热加工及检测设备，具有大型铸钢件、锻件、热处理及高精齿轮加工能力，重点发展齿轮箱、电控系统、液压系统等高端核心部件。

旅顺冶金重型装备专业化研制基地位于旅顺开发区，占地面积 50 多万平方米，毗邻旅顺港，是公司大型产品出口基地。拥有各类先进设备 200 余台（套），重点发展大型环保节能焦炉机械、大中型起重机械、各种矿热炉、系列钢铁包、冶金车辆等批量性产品及辊道喷焊、结晶器、扇形段等特种备件产品。

双 D 港高精传动零部件制造基地位于大连经济技术开发区双 D 港，占地 3 万多平方米，拥有 50 余台（套）国际一流的高精齿轮加工及检测设备。重点为风电、汽车、工程机械等行业领域提供偏航、变桨驱动器、汽车专用齿轮、工程机械齿轮箱等高精度、高技术含量的产品及核心零部件。

瓦房店大型高端铸件制造基地位于瓦房店市西郊工业园区内，占地面积近 60 万平方米，拥有 100 余台（套）先进的铸造、加工及检测设备。重点为风电、造船、建材、注塑等领域提供大型铸铁、铸铜核心零部件。

江苏射阳临港重型装备制造发运基地位于江苏省盐城市射阳港经济开发区内，占地面积 33 万平方米，建有重型装备制造、装配厂房和 2 个 5000 吨级泊位自有码头，码头距入海口约 9 公里。具有大型装备制造、总装、发运能力，重点发展培育节能环保、智能制造、新能源等战略性新兴产业项目和主要零部件及备品备件、维修技改等售后服务业务。

在技术力量方面，大连华锐重工拥有各类工程技术人员 1400 多人，其中高级以上职称 470 多人，全国劳模、国务院政府特殊津贴获得者、省市优秀专家等市级以上科技人才 50 余人，建有国家认定企业技术中心、国家工程技术研究中心、博士后科研工作站，以及德国研发中心，荣获国家科学技术进步奖、中国专利金奖等市级以上科技奖励近 300 项，主持制修订国家和行业标准 70 余项。大连华锐重工先后被认定为国家技术创新示范企业、国家创新型企业、国家知识产权示范企业，以及国家高新技术企业。大连华锐重工企业技术中心技术力量雄厚、专业门类广泛，具有完善的科研开发体系。下设设计研究总院及装卸、港机、核电、冶金矿山、焦炉、起重机、工程技术、齿轮箱、液压、钢铁包（散料）等 10 个专业设计院与 1 个电气研发中心。

企业技术中心下设的机械传动实验室、电气自动化实验室、液压传动实验室、热处理技术研究所、焊接技术研究所、硬面技术研究所、热工技术研究所配备有先进的实验装置与从业经验丰富的工程技术人员，为确保企业产品质量，推进新产品开发和新技术应用奠定了坚实的基础。

第 8 章

后发企业技术追赶的实证
检验与案例分析

8.1　数据、样本与变量选择

8.1.1　数据来源

本研究针对后发企业的研究以参与战略联盟的企业为研究对象，对企业战略联盟动机的考察以企业战略联盟为数据源，专利策略和企业创新绩效均以企业所获专利授权数据为基础展开。

1. 战略联盟数据来源

当前学术界对战略联盟的研究广泛采用的数

据源有两种：一是调查数据；二是已有数据库。

对于调查数据，相关学者依据其侧重点不同选取特定企业作为调查对象，例如选取某一国家（或区域）或某一产业的企业作为样本，通过调查问卷或访谈等方式获取样本企业的属性信息、联盟信息，收集、整理得到实证研究的基础数据。这类研究大多围绕欧洲国家或企业展开，主要是因为可通过欧盟、经合组织（OECD）等组织或机构获取相对完整的企业数据，在一定程度上保证了数据的可得性以及样本统计口径的统一性。事实上，欧盟关于战略联盟和创新合作的调查较为细致、完善，且具有较好的周期性和连续性。当前，学者们普遍采用的是社区创新调查（Community Innovation Statistics，CIS）数据，该数据由包括欧盟 27 国、欧洲自由贸易联盟的 3 国以及欧盟候选国在内的国家在相关规定下每四年调查一次，各国独立调查后由欧盟委员会统一整理。CIS 主要以从事技术创新的企业为调查对象，与联盟行为相关的调查指标包括"是否参与联盟"及"联盟伙伴的相关信息、属性"等。

相比于调查数据，一些学者倾向于以现成数据库作为数据源，认为数据库涵盖的数据具有客观性、真实性的特点，而且数据量适中。当前较为常用的联盟数据库是 The Cooperative Agreements and Technology Indicators Database（CATI），CATI 联盟数据库由荷兰玛斯克里赫特大学（Maastricht University）的哈格多伦（Hagedoorn）和范·埃克特（van Ekert）等学者构建，它是涵盖了全球约 9500 家企业建立或参与的近 16000 个战略联盟或合作协议的关系数据库，是由相关学者利用文本挖掘技术，从报纸、商业杂志、企业网站等披露的信息中提取联盟等相关信息，并以联盟信息为基础，利用数据匹配技术从邓白氏企业控股关系数据（D&B's Who Own's Whom）、全球企业财务数据（Worldscope）和全球研究平台（Global Researcher）等网站和数据库获取CATI 数据库所涵盖企业的经营信息、所有权信息、产业及国别等属性信息，将其与 CATI 联盟数据库关联，但由于报纸和商业杂志等媒介是较早的联盟信息披露媒介，这种传播媒介本身的缺陷使较早的联盟关系和联盟信息可能不能完全包含在 CATI 数据库中；另外，由于新闻源的限制，部分区域性（或地区性）小企业可能没有囊括在该数据库中，但诸多国际知名的大企业或跨国公司所建立或参与的联盟几乎全部包含在 CATI 联盟数据库中，保证了该数据库作为案例和实证研究的数据源的可行性和适用性。

通过对已有研究采用的联盟数据来源的分析与比较，本研究认为 CIS 调查数据作为源数据有其独特的优势，其包含的企业间战略联盟关系、联盟状态及联盟企业属性信息等相对完备，但由于企业样本被限定在欧洲区域内部，其他国家或地区的企业不被作为样本纳入数据库，就难以实现对全球战略联盟的考察。事实上，美国、日本、韩国等国家的企业在经济全球化、研发国际化以及企业跨边界战略合作中扮演着重要角色，因而利用该数据源作为战略联盟信息源难以准确衡量或检验全球不同地区企业的战略联盟行为、专利策略对创新绩效的影响。与之不同，CATI 数据库依据产业技术领域构成不同，梳理了包含信息技术、生物技术、新能源技术和其他非核心技术等四大类产业技术领域的全球企业的战略联盟信息，这也成为其独特的优势。鉴于此，本研究以 CATI 联盟数据库作为战略联盟的数据源，可以保证所涉联盟企业不受地域影响，若选取某一产业作为样本产业，则可保证所选样本基本涵盖某一产业知名企业的联盟信息。

2. 企业专利数据的来源

样本企业的专利指标同样是本研究的重要数据源。本研究对企业专利策略的考察、梳理及界定，重点考察专利专有策略、专利防御策略和专利杠杆策略（Somaya，2012）。结合样本企业专利指标、专利策略量化方案设计识别特定企业在考察期内所采取的专利策略。

当前学者在考察不同国家企业的专利情况时多以美国专利商标局（USPTO）或欧洲专利局（EPO）为数据源获取专利数据，因为美国和欧洲作为世界上最重要国家和地区，其专利或知识产权保护制度相对完善且具有权威性，因而众多企业（或其他类型的创新主体）在本国（或目标国）申请专利的同时，也会在 USPTO 或 EPO 申请专利以保护和维持其竞争优势和技术地位。在专利实务中，USPTO 在全球范围内应用较 EPO 更为广泛。因此本研究以 USPTO 数据库为专利数据源，在样本企业选取的基础上，从 USPTO 检索样本企业在考察期内所获授权专利信息。

考虑到 CATI 战略联盟数据库涵盖的时间较长，联盟企业名称或状态可能发生变化（由破产、解体或发生并购等原因造成），本研究在专利检索过程中加入对企业名称及企业存续状态的考察。对名称发生改变的企业，利用其所涉名称分别检索专利，合并所有专利数据后利用专利号进行剔重处理；对于发生并购、破产或解体的企业，依据具体情形对其专利进行相应处理，实现企业在不同发展阶段的专利信息与其战略联盟信息的有机结合，确保专利数据的完备性。

3. 企业创新绩效的数据来源

结合本研究对企业创新绩效的界定，从成本、收益和能力等三方面选取企业创新绩效的衡量指标，确定其数据来源。对于投入端（成本）的绩效指标，考虑到企业间合作成本、市场进入或拓展成本以及品牌培育成本数据的不可得性，以研发投入指标作为研发成本的表征，衡量企业创新绩效；对于产出端（收益）的创新绩效指标，结合已有文献以及本研究理论分析部分强调的创新产出为企业带来的市场机会和价值提升，这里将以市场价值表征企业收益型的创新绩效；对于与能力成长相关的绩效指标，由于理论分析部分侧重考察了企业研发能力，因而此处将以研发能力衡量企业能力的成长。

具体地，企业研发投入、市场价值等绩效指标，通过英国商业创新和技能部（Department for Business Innovation and Skills, UK）每年发布的《研发记分牌：全球研发支出 1000 强报告》（*R&D Scoreboard：Top 1000 Global Companies by R&D Investment*）中提取。该报告统计了各财年英国及全球研发投入排名靠前企业所涉研究与开发的相关数据，主要涵盖了研发投入、营业利润、销售额、市场价值等核心数据，并依据具体产业、地域加以区分。这一统计报告几乎涵盖了信息技术领域诸多研发投入较高的企业，与本研究经由 CATI 联盟数据库中所提取的联盟企业实现了较好的匹配，保证了一些重要的成本、收益指标的可得性。对研发能力成长以及联盟学习能力等绩效指标，主要由 USPTO 和 CATI 战略联盟数据库获取源数据。其中，研发能力以样本企业在考察期各年专利授权数量表示，源数据是由 USPTO 提取的发明专利授权数据。

8.1.2 样本选择

CATI 战略联盟数据库对所涵盖的战略联盟按技术领域区分为生物技术、信息技术、新能源技术和其他非核心技术等四大领域。相比于生物技术、新能源技术等新兴领域，信息技术起步较早且相对成熟，相关技术更新换代速度较快，形成了典型的技术轨迹，因而本研究将研究边界限定为信息技术产业的战略联盟，借助 SAS 数据分析系统从 CATI 联盟数据库中提取战略联盟所涉技术领域或影响的技术领域为信息技术领域的所有战略联盟，提取包括企业名称、联盟所涉企业数、联盟成立年份、解体年份、联盟形式、联盟目的及所属子产业等信息，利用 SAS 的数据匹配功能分别从企业数据库和国别数据库提取战略联盟企业的属性信息和国别信息。

考虑到企业参与战略联盟组织形式差异所引致的联盟稳定性和存续期的不同，本研究考虑剔除考察期内已解体的战略联盟，得到考察期各年间信息技术产业战略联盟数目及其变化趋势如图 8-1 所示。由图 8-1 可以得到，考察期早期，信息技术产业战略联盟数目较少，各年间战略联盟数目差别不大，许多年份中不存在战略联盟，表明战略联盟尚未成为众多企业普遍接受和采用的合作模式，企业间战略联盟关系的出现只是偶然现象；1975 年开始，战略联盟逐步成为企业广泛采用的合作模式，战略联盟数目达到一定规模（各年均超过 10 个）且呈上升的变化趋势；1980 年后的各年间，信息技术产业战略联盟数目稳定在 200 个左右；1990 年以后，全球信息技术产业的迅猛发展使各国普遍重视信息技术的发展，企业间战略联盟关系的数量呈现出剧增的变化趋势，1995 年战略联盟数目达到考察期峰值，出现 327 个联盟；随后，各年间信息技术产业战略联盟数呈波动下降的态势，这在一定程度上是信息技术产业发展路径的外部表现，世界主要国家（或地区）经济的放开带来全球竞争加剧，使各国企业面临着来自不同国家企业的竞争，一些规模较小、技术水平较低的企业相继倒闭或被并购。一些国家出于政策考虑推行的企业间整合使得企业间合作数目减少，成为战略联盟数目下滑的原因；进入 21 世纪，信息技术产业中企业间战略联盟关系重拾增势，战略联盟数目有所增加，而后逐步趋于稳定。

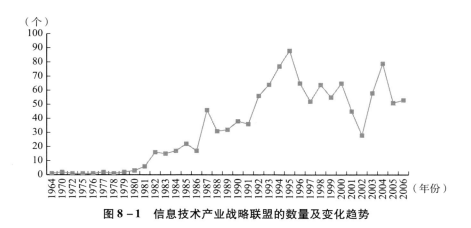

图 8-1　信息技术产业战略联盟的数量及变化趋势

综观信息技术产业战略联盟数目和联盟关系的变化，这种发展脉络一定程度上契合了信息技术产业的发展轨迹。技术萌芽期，信息技术产业中企业数目较少，从事技术创新的企业则少之又少，联盟合作较为罕见；随着信息技术及相关技术的发展，越来越多企业得以出现，开始技术研发活动，也有一些企业为突破自身技术限制频繁地参与到研发合作或战略联盟中，成为信息技术产业企业间战略联盟增多的主因；伴随着企业数目的增加以及企业技术水平的提升，信息技术产业取得了长足发展，企业的创新组织模式和经营模式等也经历了显著变化，联盟合作成为众多企业遵循的合作模式，也促成战略联盟数目的增加。

由信息技术产业战略联盟数目变化趋势的比较发现，1980 年之后信息技术产业战略联盟合作稳定出现，各年间战略联盟数均不低于 140 个。考虑到各年间战略联盟数量、趋势的可比性，本研究将 1981 年设定为起始年，每年为 1 期，将信息技术产业战略联盟分为 26 期。

由于企业的联盟动机和意愿是动态变化的，企业可能不会持续地参与战略联盟，或者其会因各年间战略决策的差异带来其联盟行为的变化，因而本研究将以信息产业的战略联盟中企业参与战略联盟次数作为样本企业初选的关键因素，借助 SAS 的数据分析与匹配功能得到信息技术产业战略联盟中企业在考察期的参与情况，选择考察期内参与度较高，即战略联盟次数较多的企业作为样本企业，这可以从根本上保证对样本企业在整个考察期内战略变化的追踪与考察，也能确保整个信息技术产业战略联盟及参与战略联盟的其他企业影响的持续性被纳入分析。为保证样本企业的典型性，这里考虑将考察期内参与战略联盟达到 15 次及以上的企业初选为样本企业，得到共有 94 家企业频繁参与到信息技术产业的战略联盟。

结合英国商业创新和技能部发布的《研发记分牌：全球研发支出 1000 强报告》，本研究对上述 94 家样本企业各年间研发支出的比较以确定其在全球研发支出中的地位，通过二者的匹配发现，诸如 DEC、LOTUS、COMPAQ 等企业虽然参与战略联盟的次数较多，但其自身的研发活动不甚明显，各年间研发投入均未居于领先地位，因而经考察将这些企业删除，得到最终确定的样本企业为 72 家，具体企业名录如表 8-1 所示。观察发现，这些企业大多为信息技术产业知名企业，如 IBM、SIEMENS、INTEL、MICROSOFT、MOTOROLA、BT 和 PHILIPS 等发达国家的信息技术企业，SONY、SAMSUNG、GOLDSTAR

（后更名为 LG）等新兴工业化国家的企业，还包括 GM、FORD、TOYOTA、HYUNDAI 和 KODAK 等非信息技术产业的企业，结合这些企业在其参与战略联盟的信息披露中所体现的战略联盟动机发现，借助与信息技术企业的战略联盟合作实现技术获取和技术创新是这些企业频繁参与战略联盟的主要原因，在一定程度上印证了企业间战略联盟合作关系对不同产业、技术领域技术融合的促进作用。

表 8 - 1 　　　　　　　　　　　**样本企业名录**

序号	企业代码	序号	企业代码	序号	企业代码	序号	企业代码
1	3COM	19	FORD	37	MENTOR	55	SANYO
2	ADVRISC	20	FRTELEC	38	MICRON-T	56	SAP
3	ALCATEL	21	FUJITSU	39	MICROSFT	57	SHARP
4	AMD	22	GE	40	MITSUBIS	58	SIEMENS
5	APPLE	23	GM	41	MITSUI	59	SILICONG
6	AT&T	24	GOLDSTAR	42	MOTOROLA	60	SONY
7	BOSCH	25	HARRIS	43	NAT-SEMI	61	ST-MICRO
8	BT	26	HITACHI	44	NCR	62	SUMITOMO
9	BULL	27	HONEYWEL	45	NEC	63	SUN-MICR
10	CADENCE	28	H-P	46	NOKIA	64	SYBASE
11	CANON	29	HYUNDAI	47	NOVELL	65	SYNOPSYS
12	CISCO	30	IBM	48	NTT	66	TEKTRONX
13	COMPUASS	31	INTEL	49	OKI	67	THOMSON
14	CRAY	32	INTERGRA	50	ORACLE	68	TI
15	DASS-SYS	33	ITALTEL	51	PERKIN-E	69	TOSHIBA
16	DUPONT	34	KODAK	52	PHILIPS	70	TOYOTA
17	ERICSSON	35	LSILOGIC	53	ROCKWELL	71	UNISYS
18	FANUC	36	MATSUSHT	54	SAMSUNG	72	XEROX

注：MERIT-CATI 数据库对参与战略联盟企业统计时采用 8 位企业代码（8-digit company codes）表示，因而此处同样采用 8 位代码表示，下同。

限于篇幅，此处未将样本企业所属产业、国别、联盟次数等信息列入表 8-1 中。由于本研究重点考察样本企业联盟动机及其变化，需要结合样本企业的联盟数量、联盟企业、联盟形式、联盟目的等信息深入分析，因而通过样本企业名录与 CATI 联盟数据库进行匹配，检索得到样本企业参与的战略联盟等信息。同时，依据 CATI 联盟数据库提供的企业数据库和国别数据库等两个辅助数据库获取样本企业全称、成立时间、所属国家等属性信息。基于此，按联盟时间将 72 家样本企业参与的联盟数目、联盟企业数目和名称、联盟形式及联盟目的等信息加以区分，提炼出样本企业战略联盟信息，为企业联盟动机的量化提供基础。

8.1.3　变量测度与指标量化

依据数据来源确定与样本企业选择，本研究所涉被解释变量、解释变量以及控制变量加以梳理，形成关键变量的测度和指标量化方案。

1. 被解释变量

由于本研究侧重考虑企业在不同的战略联盟动机下所选择的专利策略对其创新绩效的影响，因而将企业创新绩效作为被解释变量，而对于专利策略，将侧重在解释变量中加以阐述。

按照企业创新绩效的概念界定，本研究将从创新效率、市值和专利产出等方面确立企业创新绩效指标，进而对其进行量化，量化指标如表 8-2 所示。

表8-2   企业创新绩效的量化指标

创新绩效构成	具体量化指标
创新效率（innovation efficiency）	样本企业在考察期各期的创新效率
市值（market capitalization）	样本企业在考察期各期的市值
专利产出（patent count）	样本企业在考察期各期所获发明专利授权数量

首先是以创新效率表示的创新绩效。虽然一些学者以研发投入（支出）作为企业创新绩效指标，认为研发投入会直接导致创新产出（Duysters and Hagedoorn，2001；Henderson and Cockburn，1994），但任何企业的研发投入（支出）都不是越多越好，而应当将创新效率作为其绩效目标（Cordero，1990），即以单位研发投入所形成的创新产出所衡量的创新效率是企业创新活动所追求的绩效目标，因此本研究将以创新效率作为企业创新绩效指标。通过英国商业创新和技能部发布的《研发记分牌：全球研发支出1000强报告》提取样本企业各年间的研发支出（R&D expense or expenditure）数据表示研发投入；由于该记分牌数据未对所涉企业的产品销售收入进行统计，因而此处选择以销售额（sales）数据近似替代，主要是因为本研究所选的信息技术企业均为创新驱动的高技术企业，其产品大多具有较高的技术含量，即很大程度上是其技术创新所形成的产品，因而此处将以销售额近似作为产品销售收入的替代指标，进而测算样本企业各年的创新效率。

其次是以市值来衡量的创新产出。结合已有研究以及本研究在专利策略组合影响企业创新绩效的机理分析部分所侧重考察的创新产出，这里将以样本企业的市值（market capitalization）作为其创新产出的表征，企业的技术创新不仅会直接促进其以新产品产值等衡量的创新收益的增加，也会促成其商业机会或市场机会的出现，从而实现其市值的提升（Collier，1977；Cordero，1990）。事实上，对于本研究所选取的信息技术产业而言，诸多企业所从事的技术创新活动大多伴随着商业或市场机会，例如，苹果公司于2007年1月9

日首次将融合了诸多专利技术的 iPhone 的智能手机推向市场时，随即为其带来了巨大的市场机会，成为智能手机市场份额大幅提升的关键，而每当苹果公司发布新的 iPhone 应用或新款手机时，其市值都会显著提升，因而本研究将利用市值表征企业的创新产出（Collier，1977；Cordero，1990）。对于本研究所涉样本企业市值的数据，经由英国商业创新和技能部发布的《研发记分牌：全球研发支出 1000 强报告》提取 market capitalization 数据得到。

最后是以专利数量表示的专利产出。虽然企业从事技术创新活动的目的不单纯表现为专利数量的增加或者专利质量的提升，但专利本身作为一种技术产出，是多数企业从事的技术创新或技术研发活动最直接的产出形式（Mansfield，1986；Arundel and Kabla，1998），这也是为什么管理层和学术界大多采用多种产出指标作为企业创新绩效指标的原因。鉴于此，本研究将以专利产出作为创新产出的一个衡量指标，由 USPTO 检索样本企业在考察期内所获发明专利授权数，利用 SAS 数据处理系统提取得到样本企业各年所获发明专利授权数量表征其专利产出，考虑到本研究将借助专利数据区分、识别联盟企业的专利策略，出于数据独立性的考虑，在实证检验联盟动机、专利策略对以专利产出表征的创新产出的影响时，将专利产出做滞后处理。

2. 解释变量

本研究在考察企业的联盟动机、意图对其专利策略选择影响以及联盟动机下专利策略组合对企业创新绩效的作用机理时，均以联盟动机作为解释变量；对于专利策略，在分析战略联盟企业的专利策略选择时，其是作为被解释变量出现，但在分析其对企业创新绩效的影响时，其又作为解释变量，因此将其置于解释变量部分加以测度和量化。

依据 CATI 联盟数据库对企业的联盟意图信息的收集和处理，即 AIM（short description of alliance purpose）的考察，本研究将其作为企业参与或构建战略联盟动机的表述，因此利用样本企业所涉联盟信息中的"AIM"来识别其联盟动机或意图。

由于相关企业对联盟动机的披露过程中以文字表述为主，本研究引入文本挖掘思想和文本挖掘技术对样本企业的联盟动机进行识别与量化。依据本研究对技术动机、市场动机和主要表现形式以及对企业战略联盟动机的区分（Hagedoorn，1993；Mowery，Oxley and Silverman，1998），提炼出技术获取、技术许可、市场进入、市场拓展等四种动机的主要关键词及其组合（见表8-3），以此来识别不同企业参与战略联盟的动机或意愿。具体地，首先，利用SAS的数据分析与处理功能将本研究所选72家样本企业参与的战略联盟划分到考察期的各期，利用SAS的计数功能对样本企业各期所涉联盟关系进行计数；其次，运用SAS的数据分析与处理功能，结合表8-3中所列关键词对"AIM"数据进行提取分析，提取原则是"AIM"中出现相应动机的关键词则视为其因该联盟动机建立或参与战略联盟，由此将各样本企业在各期中因不同动机所参与的战略联盟加以区分；最后，对样本企业各年中所涉不同动机进行计数，测算得到各样本企业在考察期各期中动机类型及比重，以该比重作为样本企业联盟动机的表征。

表8-3 联盟动机识别的关键词词库

联盟动机		关键词
技术动机	技术获取	access to innovative resources；access to technology or knowledge；reduction，sharing or minimizing of uncertainty or costs in R&D；technology integration；technology synergy；capturing technology；等等
	技术许可	technology license；technology cross-license；technology transfer；technology standard；等等
市场动机	市场进入	access to new market；access to foreign market；entry to new or foreign market；market introduction；internationalization or globalization，new product or market；等等
	市场拓展	expansion of market；expansion of product range；monitoring market opportunities or environmental changes；market control or manipulation；market exclusivity；reinforcing market position；等等

联盟动机		关键词
技术 + 市场 动机	技术获取 + 市场进入	技术获取与市场进入所涉关键词的组合
	技术获取 + 市场拓展	技术获取与市场拓展所涉关键词的组合
	技术许可 + 市场进入	技术许可与市场进入所涉关键词的组合
	技术许可 + 市场拓展	技术许可与市场拓展所涉关键词的组合

依据对企业专利策略的界定与量化方案设计，结合相关学者对企业专利策略的分析，本研究对专利策略的量化以专利技术领域集中度、专利技术领域数量、核心技术领域专利数量的变化、是否存在专利许可以及是否存在技术标准确立等为基础，其中专利技术领域数据由样本企业所获授权专利主分类号与技术领域的匹配得到，专利许可以及专利标准确立以 CATI 联盟数据库中所涉企业间联盟类型确定。

鉴于本研究对企业专利策略的考察主要通过企业专利技术领域集中度及其变化识别，更侧重对专利信息中主分类号的考察，利用 IPC 与产业技术领域的匹配实现技术领域的划归，考察企业在考察期各期所获授权专利在各产业技术领域的分布情况及其变化，为企业专利技术领域集中度指数测算、专利技术领域变化、核心技术领域确定以及核心技术领域专利数量变化提供分析基础。

专利技术领域集中度依据专利技术领域的赫芬达尔·赫希曼指数测算得到（Herfindahl-Hirschman Index of patents，HHI）。赫芬达尔·赫希曼指数（HHI）最初被用于分析产业集中度，HHI 接近于 1 表明市场集中度较高，该产业接近于完全垄断；当 HHI 接近 0 时，市场趋于分散，即产业的竞争程度较高。通过引入专利分析，利用专利 HHI 指数衡量专利技术领域集中度

（Hall，2002）。当企业的所有专利均集中于某一技术领域时，其专利 HHI 指数等于 1；相反，当企业专利分散于多个技术领域时，其专利 HHI 指数接近于 0，即企业专利技术较为分散。一般认为企业技术的集中与分散是其发展战略的结果，技术集中度（专业化）较高时，企业可充分利用自身的技术优势强化其技术控制和垄断地位；技术分散程度（多样化）较高时，企业将技术等创新资源分配于不同研发和创新活动中，在一定程度上降低了创新风险，也可有效捕捉技术机会，利用外部创新资源实现优势互补，实现范围经济等。

借鉴产业 HHI 测算方案，此处按专利技术领域划分，利用公式（8.1）测算样本企业专利集中度指标：

$$HHI_g = \sum_{i=1}^{25} \left(\frac{N_i}{N_{all}} \right)^2 (i = 1, 2, 3, \cdots, 25) \tag{8.1}$$

其中，N_i 为企业 g 在技术领域 i 的专利数目，N_{all} 为企业 g 的专利总数。由此，对任一企业而言，其专利集中度介于 0 ~ 1，即企业专利越趋于集中，即 HHI 值越接近 1，极端情况下，当企业专利均集中在单一技术领域时，其专利技术领域集中度为 1。

在专利策略量化方案和指标的基础上，形成具体的专利策略量化标准，企业专利策略的量化指标如表 8 - 4 所示。

表 8 - 4　　　　　　　　　　企业专利策略的量化指标

专利策略	量化方案
专利专有策略	HHI 指数上升，专利技术领域减少且核心领域专利数量增加→$S_1 = 1$
专利防御策略	专利许可（或交叉许可）行为→$S_2 = 1$
	HHI 指数下降是由核心技术领域专利数量增加引致→$S_2 = 1$
专利杠杆策略	专利技术标准确立→$S_3 = 1$
	HHI 指数下降由专利技术领域增多引起→$S_3 = 1$
	HHI 指数下降由非核心技术领域专利数量增加引起→$S_3 = 1$

专利专有策略（S_1）：专利专有策略的实施更多是为了维持、强化企业优势领域的垄断地位，由此本研究通过考察样本企业在考察期前后两期技术领域集中度的变化，并结合企业核心技术领域专利数量的变化以及总体专利数量的变化来判断其采取的专利策略。当企业专利技术集中度 HHI 值上升且专利技术领域趋于减少，同时其核心技术领域专利数量增加时，企业采取了专利专有策略，即 $S_1 = 1$，否则 $S_1 = 0$。

专利防御策略（S_2）：对专利防御策略，一些学者侧重考察企业是否存在专利许可或交叉许可行为，若存在专利许可或交叉许可行为，则 $S_2 = 1$；专利组合的扩张是企业运用的专利防御策略的外在表现，也有学者强调企业围绕自身核心技术领域专利申请和数量增加是为牵制其他企业，而此时其技术领域集中度趋于下降，因而当样本企业的技术领域集中度指数 HHI 值趋于下降是由其核心技术领域的专利数量增加所引致时，则认为其采取了专利防御策略，即 $S_2 = 1$，而其技术领域集中度指数 HHI 值的下降并未伴随核心技术领域专利数量增加时，则未采取专利防御策略，即 $S_2 = 0$。

专利杠杆策略（S_3）：专利技术标准的确定是专利杠杆策略实施的一种主要表现，诸多企业会趋于借助技术标准获取议价能力，因而当企业参与技术标准确立时，认为其采取了专利杠杆策略，即 $S_3 = 1$；企业实施专利杠杆策略的另一种突出表现是非核心技术领域专利申请促进企业专利技术领域的拓展，表现为技术领域集中度的下降，同时其技术领域数量趋于增加，因此当企业的专利技术领域集中度指数 HHI 值下降是由其专利技术领域数量增加所引起时，其采取专利杠杆策略，即 $S_3 = 1$；当企业专利技术领域集中度指数 HHI 值下降是由非核心技术领域专利数量增加所引起时，其采取了专利杠杆策略，即 $S_3 = 1$。

3. 控制变量

考虑到本研究以信息技术产业战略联盟为研究对象，参与战略联盟的企业分属于不同国家，而不同国家对相关产业的重视程度以及政策扶持等均会对企业联盟意愿、策略选择等产生影响，为有效规避这一因素的作用，首先将样本企业的国别属性作为控制变量引入，以降低国家差异所造成的影响。具体地，由于本研究所涉样本企业大多来自美国，且本研究所采用的发明专利授权数据来源于 USPTO，因而将国别属性以虚拟变量的形式引入，即

$$Nation_k = \begin{cases} 1, & \text{美国企业} \\ 0, & \text{非美国企业} \end{cases}$$

其中，$k = 1, 2, \cdots, n$。

由于企业成立时间的不同，导致其进入相关产业或建立战略联盟的时间也会存在显著差异。通常地，成立时间较早的企业会经历较长的发展阶段，其技术水平和市场份额等较成立时间短的企业均有所不同，因此为避免由于企业年龄不同对实证结果的影响，将样本企业年龄作为控制变量引入，利用考察期各年减去样本企业成立年份得到企业年龄数据，对于晚于考察期首期成立的企业，在其正式成立前，其年龄均为 0。

由于本研究将研究边界设定为全球信息技术产业战略联盟，而信息技术产业包含了软件、硬件、电信、微电子等子产业，同时也有一些非信息技术产业的企业为获取相关技术进入信息技术产业战略联盟中，这就使这些分属不同子产业的企业间联盟动机以及专利策略选择等可能存在差异，因而本研究将样本企业所属子产业作为一类控制变量，以虚拟变量的形式引入。统计发现，除了一些非信息技术企业（如 TOYOTA、FORD、DUPONT 等）外，软件（software）和电信（telecom）产业的企业数目较多，因而此处借助 3 组虚拟变量对样本企业的所属产业加以区分，即

$$Ind_{1k} = \begin{cases} 1, & \text{软件产业} \\ 0, & \text{非软件产业} \end{cases}$$

$$Ind_{2k} = \begin{cases} 1, & \text{电信产业} \\ 0, & \text{非电信产业} \end{cases}$$

$$Ind_{3k} = \begin{cases} 1, & \text{非信息技术产业} \\ 0, & \text{信息技术产业} \end{cases}$$

其中，$k = 1$，2，$\cdots$，n。

最后，将样本企业在考察期各期所涉战略联盟伙伴数加以控制。事实上，对不同企业而言，其联盟参与度、合作程度以及合作伙伴等均会影响其联盟意愿、策略选择，进而对其创新绩效产生影响，因此，此处考虑将联盟伙伴数目作为控制变量引入模型以控制、规避其影响。

4. 关键变量的描述性统计及相关性分析

依据本研究对被解释变量企业创新绩效的测度和量化方案设计，此处将从创新效率、市值和专利产出等方面对样本企业创新绩效指标进行描述性统计。样本企业以创新效率和市值衡量的创新绩效指标的描述性统计如表8-5所示。

表8-5　　以创新效率和市值表征的企业创新绩效指标的描述性统计

考察年份	创新效率		市值	
	均值	标准差	均值	标准差
1996	16.48	9.83	—	—
1997	17.23	13.80	—	—
1998	16.95	12.34	—	—
1999	16.85	13.71	—	—
2000	17.59	17.72	—	—
2001	19.36	30.93	27449.08	42123.07
2002	20.25	28.43	21674.27	35157.55
2003	18.95	20.24	18625.97	30111.82
2004	26.33	61.86	20812.04	33196.75
2005	24.97	74.63	22890.15	34581.78
2006	31.89	100.30	27030.82	38727.94

首先对创新效率进行描述性统计分析。由表8-5可以看出，样本企业的创新效率呈现出稳步上升的变化，表明考察期内样本企业的创新效率在保持平稳的同时，也趋于小幅增加；与其均值的平稳的变化不同，创新效率的标准差在考察期末期经历了较为显著的变化，特别是自2004年开始，样本企业创新效率的标准差显著增加，表明此时样本企业间的创新效率的差距趋于增大；对于样本企业的市值，由于英国商业创新和技能部对该指标统计时间较晚，这里仅对2001~2006年样本企业的市值进行分析。由表8-5可以看出，本研究所选取的样本企业在该段时间内市值的均值呈"U"形变化，即经历了先下降后上升的变化，其均值在2003年达到最低点，但考察期首年和末年样本企业均值几乎一样，与其均值的变化类似，样本企业市值的标准差也呈"U"形变化。

在分别考察了样本企业的创新效率和市值等绩效指标之后，此处将对联盟企业的专利产出表示的创新绩效指标进行描述性统计，结果如表8-6所示。由表8-6可以得到，联盟企业以专利数量表征的专利产出在考察期内呈稳定上升的变化趋势，除了少数年份中样本企业专利数量的均值小幅下降外，总体上考察期内样本企业专利数量的变化不很显著；相比于其均值的变化，专利数量的标准差在考察期内的增势较为明显，尤其是1998年以后专利数量的标准差的变化幅度显著强于专利数量均值的变化，表明样本企业间专利产出的差异相对明显。

表8-6 **战略联盟企业专利产出指标的描述性统计**

考察年份	专利产出	
	均值	标准差
1981	131.90	142.76
1982	124.98	139.61
1983	128.07	136.32
1984	136.18	171.72

考察年份	专利产出	
	均值	标准差
1985	159.87	184.72
1986	156.72	189.35
1987	216.24	255.53
1988	193.85	244.41
1989	240.38	304.16
1990	211.52	291.55
1991	241.14	318.85
1992	240.92	329.43
1993	263.69	347.13
1994	288.67	370.92
1995	292.02	377.83
1996	312.73	422.21
1997	305.93	401.13
1998	423.94	569.96
1999	450.96	588.58
2000	475.02	610.88
2001	468.26	640.71
2002	517.50	663.92
2003	536.68	693.40
2004	540.86	669.69
2005	489.29	615.88
2006	615.92	791.18

5. 解释变量的描述性统计分析

按照技术、市场等动机区分，得到各样本企业考察期各期中因不同动机参与的战略联盟次数，考虑到不同企业所建立或参与的战略联盟数目的显著差异，这里以各种动机所占比重表征联盟动机以减小数据量级差异，得到 72 家样本企业联盟动机均值和标准差等关键指标的描述性统计。

总体上，因技术动机而参与的战略联盟呈上升的变化趋势，以技术获取更为显著。除了 1989 年技术获取动机所占比重为 40% 外，整个 20 世纪 80 年代样本企业因技术获取动机进行的战略联盟所占比重均维持在 50% ~ 60%，进入 20 世纪 90 年代以后这一比重显著上升，其中 1990 年达到了 91%，随后各年也稳定在 80% 左右，特别地，在 2006 年，技术获取动机所占比重甚至达到了 94%，证明了技术获取的联盟意愿在众多企业选择建立或参与战略联盟中的重要地位；与技术获取动机比重上升的变化不同，技术许可动机所占比重呈先震荡上升后逐渐趋稳的变化，观察发现 1990 年前，信息技术产业的战略联盟中有 20% 左右的企业是因技术许可的联盟意愿而选择建立或参与战略联盟，而这一数字自 1990 年起开始急剧下降，随后各年间保持在 10% 左右变化，与其均值的显著变化相比，企业参与战略联盟所涉技术动机的标准差变化不甚显著，长期处于相对稳定的态势。总体上，考察期各期中技术动机占据了总体联盟数目的 80% 以上，表明样本企业所涉技术动机占据绝对主导。

相比于技术动机，企业因市场动机而进行的战略联盟行为所占比重呈下降的变化，纵观整个考察期，市场动机所占比重由早期的 15% 左右下降至 5% 左右，而后趋稳。具体地，市场进入的联盟动机早期维持在 10% 左右，自 1987 年以后这个比重趋于下降，随后各年间在 5% 左右波动；相比于市场进入动机的变化，企业因市场拓展的联盟意愿所建立或参与的战略联盟所占比重各年间变化不大，均保持在 5% 左右。与技术动机下样本企业联盟动机标准差的变化类似，样本企业所涉市场动机占比的标准差也相对稳定且变化较小，表明企业间差异程度较低。

与技术动机、市场动机在考察期内的变化不同，样本企业所涉"技术 + 市场"的战略联盟动机所占比重较低且变化较小。具体地，样本企业的技术

和市场动机的组合中以"技术获取+市场进入"为主导，考察期各期的均值
除了1999年和2002年等两期出现的极端情形外，其余各期该动机比重均为
3%左右，其他三种混合型联盟动机占比多维持在1%左右，同时也有多期中
不存在混合型联盟动机。由此得到，虽然存在一定数量或比重的企业同时出
于技术和市场的目的建立或参与战略联盟，但这种"技术+市场"的联盟动
机仍不是主要的联盟动机，更多的企业还是单纯地出于技术或市场的考虑建
立或嵌入到战略联盟。

依据企业专利策略量化方案得到样本企业采取的专利策略，考察期内样
本企业专利策略指标的描述性统计结果如表8-7所示。

表8-7   样本企业专利策略指标的描述性统计

年份	专有策略		防御策略		杠杆策略	
	均值	标准差	均值	标准差	均值	标准差
1981	0.58	0.50	0.60	0.49	0.60	0.49
1982	0.35	0.48	0.63	0.49	0.63	0.49
1983	0.35	0.48	0.63	0.49	0.49	0.50
1984	0.47	0.50	0.68	0.47	0.68	0.47
1985	0.54	0.50	0.60	0.49	0.61	0.49
1986	0.38	0.49	0.67	0.47	0.69	0.46
1987	0.44	0.50	0.65	0.48	0.56	0.50
1988	0.54	0.50	0.74	0.44	0.78	0.42
1989	0.53	0.50	0.58	0.50	0.56	0.50
1990	0.60	0.49	0.76	0.43	0.83	0.38
1991	0.56	0.50	0.57	0.50	0.54	0.50
1992	0.50	0.50	0.53	0.50	0.44	0.50
1993	0.53	0.50	0.68	0.47	0.57	0.50
1994	0.61	0.50	0.54	0.50	0.49	0.50
1995	0.57	0.50	0.60	0.49	0.60	0.49

年份	专有策略		防御策略		杠杆策略	
	均值	标准差	均值	标准差	均值	标准差
1996	0.69	0.46	0.50	0.50	0.47	0.50
1997	0.49	0.50	0.64	0.48	0.50	0.50
1998	0.72	0.45	0.43	0.50	0.40	0.49
1999	0.44	0.50	0.67	0.47	0.54	0.50
2000	0.57	0.50	0.51	0.50	0.25	0.44
2001	0.43	0.50	0.72	0.45	0.56	0.50
2002	0.46	0.50	0.58	0.50	0.35	0.48
2003	0.50	0.50	0.67	0.47	0.49	0.50
2004	0.51	0.50	0.47	0.50	0.15	0.36
2005	0.43	0.50	0.61	0.49	0.47	0.50
2006	0.65	0.48	0.35	0.48	0.17	0.38

由于本研究对企业专利策略的考察和量化采取 0 - 1 变量，即某样本企业在某期中采取某种专利策略，则为 1，否则为 0。具体地，由表 8 - 7 可见，样本企业采取的专利专有策略的均值呈波动的变化趋势，均值的变化区间介于 0.35 ~ 0.72 之间，与其均值的波动不同，样本企业所运用的专利专有策略的标准差变化较小，整个考察期内均稳定在 0.50 左右；与专利专有策略的变化不同，样本企业采取的专利防御策略在考察期内呈先少许增加后振动下降的变化，均值变化区间介于 0.35 ~ 0.74 之间，标准差同样稳定在 0.50 左右。专利杠杆策略的均值在考察期的变化较专有策略和防御策略更为显著，经历了前期的增长后，考察期后期明显下降，与专利专有策略和专利防御策略的标准差在考察期内的变化类似，专利杠杆策略的标准差变化也较小，居于 0.35 ~ 0.5 之间。

在样本企业专利策略描述性统计的基础上，这里对整个考察期内样本企业所采取的各类专利策略数目的变化趋势展开分析。由表 8 - 8 可见，考察期初期，样本企业的专利策略以专利防御策略和专利杠杆策略为主，二者均呈现出上升的变化，而运用专利专有策略的企业数目呈先下降后波动上升的变化。随后，自1992年开始实施专利专有策略的企业数目开始超过采取专利防御策略和专利杠杆策略的企业数，各年间样本企业所采取的各类专利策略的数量呈间隔上升的变化趋势，这可归结为随着众多的后发企业技术水平上升，越来越多的企业实现了技术学习、技术追赶的目标，也倾向于强化的技术优势，特别是核心技术领域的控制能力，此时其会实时地依据自身技术水平、相对技术地位的变化等对其所采取的行动方案进行调整、修正，使其专利策略也呈现出相对剧烈的变化。随后，在考察期的末期，运用专利专有策略的企业数目要略高于采用其余两种策略的企业数目，这主要是与企业的发展战略有关，随着其技术水平和技术实力的不断提升，采取专利专有策略带来收益要优于其他两种策略，同时企业的专利技术存量在一定程度上可以保证其在竞争中的地位，规避了潜在风险，使采取防御策略和杠杆策略的企业数目趋于减少。

表8-8　　　　　　　　　考察期内样本企业不同专利策略的数目

年份	专有策略	防御策略	杠杆策略
1981	42	43	43
1982	25	45	45
1983	25	45	35
1984	34	49	49
1985	39	43	44
1986	27	48	50
1987	32	47	40
1988	39	53	56
1989	38	42	40
1990	43	55	60

续表

年份	专有策略	防御策略	杠杆策略
1991	40	41	39
1992	36	38	32
1993	38	49	41
1994	44	39	35
1995	41	43	43
1996	50	36	34
1997	35	46	36
1998	52	31	29
1999	32	48	39
2000	41	37	18
2001	31	52	40
2002	33	42	25
2003	36	48	35
2004	37	34	11
2005	31	44	34
2006	47	25	12

6. 变量间相关性分析

鉴于本研究的变量间存在一定程度的相关关系是回归分析的前提和基础，因此这里将在被解释变量、解释变量等描述性统计分析的基础上，测算被解释变量、解释变量和控制变量两两之间的相关系数，限于篇幅未将控制变量的相关系数放入表中。

通过关键变量间相关系数得到，被解释变量与解释变量以及控制变量间存在着较为显著的相关关系，这为后续的回归分析提供了基础，随后将分别将专利策略作为被解释变量，联盟动机作为解释变量进行回归分析，检验联盟动机对企业专利策略选择的影响，将企业创新绩效作为被解释变量，联盟动机和专利策略组合作为解释变量，验证二者对企业创新绩效的作用效果。

8.2 技术导向驱动的后发企业技术追赶的实证检验

依据本研究所建立的分析框架中对战略联盟动机影响专利策略选择机理的分析，结合专利策略的概念界定、量化方案设计，此处依据技术导向下不同动机的区分，验证其各自对企业专利策略选择的影响。

对于任意一种具体的专利策略，由于联盟企业仅存在两种选择，即选择或不选择，此时作为被解释变量的专利策略只取两个值，即为 0 和 1，其中选择这一策略时记为 1，不选择时记为 0，这种选择的结果作为被解释变量时建立的计量经济学模型为离散选择模型的二元选择模型，二元选择模型是研究具有给定特征的个体作出某种选择，而不作另一种选择的概率。

被解释变量：由于此处考察样本企业在不同的战略联盟动机下所选择的专利策略，因而分别将三种专利策略作为被解释变量引入回归模型。对于专利策略

$$S_i = \begin{cases} 1, & \text{当企业选择策略 } i \\ 0, & \text{当企业未选择策略 } i \end{cases}$$

其中，$i = 1$，2，3，S_1 表示专利专有策略，S_2 表示专利防御策略，S_3 表示专利杠杆策略。以专有策略 S_1 为例，如某企业在技术导向的联盟动机下选择该策略，则 $S_1 = 1$，若未选择该策略，则 $S_1 = 0$。具体指标依据前文的专利策略量化方案测算得到。

解释变量：这里侧重分析战略联盟企业不同动机的作用，因而将各种联盟动机分别作为解释变量，即 M_1 表示技术获取动机，M_2 表示技术许可动机，M_3 表示技术获取 + 市场进入动机，M_4 表示技术许可 + 市场拓展动机。联盟动机指标的测度和量化方案如前文解释变量部分所述。

控制变量：考虑到企业的国别（$Nation$）、年龄（Age）、所属产业（Ind）及其参与的技术联盟所涉伙伴数（N_p）等差异对联盟动机与企业专利策略选择间作用效果的影响，这里将样本企业的国别、年龄、所属产业以及联盟伙伴数作为控制变量引入模型。其中，国别属性以虚拟变量引入

$$Nation_k = \begin{cases} 1, & 美国企业 \\ 0, & 非美国企业 \end{cases}$$

其中，$k = 1, 2, \cdots, n$，即若样本企业是美国企业，则为 1，否则为 0；企业年龄（Age）由考察期减去样本企业成立年份得到；对企业所属产业（Ind），借助 3 组虚拟变量加以区分，即

$$Ind_{1k} = \begin{cases} 1, & 软件产业 \\ 0, & 非软件产业 \end{cases}$$

$$Ind_{2k} = \begin{cases} 1, & 电信产业 \\ 0, & 非电信产业 \end{cases}$$

$$Ind_{3k} = \begin{cases} 1, & 非信息技术产业 \\ 0, & 信息技术产业 \end{cases}$$

其中，$k = 1, 2, \cdots, n$。最后，将样本企业在考察期各期内所涉联盟伙伴数 N_p 作为控制变量引入模型以控制、规避其影响。

基于上述回归模型的选择与被解释变量、解释变量以及控制变量的选取，此处构建样本企业在不同联盟动机下所选择的专利策略的二元选择的回归模型，进而检验联盟动机影响联盟企业专利策略选择的作用机理，得到主要模型可描述为

$$S_{it} = \alpha + \beta_1 M_{it} + \beta_2 Nation + \beta_3 Age_{it} + \beta_4 Ind1 + \beta_5 Ind2 + \beta_6 Ind3 + \beta_7 N_{p_{it}} + \mu_{it}$$

$$(8.2)$$

其中，S_{it} 表示样本企业 i 在第 t 期采用的专利策略，M_{it} 表示样本企业 i 在第 t 期的联盟动机，$Nation$ 表示样本企业的国别属性，Age_{it} 表示样本企业的年龄，$Ind1$、$Ind2$ 和 $Ind3$ 分别表示样本企业所属产业，$N_{p_{it}}$ 表示样本企业的联盟伙

伴数，α 表示常数项，μ_{it} 表示相互独立且均值为 0 的随机扰动项。由此，结合回归模型中各变量的衡量指标，依据联盟动机的区分，利用 EViews 6.0 对不同企业的联盟动机对其专利策略选择的影响进行回归分析。

8.2.1 技术动机对企业专利策略选择的影响

依据技术动机的区分，分别考察技术获取和技术许可两种技术动机下样本企业专利策略的选择，利用二元选择模型测算得到的回归结果如表 8 - 9 和表 8 - 10 所示。

表 8 - 9　　　　　　　　技术获取动机下企业专利策略选择的回归结果

项目	S_1		S_2		S_3	
	1	2	1	2	1	2
C	0.13	0.05	0.27	0.70	0.24	0.87
M_1		0.13 (0.98)		0.65*** (4.65)		0.93*** (6.77)
Nation	-0.07 (-0.88)	-0.07 (-0.91)	0.14* (1.65)	0.15* (1.73)	-0.18** (-2.15)	-0.17** (-1.98)
Age	0.01 (0.59)	0.01 (0.47)	0.01 (0.28)	0.02 (0.85)	-0.01 (-0.16)	0.01 (0.65)
Ind1	-0.06 (-0.61)	-0.07 (-0.68)	-0.26** (-2.52)	-0.23** (-2.19)	-0.11 (-1.05)	-0.06 (-0.60)
Ind2	0.09 (0.75)	0.10 (0.80)	-0.19 (-1.48)	-0.22* (-1.74)	-0.12 (-0.95)	-0.17 (-1.31)
Ind3	-0.20** (-2.47)	-0.20 (-1.48)	0.08 (0.06)	0.01 (0.08)	-0.20 (-1.43)	-0.20 (-1.40)
N_P	0.01* (1.86)	0.01 (1.11)	0.02*** (3.17)	0.02*** (3.51)	0.03*** (4.30)	0.04*** (4.75)

续表

项目	S_1		S_2		S_3	
	1	2	1	2	1	2
McFadden R^2	0.05	0.06	0.14	0.19	0.18	0.35
LR	7.38*	8.35	18.71***	40.85***	27.11***	74.45***

注：M_1 表示技术获取动机；S_1 表示专有策略，S_2 表示防御策略，S_3 表示杠杆策略；$Nation$ 代表国别属性，Age 表示企业年龄，$Ind1$ 表示软件产业，$Ind2$ 表示电信产业，$Ind3$ 表示非信息技术产业，N_p 表示联盟伙伴数目；***、**、* 分别表示通过 1%、5%、10% 水平下的显著性检验。

表 8 - 10　　　　技术许可动机下企业专利策略选择的回归结果

项目	S_1		S_2		S_3	
	1	2	1	2	1	2
C	0.13	0.14	0.27	0.09	0.24	0.04
M_2		0.07* (1.93)		1.16*** (5.52)		1.22*** (6.04)
$Nation$	−0.07 (−0.88)	−0.07 (−0.88)	0.14* (1.65)	0.13 (1.59)	−0.18** (−2.15)	−0.18** (−2.19)
Age	0.01 (0.59)	0.01 (0.56)	0.01 (0.28)	0.01 (0.72)	−0.01 (−0.16)	0.01 (0.36)
$Ind1$	−0.06 (−0.61)	−0.06 (−0.36)	−0.26** (−2.52)	−0.22** (−2.05)	−0.11 (−1.05)	−0.06 (−0.55)
$Ind2$	0.09 (0.75)	0.09 (0.74)	−0.19 (−1.48)	−0.17 (−1.30)	−0.12 (−0.95)	−0.09 (−0.75)
$Ind3$	−0.20** (−2.47)	−0.20 (−1.48)	0.08 (0.06)	0.02 (−0.17)	−0.20 (−1.43)	−0.18 (−1.33)
N_p	0.01* (1.86)	0.01* (1.78)	0.02*** (3.17)	0.03*** (3.24)	0.03*** (4.30)	0.03*** (4.38)
McFadden R^2	0.05	0.07	0.14	0.23	0.18	0.34
LR	7.38*	10.52*	18.71***	51.64***	27.11***	66.09***

注：M_2 表示技术许可动机；S_1 表示专有策略，S_2 表示防御策略，S_3 表示杠杆策略；$Nation$ 代表国别属性，Age 表示企业年龄，$Ind1$ 表示软件产业，$Ind2$ 表示电信产业，$Ind3$ 表示非信息技术产业，N_p 表示联盟伙伴数目；***、**、* 分别表示通过 1%、5%、10% 水平下的显著性检验。

事实上，企业为实现技术获取、利用而建立或参与的战略联盟可能影响其专利策略选择。具体地，由表8-9的结果可以得到，对专利专有策略，企业旨在借助战略联盟实现技术获取、利用的联盟意愿对其专利专有策略选择的影响无法通过显著性检验，即企业技术获取的联盟动机不会引致其后续通过专利专有策略的实施实现其绩效目标；与专利专有策略不同，考察技术获取动机对专利防御策略和专利杠杆策略选择的影响时发现模型的拟合优度较高且较为显著，同时变量的作用效果通过显著性检验，得到技术获取动机会促进战略联盟企业专利防御策略和专利杠杆策略的运用，由此可得研究假设1得到验证，即技术获取的联盟动机会引致企业专利防御策略和专利杠杆策略的实施。

企业因技术许可而建立或参与的战略联盟对其专利策略选择影响的回归结果如表8-10所示。回归结果显示，与技术获取动机会影响联盟企业专利策略的选择相同，技术许可的联盟动机也显著作用于联盟企业的专利策略选择。具体地，考察专利专有策略时，其模型的拟合优度和显著性检验结果表明企业技术许可的联盟意愿对其专利专有策略的选择有显著影响；对于专利防御策略和专利杠杆策略，基于二元选择回归模型得到的结果同样表明模型拟合优度较高，变量的作用效果可通过显著性检验，表明在技术许可的联盟动机下企业趋于借助专利防御策略和专利杠杆策略来实现其绩效目标，由此研究假设5得到验证，即企业为实现技术许可而参与或建立的战略联盟会引致其专利专有策略和专利杠杆策略的运用。

企业因技术获取和市场进入的联盟意愿建立或参与的战略联盟对其专利策略选择影响的回归结果如表8-11所示。回归结果表明，企业为实现技术获取和进入外部市场而参与的战略联盟显著降低企业运用专利专有策略的可能性，这一现象的出现可能是因为企业借助战略联盟获取的技术具有较高的价值，在一定程度上降低企业从事技术创新的动力；与之不同，企业技术获取和市场进入的联盟动机会引致专利防御策略和专利杠杆策略的运用，回归结果显示上述两个计量模型的拟合优度均较高且通过显著性检验。由此得到，旨在借助战略联盟实现技术获取和市场进入的企业会借助专利防御策略和专利杠杆策略实现其创新绩效目标，研究假设 2 得到证实。

表 8 − 11 "技术获取 + 市场进入"动机下企业专利策略选择的回归结果

项目	S_1		S_2		S_3	
	1	2	1	2	1	2
C	0.13	0.15	0.27	0.27	0.24	0.22
M_3		0.26 (0.93)		0.44 *** (3.88)		0.27 ** (2.39)
Nation	− 0.07 (− 0.88)	− 0.07 (− 0.85)	0.14 * (1.65)	0.14 * (1.77)	− 0.18 ** (− 2.15)	− 0.18 ** (− 2.19)
Age	0.01 (0.59)	0.01 (0.55)	0.01 (0.28)	0.01 (0.26)	− 0.01 (− 0.16)	− 0.01 (− 0.11)
*Ind*1	− 0.06 (− 0.61)	− 0.07 (− 0.65)	− 0.26 ** (− 2.52)	− 0.26 ** (− 2.53)	− 0.11 (− 1.05)	− 0.10 (− 1.01)
*Ind*2	0.09 (0.75)	0.09 (0.76)	− 0.19 (− 1.48)	− 0.19 (− 1.47)	− 0.12 (− 0.95)	− 0.12 (− 0.96)
*Ind*3	− 0.20 ** (− 2.47)	− 0.20 (− 1.48)	0.08 (0.06)	0.08 (0.06)	− 0.20 (− 1.43)	− 0.19 (− 1.53)
N_p	0.01 * (1.86)	0.01 (1.13)	0.02 *** (3.17)	0.03 *** (3.15)	0.03 *** (4.30)	0.03 *** (4.35)
McFadden R^2	0.05	0.06	0.14	0.13	0.18	0.19
LR	7.38 *	8.25	18.71 ***	18.82 ***	27.11 ***	28.00 **

注：M_3 表示"技术获取 + 市场进入"动机；S_1 表示专有策略，S_2 表示防御策略，S_3 表示杠杆策略；*Nation* 代表国别属性，*Age* 表示企业年龄，*Ind*1 表示软件产业，*Ind*2 表示电信产业，*Ind*3 表示非信息技术产业，N_p 表示联盟伙伴数目；*** 、** 、* 分别表示通过 1% 、5% 、10% 水平下的显著性检验。

事实上，企业的技术许可行为也往往会伴随着市场份额扩张以及控制能力提升，"技术许可 + 市场拓展"动机下企业专利策略选择的回归结果如

表 8 – 12 所示。由表 8 – 12 可知,企业借助技术许可实现市场拓展的联盟行为不会促进其采取专利防御策略,这是因为旨在借助专利外向许可实现市场拓展的企业往往具有较强的技术实力,其所制定的发展战略可能更注重于研发能力的成长,而不是对专利技术的保护,因而其往往不采取专利防御策略。与之不同,回归结果显示企业采取专利专有策略和专利杠杆策略的可能性较高,这一现象的出现一方面与企业的技术实力有关,旨在借助技术许可扩大市场份额的企业往往掌握优势技术,因而其倾向于将注意力集中于优势技术的利用以及垄断地位形成与提升等,这些企业有更大的激励研究市场需求,以实现研发能力的提升、技术优势强化,这也成为其采取专利专有策略的原因;另一方面,企业通过战略联盟实现其市场份额扩张,反过来又会促进其技术实力提升,因而这些企业也会倾向于采取专利杠杆策略。基于上述分析得到,企业因"技术许可 + 市场拓展"的动机进行的联盟行为会引致专利专有策略和专利杠杆策略的实施,研究假设 6 得到证实。

表 8 – 12　"技术许可 + 市场拓展"动机下企业专利策略选择的回归结果

项目	S_1		S_2		S_3	
	1	2	1	2	1	2
C	0.13	0.12	0.27	– 0.27	0.24	0.49
M_4		0.08 ** (2.23)		1.59 (1.60)		0.25 * (1.86)
Nation	– 0.07 (– 0.88)	– 0.17 * (– 1.88)	0.14 * (1.65)	0.10 (0.74)	– 0.18 ** (– 2.15)	– 0.11 (– 0.82)
Age	0.01 (0.59)	– 0.01 (– 0.59)	0.01 (0.28)	0.01 (0.30)	– 0.01 (– 0.16)	0.01 (0.80)
*Ind*1	– 0.06 (– 0.61)	– 0.14 (– 0.91)	– 0.26 ** (– 2.52)	– 0.07 (0.45)	– 0.11 (– 1.05)	0.18 (1.13)
*Ind*2	0.09 (0.75)	– 0.41 ** (– 1.97)	– 0.19 (– 1.48)	– 0.34 * (1.65)	– 0.12 (– 0.95)	– 0.30 (– 1.37)

续表

项目	S_1		S_2		S_3	
	1	2	1	2	1	2
$Ind3$	-0.20** (-2.47)	-0.31 (-1.15)	0.08 (0.06)	-0.22 (-0.81)	-0.20 (-1.43)	-0.15 (-0.53)
N_p	0.01* (1.86)	0.01 (0.35)	0.02*** (3.17)	0.02* (1.65)	0.03*** (4.30)	0.02** (2.06)
McFadden R^2	0.05	0.13	0.14	0.16	0.18	0.10
LR	7.38*	17.73***	18.71***	28.14***	27.11***	10.10*

注：M_4 表示"技术许可 + 市场拓展"动机；S_1 表示专有策略，S_2 表示防御策略，S_3 表示杠杆策略；$Nation$ 代表国别属性，Age 表示企业年龄，$Ind1$ 表示软件产业，$Ind2$ 表示电信产业，$Ind3$ 表示非信息技术产业，N_p 表示联盟伙伴数目；***、**、* 分别表示通过 1%、5%、10% 水平下的显著性检验。

结合联盟动机影响企业专利策略选择的理论分析，依据前文联盟动机、专利策略的量化方案设计，此处利用二元选择模型对联盟企业因不同动机建立或参与的战略联盟对其专利策略选择、运用的影响进行了实证检验，汇总得到各种动机下联盟企业选择的专利策略如表 8-13 所示。通过表 8-13 的整理发现，本研究假设不同企业参与技术联盟的动机或意愿对其专利策略选择的影响均得到证实，因而在随后联盟企业不同动机下其专利策略对创新绩效作用效果的实证检验过程中，考虑将各种联盟动机下的专利策略组合一并纳入回归模型进行实证分析。

表 8-13   **不同联盟动机下企业专利策略选择汇总**

项目	联盟动机	专利策略	假设是否成立
技术动机	技术获取	专利防御策略、专利杠杆策略	假设 1 成立
	技术获取 + 市场进入	专利防御策略、专利杠杆策略	假设 2 成立
	技术许可	专利专有策略、专利杠杆策略	假设 5 成立
	技术许可 + 市场拓展	专利专有策略、专利杠杆策略	假设 6 成立

8.2.2 技术动机下专利策略组合影响创新绩效的实证检验

本研究构建的理论框架将联盟动机、专利策略与企业创新绩效之间的作用关系分解，考察了联盟动机对企业专利策略选择的影响后，这里将进一步检验企业因不同的联盟动机所确立的专利策略组合如何作用于其绩效目标。考虑到联盟企业选择、运用的专利策略组合由战略联盟动机引致，这里将结合分类回归的思想，将以相同动机建立或参与战略联盟的企业作为一类企业，进而考察各种不同的联盟动机下，企业所采取的专利专有策略与专利防御策略的组合、专利专有策略与专利杠杆策略组合以及专利防御策略与专利杠杆策略组合对其创新绩效的影响。

被解释变量：依据企业因不同联盟动机、意愿和努力方向确立的专利策略组合对其创新绩效的作用机理分析及研究假设，这里将以企业创新绩效为被解释变量，结合前文对企业创新绩效的概念界定和量化方案设计，分别以创新效率、市值以及专利产出等表征企业创新绩效。具体地，P_1 表示联盟企业的创新效率，P_2 表示联盟企业的市值，P_3 是以专利数量表示的专利产出。

解释变量：由于专利策略组合对企业创新绩效的影响以特定动机或意愿为基础，因而在考察专利策略组合对企业创新绩效的影响时，将其联盟动机一并作为解释变量纳入回归模型。具体地，联盟动机与前文类似，即 M_1 表示技术获取动机，M_2 表示技术许可动机，M_3 表示"技术获取＋市场进入"动机，M_4 表示"技术许可＋市场拓展"动机。考虑到专利专有策略与专利防御策略的组合、专利专有策略与专利杠杆策略组合和专利防御策略与专利杠杆策略组合等三种策略组合是由企业的联盟动机所引致，此处将依据联盟动机对样本企业进行分类处理，进而验证不同的联盟动机下企业所采取的专利策略组合对其创新绩效的影响。

控制变量：与先前的联盟动机影响企业专利策略选择的回归模型类似，

在检验企业因不同动机而选择、实施的专利策略组合对其创新绩效的作用时，同时将企业的国别（$Nation$）、年龄（Age）、所属产业（Ind）及其参与的技术联盟所涉伙伴数（N_p）作为控制变量引入模型。变量的表述与指标同上文。

基于被解释变量、解释变量以及控制变量等关键指标的选择，结合本研究所选择的样本企业以及变量特征，这里将采取不同的回归模型进行处理。其中，不同动机下专利策略组合对创新效率和市值表征的创新绩效的影响采用非平衡面板数据模型进行回归；以专利产出表示的创新绩效，因为其涉及专利数量，是离散的整数，即为计数变量，且存在诸多企业在某些年份中专利产出为 0，考虑应用计数模型进行回归分析。计数模型的使用需要考虑数据分散程度，由于不同样本企业间专利产出的数量差异较大，导致数据较为分散，因而利用负二项回归模型展开回归分析。

首先，构建非平衡面板数据模型，引入解释变量、控制变量和被解释变量，得到主要模型可描述如公式（8.3）所示：

$$P_{it} = \alpha + \beta_1 M_{it} + \beta_2 Z_{it} + \beta_3 Nation + \beta_4 Age_{it} + \beta_5 Ind1$$
$$+ \beta_6 Ind2 + \beta_7 Ind3 + \beta_8 N_{p_{it}} + \mu_{it} \tag{8.3}$$

其中，P_{it} 代表样本企业 i 在第 t 期的创新效率或市值，M_{it} 为样本企业 i 在第 t 期的联盟动机，Z_{it} 表示样本企业 i 在第 t 期所采取的专利策略组合，即为专利策略组合，$Nation$ 表示样本企业的国别属性，Age_{it} 为样本企业的年龄，$Ind1$、$Ind2$ 和 $Ind3$ 分别为样本企业所属产业，$N_{p_{it}}$ 为样本企业的联盟伙伴数，α 为常数项，μ_{it} 为相互独立且均值为 0 的随机扰动项。

随后，考虑当专利产出作为被解释变量时，引入解释变量、控制变量和被解释变量，得到负二项回归模型如公式（8.4）所示：

$$P_{it} = \alpha + \beta_1 M_{it} + \beta_2 Z_{it} + \beta_3 Nation + \beta_4 Age_{it} + \beta_5 Ind1$$
$$+ \beta_6 Ind2 + \beta_7 Ind3 + \beta_8 N_{p_{it}} + \mu_{it} \tag{8.4}$$

其中，P_{it} 代表样本企业 i 在第 t 期的专利产出，M_{it} 为样本企业 i 在第 t 期的联盟动机，Z_{it} 表示样本企业 i 在第 t 期所采取的专利策略组合，即为专利策略组合，*Nation* 表示样本企业的国别属性，Age_{it} 为样本企业的年龄，*Ind*1、*Ind*2 和 *Ind*3 分别为样本企业所属产业，$N_{p_{it}}$ 为样本企业的联盟伙伴数，α 为常数项，μ_{it} 为相互独立且均值为 0 的随机扰动项。

1. 技术获取动机、专利防御策略与专利杠杆策略组合对企业创新绩效影响的回归分析

技术获取的联盟动机或意图下，联盟企业会借助专利防御策略与专利杠杆策略的组合实现其绩效目标，因而这里将技术获取动机、专利防御策略、专利杠杆策略同时作为解释变量引入计量模型，考察技术获取动机下专利防御策略与专利杠杆策略组合对创新绩效的影响，回归结果如表 8 - 14 所示。

表 8 - 14　技术获取动机下专利防御策略与专利杠杆策略组合影响创新绩效的回归结果

项目	P_1	P_2	P_3
C	11.24	637.53	4.73
M_1	8.68 *** (2.75)	-581.43 (-0.57)	0.88 *** (5.65)
S_2	8.43 * (1.88)	-147.36 (-0.27)	-0.02 (-0.22)
S_3	3.99 (0.73)	62.99 (1.12)	0.11 * (1.68)
Nation	-8.33 ** (-2.44)	189.70 *** (3.28)	-0.44 *** (-4.58)
Age	-0.04 (-0.59)	107.42 (1.40)	0.08 *** (5.76)
*Ind*1	-1.76 (-0.27)	142.63 ** (2.14)	-0.18 (-1.54)
*Ind*2	24.67 *** (2.94)	-36.55 (-0.42)	-0.70 *** (-4.66)

续表

项目	P_1	P_2	P_3
$Ind3$	59.49 *** (5.42)	− 113.56 (− 0.97)	− 0.10 (− 0.65)
N_p	− 0.54 (− 1.20)	269.77 *** (4.27)	0.07 *** (7.51)
R^2	0.12	0.21	0.17
F	5.02 ***	5.04 ***	520924.1 **

注：P_1 表示创新效率，P_2 表示市值，P_3 表示专利产出；M_1 表示技术获取动机；S_2 表示防御策略，S_3 表示杠杆策略；$Nation$ 代表国别属性，Age 表示企业年龄，$Ind1$ 表示软件产业，$Ind2$ 表示电信产业，$Ind3$ 表示非信息技术产业，N_p 表示联盟伙伴数目；***、**、* 分别表示通过 1%、5%、10% 水平下的显著性检验。

首先，检验企业在技术获取动机下运用的专利防御策略与专利杠杆策略组合对以创新效率表征的创新绩效的影响。回归结果显示，在技术获取动机下，专利防御策略与专利杠杆策略组合的实施有助于联盟企业创新效率的提升，表现为技术获取动机和专利防御策略对创新效率的显著的正向作用，该回归模型具有较高的拟合优度，同时关键变量的作用效果均通过显著性检验，即联盟企业在技术获取、利用的联盟意图下所实施的专利防御策略会带来其创新效率的提升。

其次，检验企业在技术获取动机下所采取的专利防御策略与专利杠杆策略组合对市值表征的创新产出的影响。由回归结果可以得到，后发企业因技术获取的动机所参与的战略联盟虽然会引致其专利防御策略与专利杠杆策略组合的实施，但这一策略组合的运用并未实现联盟企业的绩效目标，无论是技术获取动机本身，还是专利防御策略，其对以市值衡量的创新产出的影响均无法通过显著性检验，表明企业技术获取的联盟动机虽然明确了绩效目标，并借助专利策略的实施确立了具体的实现路径，但无法实现创新产出的增加。

最后，考察企业在技术获取动机下所采取的专利防御策略与专利杠杆策略组合对专利产出表征的创新绩效的影响。由负二项回归的结果得到，企业在技术获取的联盟动机下采取的专利防御策略与专利杠杆策略组合实现了其专利产出增加的目标。具体地，技术获取动机和专利杠杆策略对专利数量表征的创新产出均存在显著的正向影响，而且整个模型具有较高的拟合优度，表明当企业在技术获取的联盟意图下试图提升其专利产出和研发能力时，其可借助专利杠杆策略的实施实现其绩效目标。

2. 技术许可动机、专利专有策略与专利杠杆策略组合对企业创新绩效影响的回归分析

依据本研究的理论分析以及联盟动机影响专利策略选择的实证分析得到，技术许可动机下联盟企业倾向于借助专利专有策略与专利杠杆策略组合实现其绩效目标，因而此处将技术许可动机、专利专有策略、专利杠杆策略一同引入计量模型，考察因技术许可动机而建立或参与战略联盟的企业所实施的专利专有策略与专利杠杆策略组合对企业创新绩效的影响，回归结果如表 8 – 15 所示。

表 8 – 15　技术许可动机下专利专有策略与专利杠杆策略组合影响创新绩效的回归结果

项目	P_2	P_3
C	– 587. 55	5. 44
M_2	627. 25 ** (2. 23)	– 0. 76 *** (– 3. 39)
S_1	282. 14 (0. 52)	0. 08 (0. 86)
S_3	66. 98 * (1. 81)	– 0. 17 * (– 1. 89)
$Nation$	190. 69 *** (3. 29)	– 0. 45 *** (– 4. 60)

续表

项目	P_2	P_3
Age	97.52 (1.31)	0.08 *** (6.09)
$Ind1$	140.63 ** (2.13)	−0.16 (−1.36)
$Ind2$	−25.42 (−0.29)	−0.81 *** (−5.33)
$Ind3$	−111.99 (−0.96)	−0.10 (−0.65)
N_p	267.53 *** (4.24)	0.07 *** (7.89)
R^2	0.21	0.24
F	5.40 ***	520905.8 ***

注：P_2 表示市值，P_3 表示专利产出；M_2 表示技术许可动机；S_1 表示专有策略，S_3 表示杠杆策略；$Nation$ 代表国别属性，Age 表示企业年龄，$Ind1$ 表示软件产业，$Ind2$ 表示电信产业，$Ind3$ 表示非信息技术产业，N_p 表示联盟伙伴数目；*** 、** 、* 分别表示通过 1% 、5% 、10% 水平下的显著性检验。

首先，分析企业在技术许可动机下采取的专利专有策略与专利杠杆策略组合对市值表征的创新产出的影响。由回归结果可以得到，企业在技术许可的联盟动机下所采取的专利专有策略与专利杠杆策略组合会促进其市值增加，其中技术许可动机以及专利杠杆策略均对市场机制存在显著的正向影响，专利专有策略的影响则不显著，表明企业在技术许可动机下所期望提升创新产出的目标可借助专利策略的实施来实现。

其次，考察联盟企业在技术许可动机下所采取的专利专有策略与专利杠杆策略组合对其专利产出的影响。回归结果显示，技术许可动机和专利杠杆策略均对样本企业的专利数量存在显著的抑制作用，而专利专有策略的作用效果不显著，该结果表明企业在技术许可的联盟动机下运用的专利专有策略与专利杠杆策略组合会导致其专利产出的减少，这一现象的出现可能是由于当具有技术优势的企业试图通过技术外向许可强化其技术利用程度时，其选择的联盟伙伴往往技术水平不高，这也成为其无法借助技术学习提升其以专利数量表征的研发能力的原因。

3. "技术获取 + 市场进入"动机、专利防御策略与专利杠杆策略组合对企业创新绩效影响的回归分析

依据本研究的理论分析和实证检验得到，企业在"技术获取 + 市场进入"的联盟动机下会借助专利防御策略与专利杠杆策略组合的实施来实现其绩效目标，因而这里将"技术获取 + 市场进入"动机、专利防御策略、专利杠杆策略引入计量模型，考察因"技术获取 + 市场进入"动机而选择建立或参与战略联盟企业所采用的专利防御策略与专利杠杆策略组合对其创新绩效的影响，结果如表 8 – 16 所示。

表 8 – 16   "技术获取 + 市场进入"动机下专利防御策略与
专利杠杆策略组合影响创新绩效的回归结果

项目	P_1	P_2	P_3
C	19.30	– 451.76	5.43
M_3	17.74 * (1.66)	67.50 (0.48)	– 0.11 (– 0.36)
S_2	8.42 ** (2.23)	– 138.31 (– 0.25)	– 0.09 (– 0.08)
S_3	3.67 (0.68)	68.15 (1.22)	0.23 ** (2.14)
$Nation$	– 7.69 (– 1.33)	184.41 *** (3.17)	– 0.45 *** (– 4.60)
Age	– 0.04 (– 0.50)	101.64 (1.35)	0.08 *** (6.23)
$Ind1$	– 1.79 (– 0.27)	144.51 ** (2.16)	– 0.16 (– 1.36)

续表

项目	P_1	P_2	P_3
$Ind2$	23.36 *** (2.81)	−301.13 (−0.34)	−0.80 *** (−5.28)
$Ind3$	60.29 *** (5.51)	−115.37 (−0.99)	−0.08 (−0.57)
N_p	−0.57 (−1.26)	26.89 *** (4.26)	0.07 *** (7.97)
R^2	0.12	0.20	0.25
F	5.19 ***	5.39 ***	520895.2 ***

注：P_1 表示创新效率，P_2 表示市值，P_3 表示专利产出；M_3 表示"技术获取 + 市场进入"动机；S_2 表示防御策略，S_3 表示杠杆策略；$Nation$ 代表国别属性，Age 表示企业年龄，$Ind1$ 表示软件产业，$Ind2$ 表示电信产业，$Ind3$ 表示非信息技术产业，N_p 表示联盟伙伴数目；*** 、** 、* 分别表示通过 1%、5%、10% 水平下的显著性检验。

首先，考察企业在"技术获取 + 市场进入"的联盟动机下采用的专利防御策略与专利杠杆策略组合对其创新效率的影响。由回归结果可以得到，"技术获取 + 市场进入"动机、专利防御策略二者均对联盟企业的创新效率有显著的促进作用，专利杠杆策略则不影响其研发投入，表明在"技术获取 + 市场进入"的动机下，联盟企业专利防御策略的实施有助于其创新效率的提升，这主要是因为试图借助外部技术获取实现市场进入的联盟企业可充分利用其联盟伙伴的优势技术，极大地降低了自身从事技术研发的成本和风险，从而带来其创新效率的提升。

其次，检验联盟企业在"技术获取 + 市场进入"动机下采取的专利防御策略与专利杠杆策略组合对其市值的影响。回归结果显示，企业"技术获取 + 市场进入"动机以及其所采取的专利策略均不对其市值产生影响，即企业在"技术获取 + 市场进入"动机下实施的专利策略不会为其带来市场机会，这一现象的出现可能是因为这些企业会受到其联盟伙伴的限制。事实上，旨在借助外部技术实现市场进入的企业多通过贴牌生产、嵌入网络等方式实现，而由于其自身较低的技术水平和市场地位，这些企业在联盟中往往居于弱势地位，因而其更多的是辅助其联盟伙伴实现其目标，而自身目标则难以有效达成。

最后，检验企业在"技术获取＋市场进入"的联盟动机下采取的专利防御策略与专利杠杆策略组合对其专利产出的影响。由回归结果可以看出，"技术获取＋市场进入"的动机和专利防御策略虽对其专利产出存在负向作用，但变量的作用效果均不显著，而专利杠杆策略则会促进其专利产出的增加，即联盟企业在"技术获取＋市场进入"动机下实施的专利防御策略与专利杠杆策略组合一定程度上会促成其以专利产出表征的创新产出的增加。

4. "技术许可＋市场拓展"动机、专利专有策略与专利杠杆策略组合对企业创新绩效影响的回归分析

由于本研究实证得到企业"技术许可＋市场拓展"的联盟动机会引致专利专有策略与专利杠杆策略组合的实施，因而此处以因"技术许可＋市场拓展"的联盟动机而建立或参与战略联盟的企业为样本，将其联盟动机与专利专有策略与专利杠杆策略组合同时引入回归模型，考察"技术许可＋市场拓展"的联盟动机下专利策略组合的创新产出效应，回归结果如表8－17所示。

表8－17　　"技术许可＋市场拓展"动机下专利专有策略与专利杠杆策略组合影响创新绩效的回归结果

项目	P_2	P_3
C	－ 497. 28	5. 38
M_4	223. 52 ** (2. 16)	2. 71 *** (2. 81)
S_1	281. 71 (0. 52)	0. 06 (0. 69)

续表

项目	P_2	P_3
S_3	66.65 * (1.75)	0.22 ** (2.46)
Nation	187.84 *** (3.25)	-0.45 *** (-4.65)
Age	99.62 (1.33)	0.08 *** (6.19)
Ind1	140.78 ** (2.13)	-0.15 (-1.27)
Ind2	-284.82 (-0.33)	-0.81 *** (-5.31)
Ind3	-109.09 (-0.94)	-0.06 (-0.38)
N_p	27.06 *** (4.29)	0.07 *** (7.92)
R^2	0.20	0.24
F	5.44 ***	520899.8 ***

注：P_2 表示市值，P_3 表示专利产出；M_4 表示"技术许可 + 市场拓展"动机；S_1 表示专有策略，S_3 表示杠杆策略；Nation 代表国别属性，Age 表示企业年龄，Ind1 表示软件产业，Ind2 表示电信产业，Ind3 表示非信息技术产业，N_p 表示联盟伙伴数目；*** 、** 、* 分别表示通过 1%、5%、10% 水平下的显著性检验。

首先，考察"技术许可 + 市场拓展"的联盟动机下专利专有策略与专利杠杆策略组合的实施对联盟企业市值的影响。由回归结果可知，企业"技术许可 + 市场拓展"的联盟动机及其所采取的专利杠杆策略对其市值存在显著的促进作用，专利专有策略则不作用于其市值，表明旨在提升其以市值表征的创新产出的企业在"技术许可 + 市场拓展"的联盟动机下，借助专利策略的这一行动方案和实现路径可以促进其绩效目标的实现。

其次，考察"技术许可 + 市场拓展"的联盟动机下，联盟企业所运用的专利专有策略与专利杠杆策略组合对其专利产出的影响。由回归结果可以得到，"技术许可＋市场拓展"的联盟动机以及专利杠杆策略均显著促进联盟企业的专利数量的增加，而专利专有策略则不对其产生影响，表明联盟企业在"技术许可＋市场拓展"的动机下采取的专利策略会实现其专利产出增加的绩效目标。

汇总技术导向下联盟企业不同的联盟动机、专利策略组合及其对企业创新绩效作用的回归结果如表 8 - 18 所示。在技术获取的联盟动机下，战略联盟企业的专利防御策略与专利杠杆策略的组合促进其创新效率提升和专利产出的增加，但是对其市值不存在影响；在技术许可的联盟动机下，战略联盟企业的专利专有策略与专利杠杆策略的组合促进其市值的增加，但对专利产出不存在影响；在"技术获取＋市场进入"的联盟动机下，战略联盟企业的专利防御策略与专利杠杆策略的组合促进其创新效率提升和专利产出的增加，对其市值不存在影响；在"技术许可＋市场拓展"的联盟动机下，战略联盟企业的专利专有策略与专利杠杆策略的组合促进其市值和专利产出的增加。

表 8 - 18　　　不同动机下专利策略组合影响企业创新绩效的结果汇总

专利策略组合	联盟动机	创新绩效	假设是否成立
专利防御策略 与专利杠杆策略	技术获取	创新效率提升	假设 3a 成立
		市值增加	假设 3b 不成立
		专利产出增加	假设 3c 成立
专利专有策略 与专利杠杆策略	技术许可	市值增加	假设 7a 成立
		专利产出增加	假设 7b 不成立
专利防御策略 与专利杠杆策略	技术获取＋市场进入	创新效率提升	假设 4a 成立
		市值增加	假设 4b 不成立
		专利产出增加	假设 4c 成立
专利专有策略 与专利杠杆策略	技术许可＋市场拓展	市值增加	假设 8a 成立
		专利产出增加	假设 8b 成立

8.3 市场导向驱动的后发企业技术追赶的实证检验

依据本研究理论分析中对联盟动机影响专利策略选择机理的分析，结合前文对专利策略的概念界定、量化方案设计，此处依据联盟动机的区分，验证不同的联盟动机下企业专利策略选择及其创新产出效应。具体变量选择及模型构建同第 8.2 节。

8.3.1 市场动机对企业专利策略选择的影响

按照企业建立或参与战略联盟的市场动机的区分，这里分别考察市场进入和市场拓展等两种动机对企业专利策略选择的影响，回归结果如表 8 – 19 和表 8 – 20 所示。

企业市场进入的联盟动机对其专利策略选择影响的回归结果如表 8 – 19 所示。由回归结果可以看出，企业市场进入的联盟动机和意愿会引致其专利防御策略和专利杠杆策略的实施。具体地，考察专利专有策略时，模型的拟合优度较低，变量的作用效果也无法通过显著性检验，即企业为实现市场进入而建立或参与的战略联盟不会引致其专利专有策略的运用；与其对专利专有策略的影响不显著不同，市场进入动机对专利防御策略、专利杠杆策略影响的回归结果显示，模型拟合度较好且较为显著，而且各变量也通过显著性检验，表明此时企业的联盟意图对其专利行为和创新决策存在显著影响。因此得到，企业市场进入的联盟意愿或动机会引致其专利防御策略和专利杠杆策略的选择与实施，研究假设 9 得到验证。

表 8 – 19 **市场进入动机下企业专利策略选择的回归结果**

项目	S_1		S_2		S_3	
	1	2	1	2	1	2
C	0.13	0.15	0.27	0.24	0.24	0.21
M_5		0.26 (0.86)		0.51 *** (1.79)		0.50 * (1.82)
$Nation$	− 0.07 (− 0.88）	− 0.07 (− 0.90）	0.14 * (1.65)	0.14 * (1.64)	− 0.18 ** (− 2.15）	− 0.17 ** (− 2.12）
Age	0.01 (0.59)	0.01 (0.56)	0.01 (0.28)	0.01 (0.35)	− 0.01 (− 0.16）	− 0.01 (− 0.08）
$Ind1$	− 0.06 (− 0.61）	− 0.06 (− 0.61）	− 0.26 ** (− 2.52）	− 0.26 ** (− 2.54）	− 0.11 (− 1.05）	− 0.11 (− 1.07）
$Ind2$	0.09 (0.75)	0.10 (0.82)	− 0.19 (− 1.48）	− 0.20 * (1.67)	− 0.12 (− 0.95）	− 0.14 (− 1.09）
$Ind3$	− 0.20 ** (− 2.47）	− 0.20 (− 1.49）	0.08 (0.06)	0.01 (0.08)	− 0.20 (− 1.43）	− 0.19 (− 1.41）
N_p	0.01 * (1.86)	0.01 (1.17)	0.02 *** (3.17)	0.03 *** (3.22)	0.03 *** (4.30)	0.03 *** (4.34)
McFadden R^2	0.05	0.06	0.14	0.15	0.18	0.20
LR	7.38 *	8.12	18.71 ***	21.33 ***	27.11 ***	29.76 ***

注：M_5 表示市场进入动机；S_1 表示专有策略，S_2 表示防御策略，S_3 表示杠杆策略；$Nation$ 代表国别属性，Age 表示企业年龄，$Ind1$ 表示软件产业，$Ind2$ 表示电信产业，$Ind3$ 表示非信息技术产业，N_p 表示联盟伙伴数目；*** 、** 、* 分别表示通过 1% 、5% 、10% 水平下的显著性检验。

表 8 – 20 **市场拓展动机下企业专利策略选择的回归结果**

项目	S_1		S_2		S_3	
	1	2	1	2	1	2
C	0.13	0.13	0.27	0.26	0.24	0.20
M_6		0.09 ** (2.28)		0.17 (0.39)		1.42 *** (2.87)

续表

项目	S_1		S_2		S_3	
	1	2	1	2	1	2
Nation	−0.07 (−0.88)	−0.07 (−0.89)	0.14 * (1.65)	0.14 * (1.73)	−0.18 ** (−2.15)	−0.16 * (−1.95)
Age	0.01 (0.59)	0.01 * (1.72)	0.01 (0.28)	0.02 (0.29)	−0.01 (−0.16)	−0.01 (−0.08)
Ind1	−0.06 (−0.61)	−0.06 (−0.61)	−0.26 ** (−2.52)	−0.26 ** (−2.53)	−0.11 (−1.05)	−0.11 (−1.13)
Ind2	0.09 (0.75)	0.10 * (1.76)	−0.19 (−1.48)	−0.19 (−1.50)	−0.12 (−0.95)	−0.15 (−1.16)
Ind3	−0.20 ** (−2.47)	−0.20 (−1.47)	0.08 (0.06)	0.01 (0.06)	−0.20 (−1.43)	−0.20 (−1.46)
N_p	0.01 * (1.86)	0.01 (1.17)	0.02 *** (3.17)	0.03 *** (3.19)	0.03 *** (4.30)	0.03 *** (4.43)
McFadden R²	0.05	0.12	0.14	0.14	0.18	0.24
LR	7.38 *	17.73 **	18.71 ***	18.87 ***	27.11 ***	36.54 ***

注：M_6 表示市场拓展动机；S_1 表示专有策略，S_2 表示防御策略，S_3 表示杠杆策略；Nation 代表国别属性，Age 表示企业年龄，Ind1 表示软件产业，Ind2 表示电信产业，Ind3 表示非信息技术产业，N_p 表示联盟伙伴数目；*** 、** 、* 分别表示通过 1%、5%、10% 水平下的显著性检验。

    企业在市场拓展的联盟动机下选择的专利策略的回归结果如表 8-20 所示。回归结果显示，与市场进入动机下企业的专利策略选择机制类似，企业为实现市场拓展和垄断地位的提升而建立的战略联盟对其专利专有策略和专利杠杆策略选择的影响较为显著。具体地，企业拓展市场的联盟意愿下，专利专有策略的回归模型取得了较好的拟合优度，变量可通过显著性检验，表明企业旨在实现市场拓展的联盟意愿会引致其专利专有策略的运用，有助于其借助研发行为强化研发能力和技术地位，进而保持、强化市场地位；同时，其也会促进其专利杠杆策略的实施，表现为模型较高的拟合优度，同时市场拓展动机本身对专利杠杆策略的影响在 1% 的显著水平下即通过了显著性检验，表明联盟企业会借助专利杠杆策略的实施实现其市场地位的提升和市场份额的扩展。由此，企业市场拓展的联盟动机会引致其借助专利专有策略和专利杠杆策略的实施，进而实现其绩效目标，研究假设 13 得到证实。

"技术获取 + 市场拓展" 的联盟动机影响企业专利策略选择的回归结果如表 8 - 21 所示。对比回归结果可以得到，企业的联盟动机或意图不会引致专利防御策略的实施，相反，这些企业采取专利专有策略的可能性却较高。由表 8 - 21 的回归结果可见，"技术获取 + 市场拓展" 的联盟动机下企业选择专利专有策略的概率较高，表明企业有较强的激励从事技术创新，从而形成、强化自身技术优势，获取更高的市场份额；同样地，此时的联盟企业也倾向于采取专利杠杆策略，这可能是由于企业会在联盟的基础上，一方面利用获取技术实现产品档次提升，另一方面结合市场需求和反馈调整、改进技术，因而需借助专利杠杆策略的运用来实现上述目标。由此，企业在 "技术获取 + 市场拓展" 的联盟动机下倾向于通过专利专有策略和专利杠杆策略的实施实现其绩效目标，研究假设 14 得到验证。

表 8 - 21　"技术获取 + 市场拓展" 动机下企业专利策略选择的回归结果

项目	S_1		S_2		S_3	
	1	2	1	2	1	2
C	0.13	0.13	0.27	0.27	0.24	0.23
M_7		0.15 * (1.82)		0.17 ** (2.26)		0.53 ** (2.43)
$Nation$	−0.07 (−0.88)	−0.07 (−0.87)	0.14 * (1.65)	0.13 * (1.69)	−0.18 ** (−2.15)	−0.18 ** (−2.13)
Age	0.01 (0.59)	0.01 (0.58)	0.01 (0.28)	0.01 (0.28)	−0.01 (−0.16)	−0.01 (−0.19)
$Ind1$	−0.06 (−0.61)	−0.06 (−0.61)	−0.26 ** (−2.52)	−0.26 ** (−2.52)	−0.11 (−1.05)	−0.11 (−1.05)
$Ind2$	0.09 (0.75)	0.09 (0.74)	−0.19 (−1.48)	−0.19 (−1.47)	−0.12 (−0.95)	−0.12 (−0.97)

续表

项目	S_1		S_2		S_3	
	1	2	1	2	1	2
$Ind3$	−0.20 ** (−2.47)	−0.20 (−1.46)	0.08 (0.06)	0.01 (0.05)	−0.20 (−1.43)	−0.19 (−1.41)
N_p	0.01 * (1.86)	0.01 (1.19)	0.02 *** (3.17)	0.02 *** (3.16)	0.03 *** (4.30)	0.03 *** (4.33)
McFadden R^2	0.05	0.06	0.14	0.13	0.18	0.19
LR	7.38 *	8.54 **	18.71 ***	18.78 ***	27.11 ***	17.76 **

注：M_7 表示"技术获取 + 市场拓展"动机；S_1 表示专有策略，S_2 表示防御策略，S_3 表示杠杆策略；$Nation$ 代表国别属性，Age 表示企业年龄，$Ind1$ 表示软件产业，$Ind2$ 表示电信产业，$Ind3$ 表示非信息技术产业，N_p 表示联盟伙伴数目；*** 、 ** 、 * 分别表示通过 1% 、5% 、10% 水平下的显著性检验。

与上述两种动机组合下企业专利策略方案选择不同，企业借助技术许可实现市场进入的联盟意愿显著作用影响其专利策略的选择与实施。表 8 – 22 的回归结果显示，"技术许可 + 市场进入"的联盟动机对专利专有策略选择的影响通过显著性检验，而且回归模型的拟合优度较高，表明企业在"技术许可 + 市场进入"的联盟动机下有较强的意愿通过专利专有策略的实施实现其绩效目标；同时，联盟方之间技术许可或交叉许可本身是专利防御策略的一种表现，各方在建立或参与的战略联盟的基础上会进一步通过专利防御策略降低其侵权等风险。由此得到，"技术许可 + 市场进入"的联盟动机会引致企业专利专有策略和专利防御策略的实施，即研究假设 10 得到证实。

表 8 – 22　"技术许可 + 市场进入"动机下企业专利策略选择的回归结果

项目	S_1		S_2		S_3	
	1	2	1	2	1	2
C	0.13	0.13	0.27	0.27	0.24	0.24

续表

项目	S_1		S_2		S_3	
	1	2	1	2	1	2
M_8		0.87 ** (2.23)		0.20 * (1.77)		0.27 (0.25)
Nation	-0.07 (-0.88)	-0.07 (0.85)	0.14 * (1.65)	0.13 (1.60)	-0.18 ** (-2.15)	-0.18 ** (-2.16)
Age	0.01 (0.59)	0.01 (0.63)	0.01 (0.28)	0.01 (0.27)	-0.01 (-0.16)	-0.01 (-0.17)
Ind1	-0.06 (-0.61)	-0.06 (-0.59)	-0.26 ** (-2.52)	-0.26 ** (-2.53)	-0.11 (-1.05)	-0.11 (-1.06)
Ind2	0.09 (0.75)	0.09 (0.75)	-0.19 (-1.48)	-0.19 (-1.48)	-0.12 (-0.95)	-0.12 (-0.95)
Ind3	-0.20 ** (-2.47)	-0.20 (-1.51)	0.08 (0.06)	0.01 (0.07)	-0.20 (-1.43)	-0.19 (-1.42)
N_p	0.01 * (1.86)	0.01 (1.17)	0.02 *** (3.17)	0.02 *** (3.17)	0.03 *** (4.30)	0.03 *** (4.31)
McFadden R^2	0.05	0.07	0.14	0.13	0.18	0.02
LR	7.38 *	9.84 **	18.71 ***	18.74 ***	27.11 ***	27.18

注：M_8 表示"技术许可＋市场进入"动机；S_1 表示专有策略，S_2 表示防御策略，S_3 表示杠杆策略；Nation 代表国别属性，Age 表示企业年龄，Ind1 表示软件产业，Ind2 表示电信产业，Ind3 表示非信息技术产业，N_p 表示联盟伙伴数目；*** 、** 、* 分别表示通过1%、5%、10%水平下的显著性检验。

结合联盟动机影响企业专利策略选择的理论分析，依据前文联盟动机、专利策略的量化方案设计，此处利用二元选择模型对联盟企业因不同动机建立或参与的战略联盟对其专利策略选择、运用的影响进行了实证检验，汇总得到各种动机下联盟企业选择的专利策略如表 8－23 所示。通过表 8－23 的发现，前文假设不同企业参与战略联盟的动机或意愿对其专利策略选择的影响均得到证实，因而在随后联盟企业不同动机下其专利策略对创新绩效作用效果的实证检验过程中，考虑将各种联盟动机下的专利策略组合一并纳入回归模型进行实证分析。

表 8 – 23　　　　　　　　**不同联盟动机下企业专利策略选择汇总**

项目	联盟动机	专利策略	假设是否成立
市场动机	市场进入	专利防御策略、专利杠杆策略	假设 9 成立
	技术许可 + 市场进入	专利专有策略、专利防御策略	假设 10 成立
	市场拓展	专利专有策略、专利杠杆策略	假设 13 成立
	技术获取 + 市场拓展	专利专有策略、专利杠杆策略	假设 14 成立

8.3.2　市场动机下专利策略组合影响创新绩效的实证检验

本研究构建的理论框架将联盟动机、专利策略与企业创新绩效间作用关系分解，考察了联盟动机对企业专利策略选择的影响后，这里将进一步检验企业因不同的联盟动机所确立的专利策略组合如何作用于其绩效目标。考虑到联盟企业选择、运用的专利策略组合是由联盟动机引致，这里将结合分类回归的思想，将以相同动机建立或参与战略联盟的企业作为一类企业，进而考察各种不同的联盟动机下，企业所采取的专利策略组合对其创新绩效的影响。

被解释变量：依据企业因不同联盟动机、意愿和努力方向确立的专利策略组合对其创新绩效的作用机理分析及研究假设，这里将以企业创新绩效为被解释变量，结合前文对企业创新绩效的概念界定和量化方案设计，分别以创新效率、市值以及专利产出表征企业创新绩效。具体地，P_1 表示联盟企业的创新效率，P_2 表示联盟企业的市值，P_3 是以专利数量表示的专利产出。

解释变量：由于专利策略组合对企业创新绩效的影响以特定动机或意愿为基础，因而在考察专利策略组合对企业创新绩效的影响时，将其联盟动机一并作为解释变量纳入回归模型。具体地，联盟动机与前文类似，即 M_5 表示市场进入动机，M_6 表示市场拓展动机，M_7 表示"技术获取 + 市场拓展"动机，M_8 表示"技术许可＋市场进入"动机。考虑到专利策略组合等三类策略组合是由企业的联盟动机所引致，此处将依据联盟动机对样本企业进行分类处理，进而验证不同的联盟动机下企业所采取的专利策略组合对其创新绩效的影响。

控制变量：与先前的联盟动机影响企业专利策略选择的回归模型类似，在检验企业因不同动机而选择、实施的专利策略组合对其创新绩效的作用时，同时将企业的国别（$Nation$）、年龄（Age）、所属产业（Ind）及其参与的战略联盟所涉伙伴数（N_p）作为控制变量引入模型。变量的表述与指标同上文。

基于被解释变量、解释变量以及控制变量等关键指标的选择，结合本研究所选择的样本企业以及变量特征，这里将采取不同的回归模型进行处理。其中，不同动机下专利策略组合对创新效率和市值表征的创新绩效的影响采用非平衡面板数据模型进行回归；以专利产出表示的创新绩效，因为其涉及专利数量是离散的整数，即为计数变量，且存在诸多企业在某些年份中专利产出为 0，考虑应用计数模型进行回归分析。计数模型的使用需要考虑数据分散程度，由于不同样本企业间专利产出的数量差异较大，导致数据较为分散，因而利用负二项回归模型展开回归分析。

首先，构建非平衡面板数据模型，引入解释变量、控制变量和被解释变量，得到主要模型可描述如公式（8.5）所示：

$$P_{it} = \alpha + \beta_1 M_{it} + \beta_2 Z_{it} + \beta_3 Nation + \beta_4 Age_{it} + \beta_5 Ind1 + \beta_6 Ind2 + \beta_7 Ind3 + \beta_8 N_{p_{it}} + \mu_{it}$$

$$(8.5)$$

其中，P_{it} 表示样本企业 i 在第 t 期的创新效率或市值，M_{it} 表示样本企业 i 在第 t 期的联盟动机，Z_{it} 表示样本企业 i 在第 t 期所采取的专利策略组合，$Nation$ 表示样本企业的国别属性，Age_{it} 为样本企业的年龄，$Ind1$、$Ind2$ 和 $Ind3$ 分别为样本企业所属产业，$N_{p_{it}}$ 为样本企业的联盟伙伴数，α 为常数项，μ_{it} 为相互独立且均值为 0 的随机扰动项。

随后，考虑当专利产出作为被解释变量时，引入解释变量、控制变量和被解释变量，得到负二项回归模型如公式（8.6）所示：

$$P_{it} = \alpha + \beta_1 M_{it} + \beta_2 Z_{it} + \beta_3 Nation + \beta_4 Age_{it} + \beta_5 Ind1 + \beta_6 Ind2 + \beta_7 Ind3 + \beta_8 N_{P_{it}} + \mu_{it}$$

$$(8.6)$$

其中，P_{it} 表示样本企业 i 在第 t 期的专利产出，M_{it} 表示样本企业 i 在第 t 期的联盟动机，Z_{it} 表示样本企业 i 在第 t 期所采取的专利策略组合，$Nation$ 表示样本企业的国别属性，Age_{it} 为样本企业的年龄，$Ind1$、$Ind2$ 和 $Ind3$ 分别为样本企业所属产业，$N_{P_{it}}$ 为样本企业的联盟伙伴数，α 为常数项，μ_{it} 为相互独立且均值为 0 的随机扰动项。

1. 市场进入动机、专利防御策略与专利杠杆策略组合对创新绩效影响的回归分析

鉴于前文对联盟动机影响专利策略选择的回归分析中得到市场进入动机下，企业倾向于通过专利防御策略与专利杠杆策略组合实现其绩效目标，因而这里将市场进入动机、专利防御策略以及专利杠杆策略同时引入回归模型，得到因市场进入动机参与战略联盟的企业所采取的专利防御策略与专利杠杆策略组合对其创新绩效的影响，回归结果如表 8 - 24 所示。

表 8 - 24　市场进入动机下专利防御策略与专利杠杆策略组合影响创新绩效的回归结果

项目	P_1	P_2	P_3
C	18.37	-529.84	5.51
M_5	0.70 ** (2.33)	209.20 * (1.99)	-1.96 *** (-5.71)
S_2	8.02 * (1.71)	144.44 ** (2.26)	-0.03 (-0.31)
S_3	3.63 (0.67)	68.77 (1.23)	-0.18 * (-1.71)
$Nation$	-8.50 * (-1.69)	195.41 *** (3.38)	-0.46 *** (-4.78)

项目	P_1	P_2	P_3
Age	-0.04 (-0.49)	103.48 (1.39)	0.08^{***} (5.98)
$Ind1$	-1.30 (-0.20)	130.89^{*} (1.96)	-0.11 (-0.96)
$Ind2$	23.81^{***} (2.84)	-522.41 (-0.59)	-0.72^{***} (-4.78)
$Ind3$	60.07^{***} (5.48)	-123.58 (-1.07)	-0.08 (-0.54)
N_p	-0.53^{***} (-1.17)	273.18^{***} (4.34)	0.07^{***} (7.74)
R^2	0.10	0.21	0.09
F	4.93^{***}	5.59^{***}	520919.8^{***}

注：M_5 表示市场进入动机；P_1 表示创新效率，P_2 表示市值，P_3 表示专利产出；S_2 表示防御策略，S_3 表示杠杆策略；$Nation$ 代表国别属性，Age 表示企业年龄，$Ind1$ 表示软件产业，$Ind2$ 表示电信产业，$Ind3$ 表示非信息技术产业，N_p 表示联盟伙伴数目；*** 、** 、* 分别表示通过 1%、5%、10% 水平下的显著性检验。

首先，考察联盟企业在市场进入动机下所采取的专利防御策略与专利杠杆策略组合对其创新效率的影响。由回归结果得到，无论是市场进入动机本身，还是企业在该动机下所采取的专利防御策略均对其创新效率存在显著的促进作用，但专利杠杆策略对研发成本的影响不显著，这一回归结果表明企业旨在进入市场的联盟意愿所引致的专利防御策略与专利杠杆策略组合会促进其创新绩效的提升，即其专利防御策略与专利杠杆策略组合的实施可达到其绩效目标。

其次，检验企业市场进入的联盟意愿所引致的专利防御策略与专利杠杆策略组合对其以市值表示的创新产出的影响。由回归结果可以看出，联盟企业在市场进入的联盟动机下所采取的专利防御策略与专利杠杆策略组合会促进其联盟目标和绩效目标的实现，表现为市场进入动机和专利防御策略二者对联盟企业市值的显著的正向影响，同时该回归模型也具有较高的拟合度，表明旨在实现市场进入的联盟企业借助专利防御策略与专利杠杆策略组合的实施会促进其市值的增加。

最后，检验联盟企业市场进入动机下所采取的专利防御策略与专利杠杆策略组合对其专利产出的影响。回归结果显示，市场进入动机、专利杠杆策略二者均对联盟企业的专利产出有显著的负影响，而专利防御策略虽对专利产出有正向作用，但该作用效果不显著，表明企业在市场进入的联盟动机下所采取的专利防御策略与专利杠杆策略组合对其专利产出会产生抑制作用，这种现象的出现主要是因为当不具备市场能力或市场地位不强的企业借助贴牌生产、嵌入营销网络等形式与具有市场地位的企业建立战略联盟进入市场时，在其相对明确的市场导向和战略目标下，虽然其可能趋于采用专利杠杆策略，但这一策略可能更多的是辅助企业实现技术利用，而未起到强化其技术能力或增加专利产出的作用。

2. 市场拓展动机、专利专有策略与专利杠杆策略组合与创新绩效间关系的回归分析

依据前文的实证结果，这里将考察企业因拓展市场的需要进行的联盟行为所引致的专利专有策略与专利杠杆策略组合对其创新绩效的影响，将市场拓展动机、专利专有策略、专利杠杆策略一同引入回归模型，得到因市场拓展动机而建立或参与技术联盟企业所运用的专利专有策略与专利杠杆策略组合对其创新绩效的影响如表 8 – 25 所示。

表 8 – 25　　　市场拓展动机下专利专有策略与专利杠杆策略

组合影响创新绩效的回归结果

项目	P_2	P_3
C	– 636. 67	5. 42

续表

项目	P_2	P_3
M_6	187.61 * (1.78)	− 1.37 *** (− 3.23)
S_1	306.29 ** (2.27)	0.05 (0.59)
S_3	59.79 (1.05)	− 0.21 ** (− 2.32)
Nation	190.35 *** (3.30)	− 0.47 *** (− 4.84)
Age	101.76 (1.36)	0.08 *** (6.21)
Ind1	143.53 ** (2.17)	− 0.14 (− 1.22)
Ind2	− 322.07 (− 0.37)	− 0.75 *** (− 4.88)
Ind3	− 120.55 (− 1.03)	− 0.09 (− 0.61)
N_p	270.59 *** (4.29)	0.06 *** (7.70)
R^2	0.21	0.18
F	5.48 ***	520903.7 ***

注：M_6 表示市场拓展动机；P_2 表示市值，P_3 表示专利产出；S_1 表示专有策略，S_3 表示杠杆策略；Nation 代表国别属性，Age 表示企业年龄，Ind1 表示软件产业，Ind2 表示电信产业，Ind3 表示非信息技术产业，N_p 表示联盟伙伴数目；*** 、** 、* 分别表示通过 1%、5%、10% 水平下的显著性检验。

首先，考察企业在市场拓展动机下所采取的专利专有策略与专利杠杆策略组合对其市值的影响。由回归结果可以看出，此时企业市场拓展的联盟动机与专利策略的共同作用会促进其市值提升，其中市场拓展动机和专利专有策略均对联盟企业的市值存在显著的促进作用，而专利杠杆策略的作用效果不显著，表明旨在借助战略联盟实现市场拓展的企业通过专利专有策略与专利杠杆策略组合的实施会促进其绩效目标的实现。

其次，检验市场拓展的联盟动机下，联盟企业所运用的专利专有策略与专利杠杆策略组合对其专利产出的影响。回归结果显示，与市场进入动机下专利专有策略与专利杠杆策略组合的实施导致其专利数量下降类似，企业在市场拓展的联盟动机下所采取的专利专有策略与专利杠杆策略组合同样对其以专利产出存在抑制作用，具体地，市场拓展动机和专利杠杆策略对专利产出的负向作用均较为显著，但专有策略却对其不构成影响，这一现象的出现可能是因为旨在拓展市场的企业其绩效目标较为明确，即为实现其专利技术市场价值的最大化，因而其会更加关注市场因素，而对技术因素的关注则较低，所以不会促进专利产出的增加。

3. "技术获取 + 市场拓展"动机、专利专有策略与专利杠杆策略组合与创新绩效间关系的回归分析

前文分析得到，企业在"技术获取 + 市场拓展"的联盟动机下会借助专利专有策略与专利杠杆策略组合的实施促进其绩效提升，这里将"技术获取 + 市场拓展"动机与其所采取的专利专有策略与专利杠杆策略组合一同引入回归模型，得到回归结果如表 8 – 26 所示。

表 8 – 26　"技术获取 + 市场拓展"动机下专利专有策略与专利杠杆策略
组合影响创新绩效的回归结果

项目	P_1	P_2	P_3
C	25. 09	– 568. 88	5. 38
M_7	– 10. 60 （ – 0. 45）	216. 97 * （1. 95）	0. 46 （0. 67）
S_1	– 6. 78 （ – 1. 29）	284. 78 （0. 52）	0. 06 （0. 67）

续表

项目	P_1	P_2	P_3
S_3	4.33 (0.79)	67.69 * (1.79)	0.22 (2.54)
Nation	-8.63 ** (-2.44)	189.80 *** (3.28)	-0.44 *** (-4.58)
Age	-0.04 *** (7.53)	97.31 (1.30)	0.08 *** (6.23)
*Ind*1	-1.78 (-0.27)	140.73 ** (2.12)	-0.16 (-1.34)
*Ind*2	22.00 *** (2.63)	-258.86 (-0.30)	-0.83 *** (-5.38)
*Ind*3	57.86 *** (5.27)	-111.84 (-0.95)	-0.08 (-0.56)
N_p	-0.50 (-1.11)	26.84 *** (4.23)	0.07 *** (7.96)
R^2	0.11	0.21	0.27
F	4.88 ***	5.39 ***	520896.0 ***

注：M_7 表示"技术获取 + 市场拓展"动机；P_1 表示创新效率，P_2 表示市值，P_3 表示专利产出；S_1 表示专有策略，S_3 表示杠杆策略；*Nation* 代表国别属性，*Age* 表示企业年龄，*Ind*1 表示软件产业，*Ind*2 表示电信产业，*Ind*3 表示非信息技术产业，N_p 表示联盟伙伴数目；*** 、 ** 、 * 分别表示通过 1% 、5% 、10% 水平下的显著性检验。

首先，考察联盟企业的"技术获取 + 市场拓展"动机和专利策略组合对其创新效率的影响。由回归结果可以看出，无论是"技术获取 + 市场拓展"动机，还是联盟企业所采取的专利策略对其创新效率的影响均不显著，表明企业因"技术获取 + 市场拓展"动机而进行的联盟行为虽会引致其专利策略的运用，但不会带来其效率的提升，这一现象的出现可能与企业的联盟意愿有关，旨在借助外部技术拓展市场的企业会热衷于借助联盟伙伴的优势技术促进其市场地位的提升，而不会关注于获取的技术本身，因而对其创新效率没有显著的影响。事实上，当考察联盟企业在"技术获取＋市场拓展"动机下采取的专利策略对其专利产出的影响时，回归结果进一步证实了这一原因，因为此时无论是"技术获取＋市场拓展"的联盟动机还是专利专有策略与专利杠杆策略组合，均不会促进联盟企业专利产出的增加，意即在这一动机下，企业可能还是以市场机会获取和市值增加为主要目标。

其次，考察企业在"技术获取＋市场拓展"的动机下所采取的专利专有策略与专利杠杆策略组合对其市值的影响。由回归结果可以看出，此时企业"技术获取＋市场拓展"的联盟动机以及专利杠杆策略均对其市场价值存在显著的正向影响，而且回归模型具有较好的拟合度，表明企业的"技术获取＋市场拓展"动机所引致的专利策略会促进其市值增加，这更加印证了本研究的分析，即企业因"技术获取＋市场拓展"的动机而建立或参加的战略联盟时，其绩效目标较为单一，即试图借助联盟基础上的专利专有策略与专利杠杆策略组合的实施促进其市值提升，而这些企业很少会关注于创新效率提升或专利产出的增加。

4. 市场进入和技术许可动机、专利专有策略与专利防御策略组合与创新绩效间关系的回归分析

通过考察联盟动机对企业专利策略选择的影响发现，企业借助技术许可所实现的市场进入行为会引致专利专有策略与专利防御策略组合的实施，因而提取考察期内因"技术许可＋市场进入"的联盟动机而建立或参与技术联盟的企业，将其作为这一回归分析的样本企业，进而检验在"技术许可＋市场进入"动机下，联盟企业所采取的专利专有策略与专利防御策略组合对创新绩效的影响，回归结果如表 8 - 27 所示。

表 8 – 27　"技术许可 + 市场进入"动机下专利专有策略与专利防御策略

组合影响创新绩效的回归结果

项目	P_1	P_2	P_3
C	22.75	−439.10	5.36
M_8	−5.09 (−0.13)	216.23 ** (2.38)	−2.79 *** (−2.62)
S_1	−5.01 (−0.91)	266.77 * (1.87)	0.02 (0.15)
S_2	6.98 (1.27)	229.84 (0.40)	−0.12 (−1.08)
$Nation$	−8.98 (−1.56)	182.12 *** (3.14)	−0.42 *** (−4.35)
Age	−0.04 (−0.49)	100.22 (1.34)	0.08 *** (6.27)
$Ind1$	−1.39 (−0.21)	144.67 ** (2.16)	−0.16 (−1.39)
$Ind2$	22.47 *** (2.69)	−301.46 (−0.34)	−0.82 *** (−5.36)
$Ind3$	58.87 *** (5.35)	−105.93 (−0.90)	−0.06 (−0.47)
N_p	−0.50 (−1.11)	28.16 *** (4.47)	0.06 *** (7.75)
R^2	0.09	0.20	0.21
F	4.98 ***	5.25 ***	520893.9 **

注：M_8 表示"技术许可 + 市场进入"动机；P_1 表示创新效率，P_2 表示市值，P_3 表示专利产出；S_1 表示专有策略，S_2 表示防御策略；$Nation$ 代表国别属性，Age 表示企业年龄，$Ind1$ 表示软件产业，$Ind2$ 表示电信产业，$Ind3$ 表示非信息技术产业，N_p 表示联盟伙伴数目；*** 、** 、* 分别表示通过 1%、5%、10% 水平下的显著性检验。

　　首先，检验因"技术许可 + 市场进入"动机而选择的专利专有策略与专利防御策略组合对联盟企业创新效率的影响。由回归结果可以得到，在"技术许可 + 市场进入"的动机下，联盟企业所实施的专利专有策略以及专利防御策略对其研发投入不存在显著作用，即此时联盟企业的专利策略的实施不会促进其创新效率提升，这可能是因为借助技术许可实现市场进入的企业多为具有一定的技术水平和市场地位，但受制于其技术市场化过程中可能会造成对其他企业专利技术的侵权，因而这些企业会借助专利防御策略的实施获取联盟伙伴的技术以降低风险，但这种联盟意图和愿景不会影响到企业的创新行为，因而对其创新效率的影响不显著。

其次，考察企业"技术许可＋市场进入"的动机下其采取的专利专有策略和专利防御策略对其市值的影响。回归结果显示，在"技术许可＋市场进入"的动机下，联盟企业所采取的专利专有策略和专利防御策略的策略组合为其带来市场机会，进而促进其市值增加，表现为"技术许可＋市场进入"动机和专利专有策略均对市值存在显著影响，即旨在借助技术许可或交叉许可进入市场的联盟企业，其专利策略的运用会促进市值的增加。

最后，检验企业在"技术许可＋市场进入"的动机下运用的专利专有策略和专利防御策略对其专利产出的影响。由回归结果得到，在这一动机下，联盟企业虽然会采取一定的专利策略促进其绩效目标，但这些策略却不会影响到其以专利数量表征的创新绩效，反倒是"技术许可＋市场进入"的动机本身可能对其专利数量产生负向作用，即"技术许可＋市场进入"的动机会导致联盟企业的专利数量趋于下降。这种现象的出现可能是由于当企业可借助交叉许可获取外部技术并实现市场化时，其自身从事技术研发激励会降低，因而会对其以专利数量表征的创新产出产生负效应。

汇总市场导向下联盟企业不同的联盟动机、专利策略组合及其对企业创新绩效作用的回归结果如表 8 - 28 所示。在市场进入的联盟动机下，战略联盟企业的专利防御策略与专利杠杆策略的组合促进其创新效率提升和市值的增加，但是对其专利产出不存在影响；在市场拓展的联盟动机下，战略联盟企业的专利专有策略与专利杠杆策略的组合促进其市值的增加，但对专利产出不存在影响；在"技术获取＋市场拓展"的联盟动机下，战略联盟企业的专利专有策略与专利杠杆策略的组合仅促进其市值的增加，对其创新效率提升和专利产出不存在影响；在"技术许可＋市场进入"的联盟动机下，战略联盟企业的专利专有策略与专利防御策略的组合仅促进其市值的增加，对其创新效率提升和专利产出不存在影响。

表 8 – 28　　　不同动机下专利策略组合影响企业创新绩效的结果汇总

专利策略组合	联盟动机	创新绩效	假设是否成立
专利防御策略 与专利杠杆策略	市场进入	创新效率提升	假设 11a 成立
		市值增加	假设 11b 成立
		专利产出增加	假设 11c 不成立
专利专有策略 与专利防御策略	技术许可＋市场进入	创新效率提升	假设 12a 不成立
		市值增加	假设 12b 成立
		专利产出增加	假设 12c 不成立
专利专有策略 与专利杠杆策略	市场拓展	市值增加	假设 15a 成立
		专利产出增加	假设 15b 不成立
专利专有策略 与专利杠杆策略	技术获取＋市场拓展	创新效率提升	假设 16a 不成立
		市值增加	假设 16b 成立
		专利产出增加	假设 16c 不成立

8.4　政策驱动的新能源汽车企业技术追赶：辽宁案例

自 2006 年"自主创新"上升为国家战略，尤以 2012 年全国科技创新大会以来，强化企业创新主体地位作为困扰我国学术界、管理层的现实问题，越来越被视为解决我国科技与经济有机结合的重要突破口。2013 年 1 月，国务院办公厅发布了《关于强化企业技术创新主体地位，全面提升企业技术创新能力的意见》，指出"目前我国企业创新能力依然薄弱，许多领域缺乏具有自主知识产权的核心技术，企业尚未真正成为创新决策、研发投入、科研组织和成果应用的主体，制约企业创新的体制机制障碍仍然存在"。在我国战略性新兴产业、新能源汽车等战略、政策的持续推进、指引下，新能源汽车企业如何迅速、有效地实现技术能力提升成为关键问题。事实上，一些新能源汽车企业对优势产业和强势技术实现技术追赶，借助其技术能力提升扩大市场份额，化解"产能过剩"的危机等都对新能源汽车企业发展路径与模式选择产生了现实需求。

发展新能源汽车是世界各国应对能源危机及环境压力，在新一轮全球竞争中占据制高点的战略性选择。我国汽车工业一直以来未能实现在发动机、变速箱等核心零部件领域对发达国家的追赶，在其他诸多产业屡试不爽的"市场换技术"的策略在汽车领域则收效甚微。但在新能源汽车领域，我国与全球汽车制造强国站在同一起跑线上，甚至一些企业在新能源汽车关键技术上实现突破，并加快抢占国内外新能源汽车市场，使我国汽车工业迎来前所未有的机遇。

8.4.1 研究意义

随着全球竞争的加剧以及我国当前面临的"产能过剩"问题，对于辽宁省新能源汽车产业及相关企业而言，如何在国家创新战略、振兴东北等老工业基地战略以及"供给侧结构性改革"等战略指引下提升技术能力，甚至形成技术优势，超越欧美国家汽车产业相关企业等就显得尤为重要。新能源汽车如何通过不断学习、借鉴、消化吸收，提升技术水平、实现技术追赶，结合新能源汽车自身特征的有效梳理，实现辽宁省新能源汽车产业发展路径及模式选择是亟待解决的问题。本研究以新能源汽车产业发展路径与模式为着眼点，通过案例分析与理论框架构建相结合，考察后发情境下辽宁省新能源汽车产业发展的研究框架，其理论和实践意义如下：

（1）理论价值。结合典型企业的实证检验与案例分析，构建后发情境下新能源汽车产业发展的理论框架，阐释新能源汽车产业发展的实现机制及实现路径，对新能源汽车产业后发企业技术追赶等相关理论的内涵拓展具有一定的理论意义。

（2）实践价值。以我国汽车工业与新能源汽车产业发展的现实需求为基础，依据辽宁省产业特征、企业性质等的差异，建构、提炼新能源汽车产业发展的实施方案，为后发情境下辽宁省新能源汽车产业发展路径及模式选择等提供现实依据。

8.4.2 中国新能源汽车产业发展进程与辽宁省发展现状

能源和环境问题是国际汽车工业长期面临的共同挑战。进入 21 世纪以来，发展新能源汽车已经成为世界众多国家、主要汽车生产商应对能源和环境挑战的战略重点。美国、日本、欧洲等发达国家和地区纷纷制定国家战略、组织重大研发、实行鼓励政策，大力推进节能与新能源汽车发展，世界汽车产业已经进入全面转型时期，与此同时中国汽车工业面临能源动力系统转型和传统汽车快速提升的双重挑战。从这个意义上看，对于众多的中国新能源汽车企业而言，大力发展以电动汽车为主的新能源汽车，有利于降低中国对石油的依赖、保障国家能源安全，有利于降低环境污染、减少温室气体排放，进而实现环境安全和能源安全。在我国，由于政府重视、起步较早，新能源汽车产业及企业的发展已经有一定基础，但是中国以及辽宁省新能源汽车产业的发展还面临产品竞争力较低、系统集成性不强、顶层设计不足等方面挑战。

自"十五"以来，我国启动"三横三纵"系统研究，"十一五"以来，深化研究进入示范考核阶段，我国新能源汽车产业乃至企业发展势头较好。在整车方面，依托一汽、东风、上汽、长安、奇瑞、吉利、华晨、南车、比亚迪、万向等企业，中国汽车技术研究中心、中国汽车工程研究院等科研机构，以及清华大学、同济大学、北京理工大学、大连理工大学等建立起一批中国电动汽车动力系统技术平台，形成了拥有核心人才团队、关键试验设备以及创新知识极具优势的研发与产业化基地，有效支撑了新能源汽车产业及相关企业的研发及技术创新。实际上，自主创新和节能减排是辽宁省新能源汽车产业发展的推动力，通过重大项目集聚，辽宁省主要围绕新能源汽车零配件产业、产品、配套技术体系，展示出新能源汽车产业光明的发展前景。

近十年来，中国乃至辽宁省新能源汽车经受住了规模、商业化运行等方面的极大考验。新能源汽车产业及典型企业的示范推广的组织机制也发挥了重要的作用，取得了显著的社会效益。而且，在国家战略带动下，上汽、东风、长安、奇瑞、北汽、江淮、吉利、比亚迪等汽车骨干企业已经开始积极介入新能源汽车产品研发，国轩、比亚迪、力神、万向、中航锂电等一批动力电池企业，以及上海电驱动、南车时代、大洋电机等一批驱动电机企业得到产业投资。在规模化生产线建设和质量控制技术方面得到了快速提升；部分零部件开始参与国际采购，国家电网公司、南方电网公司、普天集团等大型国有企业围绕新能源汽车发展战略，积极介入充电基础设施建设并已展开行动。与此同时，面对快速增长的汽车市场和不断增加的产能，辽宁省新能源汽车产业发展模式与路径选择成为应对能源与环境挑战，促进我国实现由汽车大国向汽车强国转变的迫切需求的重要渠道。

然而，辽宁省新能源汽车产业发展仍然面临以下问题：第一，工业基础与关键技术较弱；第二，产品战略与系统集成不足；第三，顶层设计与政策配套有所欠缺。解决上述发展问题，有效培育与发展新能源汽车产业成为辽宁省新能源汽车产业发展的关键所在。

8.4.3 辽宁省新能源汽车产业发展的关键要素识别

汽车行业是市场化、工业化、规模化最充分的行业，既是关乎国家国民经济发展的重要支柱产业，又是与广大社会民众的衣食住行息息相关的产业。新能源汽车是在传统汽车的基础上增加了革命性的电驱动系统，增加了充电加氢等基础设施，实现了与信息技术更紧密的结合的产物。新能源汽车不仅延续了汽车的强市场竞争性，又具有全新的、更加复杂的全产业链条。新能源汽车的战略性新兴产业特征，使其培育工程面向了大众市场，涉及更多行业，具有全新的商业模式，从某种意义上来讲，实现难度更大。因此，应该聚焦新能源汽车及关联产业技术的复杂性，系统性分析辽宁省新能源汽车产业发展的关键要素，为后续路径战略选择打下基础。

综合研究国内外新能源汽车产业发展现状及面临的主要问题，新能源汽车的战略性新兴产业的培育与发展，应考虑用户需求、产品技术、应用环境、市场构建、产业培育、政府政策等六大关键影响因素。各要素之间相互牵制与影响，构成新能源汽车产业发展总的要素体系，每个要素又包含一系列的子要素，从而形成新能源汽车产业发展的诸多子系统。

在新能源汽车产业发展的六要素中，满足用户需求和产业培育是整个要素系统中两个最根本的目标因素。产业培育成功与否依赖于能否形成市场，构建包括初级产品市场和初级服务市场等；市场构建的决定要素是用户需求及配套的商业模式，而满足用户需求的必要条件则是应用环境良好和技术产品具有实用性和比较优势，作为产业培育初期关键要素发挥作用的催化剂，各级政府政策既是优化新能源汽车应用环境，营造用户需求，调动市场构建的决定因素，又是产品技术发展和产业培育实现的关键推动力。

1. 新能源汽车发展的用户需求要素分析

产品需求也可理解为产品包需求，不仅单指一个孤立的产品，而是指一个解决方案。以用户为中心进行产品设计，既需要考虑用户的直观需求和个体需求，又要把握用户针对这种需求的行为动机，从客户购买新能源汽车的决定的全过程来考量，发展新能源汽车要充分考虑新能源汽车由于动力系统及车用能源的根本变革所带来的自身满足用户需求的特性的变革，发挥新能源汽车的优势，赢得新的市场。

新能源汽车的用户定义应该是广义的，既要以市场经济中交易双方之一方的直接用户的需求为主要研究对象，用户定义需要强调经济性、产品适用性及商业模式的合理性，也不能忽视由于直接客户的社会性所带来的政府事业需求，以及与直接用户相关联的媒体及大众需求。作为全社会共同关注并为之努力的七大战略性新兴产业之一，新能源汽车的应用场所之广泛，与交通安全及能源环境关系之密切，产业链设计之长，市场化、社会化程度之高是有目共睹的。发展中的新能源汽车在产品投放、示范运行、推广应用、产品化发展等环节，有必要满足公众和媒体关注其发展，并对其进行多角度，全过程观察评价的需求，在满足用户直接用车需求的同时，还要充分考虑这些为个体服务的新能源车辆对道路、能源安全、环境资源的占用，兼顾大众对可持续移动的共同需求。

2. 新能源汽车发展的产品技术要素分析

产品技术是新能源汽车发展的关键要素之一，不仅因为它与用户需求及产业发展之间具有必然联系，更重要是因为到目前为止，新能源汽车在世界范围内仍存在产业技术难题，包括系统集成技术、电池等关键零部件技术等，反映到用户层面就是产品的性能、成本、可靠性、安全性等方面。新能源汽车产品技术主要包括：①新能源车辆全产业链产品，包括硬件与软件技术；②充电及加氢基础设施，包括全产业链、产品硬件与软件技术；③与智能交通结合的新能源汽车信息增值服务全产业链产品、硬件、软件及数据库技术。以上三个领域的产品技术群，将根据应用环境条件进一步融合为新能源汽车的全产业链产品技术。

我国的新能源汽车产业在战略性新兴产业培育下刚刚起步，就产品技术而言，不仅存在新能源汽车三大体系、产品技术协同创新等方面的短板，也存在整机、零部件体系内产品技术协同创新的短板，同时还存在与上游材料、信息、先进制造等相关产业协同创新的短板。所以，研究新能源汽车发展战略要变压力为动力、变基础为优势，从系统设计集成、行业合作、技术融合、协同创新等角度出发，统一考虑建设新能源汽车的战略性新兴产业的工业基础。

在我国，作为战略性新兴产业，新能源汽车正在孕育着一场超出汽车行业本身的产业技术革命，新能源汽车是新设计、新结构、新材料、新技术、新功能、新应用的良好载体，新能源汽车示范推广及产业化是自主原创技术实现集成、实现发展走向成熟的优质试验田。结合新能源汽车更多细分应用市场的个性化需求，不仅上述新的产品技术可以得到应用和发展，前面提到的新材料技术、信息技术、先进制造技术等也得到集成应用的载体。如果组织得当，我国在这些方面也将具有更大的发展潜力。

3. 新能源汽车发展的应用环境要素分析

作为新能源汽车的纯电动汽车、燃料电池车及近年衍生发展出来的增程式新能源汽车、插电式混合动力车等，在应用环境方面与传统汽车有着很大不同，这种应用环境上的差别在能源供给、信息互动、商业模式以及产业培育等方面会给新能源汽车相关产业带来完全不同于传统汽车产业的新的挑战与机遇。

应用环境的要素研究主要定位于新能源汽车的物理和技术衔接环境上：一是与传统汽车完全不同的充电/换电、加氢等能源供给基础设施应用环境；二是虽与传统汽车通用，但比其更具搭载优势的信息服务与车联网应用环境；三是作为传统汽车的补充与替代，新能源汽车服务并带动其发展的交通布局与系统高效应用环境；四是呼唤新能源汽车比传统汽车有更好表现，近年来不断增大并改变着的大众出行需求，以及多元化、绿色化的应用环境。

4. 新能源汽车发展的市场构建要素分析

与发展了100余年的传统汽车不同，新能源汽车无论在技术、产品还是市场等各方面都处于初级阶段。现阶段，我国新能源汽车初级市场的培育，既需要利用我国已经形成的电动化交通工具、市场基础、开辟多元细分"利基市场"，设计、尝试新的商业模式，尽快扩大培育新兴市场用户，又需要政府、城市管理者的大力推动和产品与服务提供方的积极配合与跟进，还需要开放市场，围绕新能源汽车促进市场的方方面面，引进新的产品、服务和商业模式以吸引更多的参与方，最终实现不同于传统汽车市场的新能源汽车初级市场培育的创新与突破。

由于纯电动驱动汽车在电池成本，能源供给，基础设施的建设、投资、整车发展初期投入等方面面临着巨大的压力，可以从总体判断现阶段，新能源汽车的经济性很难满足用户需要，为此国内外竞争发展各方正在通过政府推动开展应用环境建设及相关各方推动形成可行的商业化模式的方法加以解决，也在通过结合调动私人用户的社会责任和环保意识加以解决以启动初级市场。

电动汽车由电池和电驱动系统替代原有的发动机、变速箱等传统汽车的关键零部件，将从汽车结构上根本改变燃油车的动力系统与能源供应系统。汽车电动化技术作为一个颠覆式技术和替代性技术成为世界各国及汽车厂商的战略共识。在发展初期，颠覆性技术并不与主流市场竞争者争夺用户，而侧重在新的细分市场和边缘市场站住脚，通过不断改进产品性能，逐渐吸引传统汽车市场或主流市场的顾客。

5. 新能源汽车发展的产业培育要素分析

作为战略性新兴产业，在新能源汽车发展的整个要素系统中，产业培育是最根本的目标要素之一。新能源汽车产业培育的刺激要素主要包括整车企业与国际合作机制、能源和信息等服务参与者、全产业链向新进入者开放准入资格、众多战略投资者、系统集成与产业联盟的构建、零部件商与配套工业基础的形成六项。经过十多年的研发和推广示范，新能源汽车已经成为中国汽车产业实施由汽车大国向汽车强国发展的战略突破口。作为七大战略性新兴产业中最具体的产业之一，新能源汽车产业除了具有几大产业共有的战略性、前瞻性、支柱性以及振兴经济的产业投资属性之外，它还是唯一具有全产业链纵向培育特征的新兴产业。

新能源汽车产业培育关系重大。以新能源汽车这样一条上下游结合、左右产业随动的实体产业链；向前，可以满足巨大的产品有形市场和能源信息服务等无形市场的需求，并培育相应的服务产业；向后，可以带动新能源车辆产品硬件与软件全产业链带动充电和加氢基础设施产品硬件与软件全产业链，带动与智能交通结合的新能源汽车信息增值服务、产品硬件、软件及数据库全产业链，培育相应的实体产业；左右，可以利用其他战略性新兴产业中节能产业、环保产业、新兴信息产业、新能源产业、高端装备制造业和新材料产业等六大产业产品技术创新的最新成果，成为其创新发展最佳载体与系统集成试验平台，与相关战略性新兴产业互动发展。

在我国，由于新能源汽车发展的迫切性、细分市场的现实性，以及各级政府集中力量办大事的组织可行性，有可能围绕一些特定区域、特定细分市场，形成融合新能源汽车三大系统的集成技术的"官产学研"的协同创新战略联盟，解决行业之间的技术融合与新兴产业培育问题，并在制定统一的技术协调标准等方面取得相对于国外的竞争优势。

6. 新能源汽车发展的政府政策要素分析

研究表明，除组织特征、管理者特征之外，组织的外部环境也是影响创新的重要因素。企业研发投入深受制度环境的影响，在一个完整的制度下，市场能合理地为新知识和新技术定价，使用新技术能为企业带来超额利润，企业有动力进行研发投入，或在竞争加剧的情况下加强研发投入。

从世界主要国家的战略目标看，发展新能源汽车被普遍确立为保障能源安全和转型经济、低碳经济的重要途径，各国行动计划的共同特点是政府直接介入，政府通过组织能源、交通、制造等多部门联合推动，研发投入、产业布局、政策优惠等多管齐下，促进整车、动力电池、智能电网等多产业的交叉融合与综合发展，打造战略性新兴产业链条。

我国新能源汽车发展的政府政策要素主要包括以下四个方面：一是坚持贯彻国家保障能源安全、环境安全及战略性新兴产业培育的战略导向，远近结合、纵深布局政策；二是因地制宜，鼓励探索形成中央、地方、行业互动政策体系；三是积极、科学规划顶层设计，形成多元互动的政策体系并协调实施；四是在政策实施中，根据公开的第三方绩效评议以及媒体大众的多角度观察评价，及时评估政策效果，不断反馈修正政策。

8.4.4 辽宁省新能源汽车产业发展的技术与市场战略

新能源汽车发展的市场要素非常重要，它决定了相关技术创新，也决定了新能源汽车能够落地实施并推广实现应用的产业化。因此，对于辽宁省而言，通过商业模式创新以满足用户需求为出发点，逐步建立新能源汽车相关产品和服务的初级市场，进而实现新能源汽车、战略性新兴产业的起步与发展是可行的路径与模式。

新能源汽车在初级市场中取得成功，需要有安全可靠的车辆、便利的能源供给基础设施及良好的商业模式。与此同时，相关的产品和服务要有价格吸引力。目前，新能源汽车尚处于产业导入期和新型商业模式探讨期，基础设施与新能源汽车的配合尚处于磨合阶段。在这种技术条件下，良好的商业模式和定价机制对新能源汽车市场开拓显得越发重要。

1. 新能源汽车产业及市场的商业模式分析

在新能源汽车产业中，混合动力汽车、燃料电池汽车的商业模式与传统汽车大致相同，主流为整车销售、整车租赁模式。纯电动汽车的商业模式除上述整车销售、整车租赁模式外，还会有电池租赁、车网互动、基础设施综合集成等几种商业模式，主要是考虑到在纯电动汽车中，电池系统作为能量源和价值链的重要组成部分，渗透到各个环节是市场的关键要素。围绕动力电池可探讨一系列纯电动车新的商业模式，使其能够更好地为用户、汽车厂商、能源服务商所接受。

2. 新能源汽车产业的市场培育战略

当前，国内外对于新能源汽车所实施的大规模投资、补助、减税等鼓励政策，为新能源汽车市场的孕育创造了良好的机会，但新能源汽车产业与初级市场的发展却一再低于各国政府、业界及用户的预期，在这种形势下，为了有效培育新能源汽车这一战略性新兴产业，必须从建立可持续电动道路交通系统的高度综合考虑，探讨采取合适的商业模式和市场培育战略、市场开发与产业互动，与应用环境互动、与政策导向互动、与商业模式互动，开发出能够掀起市场潮流的产品，面向细分市场的利基发展。

（1）市场与产业互动。新能源汽车市场的发展需要政府用户、车辆企业、基础设施企业及其所带动的整个新能源汽车产业链条的战略支持与具体行动。一方面，需要以应用需求为根本出发点，由政府与用户通过政策、社会责任、合理出行等共同努力，营造一个新能源汽车的初级市场。另一方面，需要新能源汽车全产业链相关企业在技术、产品、标准和服务方面全面跟进；对于初期投入市场的新能源汽车本身的价格与服务、基础设施的价格与服务、电池等关键零部件使用过程的维护保养服务，产业界要有一个战略性的、相对均衡的、有吸引力的价格设定。

（2）市场与应用环境互动。为构建新能源汽车的初级市场，要为新能源汽车发展营造必要的基础设施配套环境、快速反应的维护保养服务环境、信息增值服务配套环境，需要进行大规模的投融资和共建共享，同时需要利用新能源汽车的用能、储能特性，通过引进可再生能源来减轻资源与环保压力。

利用分散、发电、蓄电等技术来控制整个城市的能源需求高峰，提高电网运行质量，结合智能交通系统技术和车辆之间的通信技术，解决城市内的交通堵塞问题。

（3）市场与政策导向互动。作为发展中的大国，尤其是作为东北老工业基地的辽宁省在能源环境和产业竞争的持续压力下，新能源汽车战略性新兴产业培育是社会进一步发展的重要突破口，为实现可持续交通、可持续产业、能源可持续经济的发展。辽宁省新能源汽车产业及周边产业需要作出巨大的变革和贡献，作为复杂系统的第一阶段，应当积极出台一系列、统一协调的多元、互动的政策来启动新能源汽车市场，包括车辆、基础设施、使用环节补贴、产业市场各项税收政策优惠，特别是在基础设施及持续应用环节，拿出让用户满意的政策和解决方案。

（4）市场与商业模式互动。新能源汽车市场化初期面临着价格、技术和充电方便性等三大瓶颈。在价格方面，新能源汽车价格偏高，不能形成对燃油车辆的市场竞争力；在技术方面，目前锂离子动力电池还不能完全满足新能源汽车的商业化应用，性能还无法与燃油车辆全面抗衡；在使用方便性方面，新能源汽车续航里程、能量补给尚不能与传统燃油车辆竞争。面对这三大瓶颈，应该在动力电池技术上取得进展的基础上，多管齐下，寻求新型商业化模式，打开新能源汽车大规模市场化的局面。

3. 我国新能源汽车市场发展趋势分析

（1）技术进步、模式创新、细分的利基市场发展将成为主流。在国外，量大面广的乘用车市场是汽车产业竞争的主战场。这种情况下，大型跨国汽车企业抓住乘用车市场，实现其新能源汽车的正面突破是合理的，这与其强大的技术创新能力及企业产品偏重于乘用车的结构有关。在中国，与国外大汽车企业目前尚专注于其乘用车领域的策略不同。未来十年，中国将主动应对节能减排压力，在包括乘用车在内的多种车型上实现技术创新和商业模式突破，利用自身的市场和政策优势，实现新能源汽车的细分利基市场的发展。辽宁省企业以及中国汽车企业具有巨大的市场潜力，有多层次的消费需求，每个细分市场都有一定的市场容量，通过竞争能培育一批专注于某一细分市场的、小型的、新型自主品牌和电动汽车企业。在开辟新能源汽车的多元细分利基市场的同时，中国新能源汽车产品与技术平台的一体化标准化车辆的电驱动系统的模块化、系列化，将得到良好的发展，在充分满足新能源汽车多元细分利基市场培育需求的同时，能有效集成资源，形成具有中国特色的产业园集群与协同创新格局。与此同时，中国将制定并实施新能源汽车在细分市场的市场化策略，顶层设计新型商业化模式及技术产品，优化资源配置，开发可与电力、能源系统、加氢基础设施等更好结合的各类新能源汽车，实现车辆产品与基础设施与能源系统与新型商业模式的协调发展。

（2）把握节奏、协调发展，融入可持续电动道路交通系统，实现新能源汽车战略性新兴产业地位的确立。汽车、电力、交通等领域企业的积极参与，以及国家、地方、相关行业的积极推动，为我国在建立可持续电动道路交通系统的框架下，把握节奏、协调发展新能源汽车创造良好的环境。随着中国经济持续发展、人民生活水平不断提高、节能减排措施不断增强，低速纯电动汽车将得到快速发展，与其配套的电机、电池、电控、电动电、空调等关键零配件与中高速纯电动驱动车辆共享技术和平台化、产业化平台得到发展。未来十年，中国能源的可持续供给机制有效利用，环境的可持续发展将被提上议程，交通规划、车辆运用、能源供给、信息互动、产业发展为一体的可持续电动道路交通系统将成为重要解决方案。在可持续交通中，电动车辆将因其智能化、信息化及其与能源、交通基础设施的高度衔接，给客运运输带来新的体验和效率。

（3）规范准入、系统推进，实现国家总体规划目标。随着我国新能源汽车准入制度改革的加大，在增加纯电动、轻型乘用车准入基础上，增加电动微型乘用车的准入，并同时将其计入达标数量统计。因此，从建设我国可持续电动道路交通系统的角度出发，放开准入、规范管理、建立充分开放的创新政策环境，既充分调动已有法规、企业投入的积极性，又欢迎新进入者积极介入，系统推进车辆能源信息系统的顶层设计和系统集成实现。轻微型、新能源汽车的市场拓展，是实现新能源汽车战略性新兴产业市场培育目标的重要措施。

（4）创新驱动、转型成长，成为创新发展主力军。在 2020 年之后，我国新能源汽车呈现出两个发展特点：其一，技术进步更加突出，自主联合创新走向良性循环，新能源汽车战略性新兴产业站稳脚跟、快速发展，无论是纯电动汽车、燃料电池汽车还是混合动力汽车，在其各具特色的优势领域中都会以超过传统汽车的增速增长。其二，在可持续电动道路交通系统中新能源汽车与电力及氢能源系统的结合将更加紧密。新的互动商业模式极具吸引力，足以吸引新能源汽车的用户和制造商积极加入，技术方向更加向纯电动驱动转型。燃料电池和纯电动车辆将比混合动力汽车有更快的增长率，在完成市场电动化的细分基础上，纯电动驱动车辆将进一步取代混合动力汽车，实现快速转型增长。

8.4.5　辽宁省新能源汽车产业发展的战略思考与推进措施

1. 辽宁省新能源汽车产业发展的战略定位与发展目标

辽宁省推进发展新能源汽车既不能脱离汽车工业发展的现实基础，又必须加大其与能源、环保、交通、城镇化等结合发展的力度，新能源汽车产业发展的战略定位应落脚在可持续电动道路交通系统上，不能一味地只看新能源汽车本身的产业增长，也要关注可持续电路、电动道路交通系统、全产业链制造业和服务业的增长。同时，还要看到新能源汽车在可持续电动交通及能源、环保方面是否起到相应作用。

中央提出的七大"战略性新兴产业"中新能源汽车产业的产品目标与市场相对明确、产业链条轮廓相对清晰，而且是典型的创新驱动型产业。发展新能源汽车战略性新兴产业是辽宁省应对能源、环境和气候变化挑战，保持可持续发展的战略选择，是培育新兴产业和新的经济增长点的战略选择，是实现汽车产业转型的战略选择。

新能源汽车产业作为战略性新兴产业的培育已经并正在经历着技术创新到产业化全过程的全面挑战，包括基础研究、应用研究、技术开发、产品创新、制度创新、产业化发展等。随着新能源汽车产业地位的确定，相关部门、企业、投资者发展新能源汽车产业的积极性大大增强，对新能源汽车宏观发展战略与方向把控、需求大大增加。因此，辽宁省应当抓住历史机遇，面向建设可持续电动道路交通系统，发展新能源汽车战略性新兴产业的重大需求，处理好市场基础性作用和政府引导推动的关系，处理好整体推进和重点突破的关系。立足当前、着眼长远、充分发挥企业创新主体作用，加大政策扶持力度，深化体制机制创新，着力营造良好环境，强化科技成果转化，推动新能源汽车产业战略性新兴产业快速健康发展。

辽宁省新能源汽车产业发展的战略目标体系涵盖以下方面：第一，在自主创新目标方面，建立较为完善的自主创新开发体系，展开多行业、多维度的协同创新，全面掌握新能源汽车及相关配套的可持续道路交通系统核心技术，形成具有国际同期水平的产品开发能力，自主开发的各类产品具有较强的国际竞争力。第二，在产业发展目标方面，从建立可持续电动道路系统的目标出发，发展新能源汽车战略性新兴产业，建立新能源汽车基础设施及关键零部件全产业链条的产品开发、生产、供应及售后服务保障体系，使新能源汽车规模化生产能力和网络化服务能力满足市场需求。第三，在市场环境目标方面，探讨适合中国市场特点以及辽宁省市场特征的可持续电动交通新型商业化模式，营造根植于真实社会需求的新能源汽车多元细分利基市场，完善新能源汽车消费和使用环境，各类新能源汽车以示范推广为突破口，大规模进入市场，初步缓解能源和环境压力。第四，在政策法规目标方面，充分利用政策法规的激励和约束机制，系统规划、超前部署，建立有利于新能源汽车发展的多元互动的政策法规环境，建立与之配套的新能源全产业链产品服务标准体系。第五，在国际合作目标方面，遵循国际技术经济法则，尊重知识产权，推动辽宁省与世界各国共享知识，创造产品进步和市场应用，面向全球、以我为主，建立辽宁新能源汽车全产业链条配套体系。

2. 辽宁省新能源汽车产业发展的推进措施

推动辽宁省新能源汽车产业的发展需要各方努力，从解决发展中的问题入手。第一，在战略层面，制定可持续的电动交通发展战略及技术路线图，配套制定详尽工程路线图，做好顶层设计。第二，在政府层面，加强统筹协调、共享专家、智库资源，建立辽宁省新能源汽车产业发展的多元、互动政策体系，进一步加大财税规制及各类行政资源的投入和聚焦，促进市场竞争。第三，在企业层面，投入更多资源，推进辽宁省新能源汽车企业产品规划，加强行业与产业融合。第四，在产学研联合开发层面，精准配套研发、资源跟进、产业化投资，形成关键技术共性技术研发平台、形成协同共享研发体系、形成人才知识体系、形成数据标准专利体系。第五，在示范推广层面，加大示范运行、试验验证、用户评价、数据积累等方面工作力度，推进可持续电动道路交通系统及新能源汽车相关新技术、新产品、新模式逐步成熟，进入规模化应用。

（1）制定路线图，统筹建立辽宁省可持续电动车道路交通系统。新能源汽车走向市场是一个长期的过程，也是一个复杂而艰巨的系统过程。在今后一段时间内，必须坚持统筹规划与分步实施相结合、自主创新与开放合作相结合、政府引导与市场调节相结合，统筹建立电动车道路交通系统、加强示范系统，稳固推进新能源汽车战略性新兴产业的发展。因此，应制定可持续电动交通发展战略及技术路线图，做好顶层设计，做好辽宁省新能源汽车行业部门与产学研各方合作分工。

（2）找准突破口，加速发展新能源汽车战略性新兴产业。首先，建立新型商业模式是最基本的突破口，应该充分考虑各方面需求的满足、技术产品的协同、资源的集成设计、各类具有中国以及辽宁地方特色的经济技术可行性的商业模式。在商业模式探讨与多元市场开拓中，重视技术提升与市场应用的良性互动，重视培养初级市场，以及利用边缘市场逐步升级。在产品性能方面，在强调安全适用的条件下，既要防止过于支持低端市场的现象发生，又要防止过于追求高端而超出辽宁省新能源汽车企业主导市场应用进程能力的问题出现；同时也要聚焦重点产品与服务。事实上，发展辽宁省新能源汽车产业应聚焦重点产品市场，推动传统汽车与其他行业相结合、制造业与服务业相结合。与此同时，在新能源汽车配套服务业方面，应大力发展研发咨询服务业、车载信息增值服务业、售后服务业、新型商业模式、租赁服务业等。

（3）以企业为主体，根据细分利基市场需求展开协同创新。企业要发挥创新主体作用，投入更多资源，实质性融合产学研力量和同行力量，加强协作开发，将新能源汽车落实到企业的产品规划上。在技术层面，通过"官产学研金"合力，聚焦精准配套资源与投资，深入攻关薄弱环节。发展新能源汽车战略性新兴产业的关键是掌握核心技术，实现全产业链的技术集成创新，只有采取协同集成创新，才能弥补竞争劣势和满足商业模式创新的要求；只有整合资源，才能培育出更具活力和竞争优势的辽宁省新能源汽车战略性新兴产业。

（4）实现考核的可行性，以示范、推广为平台实现启动和突破。在考核、示范、推广层面，由示范城市和相关技术组织考核新能源汽车及可持续电动车道路交通系统各项协同创新技术的先进性、适用性，验证各新兴商业模式及相关产品的技术、经济可行性，在掌握充分的数据和论证后，进行示范推广。其中，新能源汽车及其商业模式的考核、验证与示范、推广工作应以辽宁省主要示范城市为单元展开，从区域、经济、社会、环境、交通及城乡融合发展根本需求出发，融入社会、区域，建立可持续电动车道路交通系统的工作中去。战略性新兴产业，特别是具有全产业链纵向培育特征的新能源汽车产业，必然吸引众多战略投资者，因此要结合国家政策措施，结合新型商业模式需求，结合辽宁省新能源汽车产业投资真实需求，引导、帮助战略投资者进入。

第 9 章

新质生产力推进专精特新
中小企业发展的路径研究

9.1 新质生产力推进后发企业
技术追赶的研究背景

在当今全球经济格局深度调整与科技迅猛发展的态势下，新质生产力的培育与发展成为各国抢占产业制高点的关键战略举措。新质生产力作为依托科技创新、新兴产业崛起以及生产要素创新性组合而形成的先进生产力形态，正驱动着传统产业的深刻变革，并催生出一系列具有前瞻性、颠覆性的新兴产业集群。新质生产力的提出打破了传统生产力发展的路径依赖，以数字化、智能化、绿色化等为显著特征，为经济高质量发展注入澎湃动能。

专精特新中小企业作为我国产业体系中最具活力与创新潜能的微观主体，聚焦细分领域，凭借专业化的技术工艺、精细化的管理模式、特色化的产品服务以及新颖化的创新理念，在市场竞争中脱颖而出。这类企业专注于核心业务，深耕产业链关键环节，不仅能够精准对接市场多样化需求，填补大企业在细分领域的供给空白，还在解决关键核心技术"卡脖子"问题、提升产业链供应链韧性方面发挥着中流砥柱的作用，是推动我国制造业向高端化、智能化、绿色化迈进的生力军。

新能源汽车产业作为战略性新兴产业的突出代表，集新能源、新材料、先进制造、智能网联等诸多前沿技术于一身，是新质生产力的典型承载领域。近年来，我国新能源汽车产业在政策引导、技术创新与市场驱动的多重合力下，实现了跨越式发展，产销量连续多年位居全球首位，成为引领全球汽车产业变革的重要力量。然而，在产业蓬勃发展的背后，仍面临着诸如核心技术瓶颈、市场竞争加剧、产业链协同不足等诸多挑战。在此关键节点，探讨新质生产力如何赋能新能源汽车产业中的专精特新中小企业，助力其突破发展困境、实现高质量发展，具有极其重要的现实意义。

一方面，从产业发展维度看，有助于新能源汽车产业进一步优化升级。专精特新中小企业借助新质生产力蕴含的创新要素，能够加速关键技术攻关，提升产品品质与性能，完善产业生态，推动新能源汽车产业朝着更高质量、更具竞争力的方向发展，稳固我国在全球新能源汽车领域的领先地位。另一方面，从经济发展全局考量，二者的有机融合能够激发市场活力，创造更多就业机会，促进产业结构优化调整，为我国经济的持续增长与高质量发展筑牢根基。同时，对于全球范围内应对能源危机、气候变化等共同挑战，提供了极具价值的"中国方案"与实践范例，彰显中国在绿色发展、科技创新领域的责任与担当。

当前，国内外学者对新质生产力相关理论研究多聚焦于技术创新与经济增长关系、产业变革驱动因素等方面。如熊彼特的创新理论强调创新是打破经济均衡、推动产业发展的核心力量，为新质生产力中技术创新主导作用提供理论溯源；美国学者波特在竞争优势理论中提及产业集群通过创新要素集聚催生新竞争力，与新质生产力依托新兴产业集群塑造竞争优势相呼应。在专精特新企业研究领域，德国学者赫尔曼·西蒙对"隐形冠军"企业的剖析，揭示了专注细分领域、追求卓越品质、持续创新的中小企业成长路径，为我国专精特新企业培育提供宝贵借鉴。然而，国外研究鲜有将新质生产力与专精特新中小企业纳入统一框架，剖析二者在特定产业协同发展机制。

对于新质生产力的研究自习近平总书记提出该概念后，在学术界呈现出井喷式增长。学者们围绕新质生产力内涵、特征、生成路径展开深入探讨，多维度解析其科技创新驱动、产业跨界融合、要素创新组合等本质。在专精特新企业研究方面，国内成果聚焦于政策扶持、成长驱动因素、梯度培育体系构建。但现有研究对新质生产力与专精特新中小企业结合点探究尚浅，尤其在新能源汽车这类新兴产业场景下，二者协同发展的战略规划、实施路径与政策优化缺乏系统性、针对性研究，亟待深入挖掘以填补理论空白，为产业实践提供精准指引。

9.2 新质生产力与专精特新中小企业的内涵关联解析

9.2.1 新质生产力的概念与特征

新质生产力是指在现代经济发展中，以知识、技术和信息为核心要素，通过创新活动形成的生产能力，它强调的是生产要素的质的提升和结构的优化，而非传统意义上量的扩张。新质生产力的提出反映了经济增长方式从依赖资源消耗向依赖创新驱动转变的趋势。新质生产力是在新一轮科技革命与产业变革浪潮中应运而生的先进生产力范式，它挣脱了传统生产力的桎梏，依托前沿科技创新成果，驱动生产要素的创新性重组，催生出全新的产业形态与商业模式，为经济社会发展注入磅礴动能。

科技创新作为新质生产力的核心驱动力，涵盖了基础科学研究的突破性进展、关键核心技术的攻坚以及前沿技术在产业领域的广泛应用。诸如人工智能、量子计算、基因编辑等颠覆性技术，不仅重塑了传统产业的技术底座，更孵化出智能机器人、量子通信、生物医药等新兴产业集群，使人类生产活动迈向全新维度，极大拓展了生产力边界。

产业融合是新质生产力发展的显著特征。在数字化、网络化、智能化技术赋能下，第一、第二、第三产业间的边界日益模糊，跨界融合成为常态。制造业与服务业深度融合催生了服务型制造新模式，企业从单纯产品供应商向"产品＋服务"综合解决方案提供商转变；农业与信息技术融合诞生智慧农业，借助物联网、大数据实现精准种植、智能养殖，大幅提升农业生产效率与质量；工业互联网平台贯通制造业上下游产业链，促进资源优化配置、协同生产，激发产业新活力。

人力要素提升是新质生产力发展的关键支撑。面对新兴技术密集涌现的知识经济时代，劳动者素质与技能的进阶至关重要。高学历、跨学科、创新型人才成为推动新质生产力发展的主力军，他们凭借深厚专业知识、敏锐创新思维与卓越实践能力，驾驭前沿技术，引领产业创新潮流；同时，持续的职业教育与技能培训体系为劳动者更新知识结构、掌握新技能赋能，确保人力要素与新质生产力需求精准适配。

创新性是新质生产力的灵魂所在。它摒弃传统路径依赖，以原创性、颠覆性技术创新为引领，打破既有产业格局与技术范式，开辟全新竞争赛道。从新能源汽车对燃油车的迭代，到5G赋能千行百业催生新业态，创新贯穿新质生产力发展全程，持续为经济增长孕育新增长点。

融合性赋予新质生产力强大生命力。跨越产业界限，促使不同产业在技术、产品、市场、组织等多层面深度交织，衍生出融合型产业生态。如智能网联汽车融合汽车制造、电子信息、互联网等产业优势，汇聚各方资源，创造出前所未有的驾乘体验与出行服务模式，实现"1＋1＞2"的协同效应。

可持续性是新质生产力发展的内在要求。聚焦绿色低碳技术创新，推动产业全链条绿色转型，降低资源消耗与环境负荷。新能源产业蓬勃兴起，太阳能、风能、氢能等清洁能源逐步取代传统化石能源，从能源生产到终端消费重塑经济发展能源版图，为子孙后代守护绿水青山，保障经济社会永续发展。

9.2.2　专精特新中小企业的界定与优势

专精特新中小企业是我国产业体系中独具特色、充满活力的群体，它们锚定细分市场领域，持之以恒深耕细作，凭借"专业化""精细化""特色化""新颖化"特质，在激烈市场竞争中崭露头角，构筑起产业高质量发展的微观根基。

"专"即为专业化，体现为专注细分领域核心业务，这类企业聚焦于某一特定细分市场，将有限资源精准投放到关键环节，深度钻研专业技术，淬炼精湛工艺，为产业链上下游提供高品质、差异化零部件、元器件或配套服务，成为产业分工中不可或缺的"螺丝钉"，在细分赛道铸就专业优势壁垒。

"精"即为精细化，聚焦精细化管理与运营。从生产流程管控、质量检测到客户服务反馈，全方位构建精细化管理体系，以严苛标准雕琢产品品质，追求极致卓越，用高性价比、零缺陷产品赢得市场口碑；同时，精细优化运营流程，降本增效、提升企业运营效率与效益，于细微之处彰显企业匠心精神。

"特"即为特色化，突出特色化产品与服务打造。立足地域特色资源、传统技艺传承或独特技术工艺创新，匠心独运开发蕴含地域文化、个性化定制、功能独特的产品或服务，塑造独一无二品牌标识，满足消费者多样化、小众化需求，在细分市场独树一帜，提升品牌附加值与客户忠诚度。

"新"即为新颖化，落脚于持续创新驱动发展。保持对前沿技术、市场趋势高度敏锐嗅觉，加大研发投入，汇聚创新人才，积极开展产学研合作，加速新技术、新工艺、新材料应用转化，推陈出新开发适应市场动态变化的新产品、新服务，以创新作为企业发展源动力，抢占市场先机，实现弯道超车。

专精特新中小企业是技术创新的先锋军。相较于大企业，它们机制灵活、决策高效，能快速响应市场技术需求变化，聚焦细分领域关键技术难题，大胆投入研发资源，在某些前沿技术、"卡脖子"环节取得突破性创新成果，为产业技术进步提供关键支撑，成为推动产业升级的创新引擎。专精特新中小企业是产业链补链强链的关键拼图，凭借深耕细分领域积累的专业技术与工艺，精准嵌入产业链薄弱环节或关键节点，填补大企业配套空白，与上下游企业协同联动，优化产业链资源配置，增强产业链韧性与抗风险能力，保障产业链供应链稳定畅通，在产业生态中扮演不可或缺角色。

专精特新中小企业是应对市场风险的韧性主体。专精特新中小企业专注细分市场使其与客户需求紧密相连，能够敏锐捕捉市场波动信号，快速调整经营策略、产品结构；专业化、特色化产品与服务塑造的品牌忠诚度，构筑起抵御市场竞争、需求变化的护城河，即便在宏观经济下行、市场动荡期，依然能凭借差异化优势稳健经营，为经济稳定增长提供微观支撑。

9.2.3　新质生产力与专精特新企业协同发展的逻辑关系

新质生产力与专精特新中小企业宛如共生、共荣的生态共同体，彼此紧密关联、相互促进，携手奏响产业高质量发展的激昂乐章。

一方面，新质生产力为专精特新中小企业开辟广阔发展天地。科技创新成果作为新质生产力的核心产出，为专精特新企业送来源源不断的技术养分。新兴技术在细分领域的渗透融合，助力企业突破传统技术瓶颈，迭代升级产品性能、工艺水平，如新能源汽车领域电池技术革新，赋能专精特新电池企业提升能量密度、延长续航里程，以技术领先抢占市场高地。产业融合浪潮重塑产业生态，催生出多元细分新赛道，为专精特新企业创造海量市场机遇。智能制造融合趋势下，工业软件、智能传感器等细分领域需求井喷，专精特新企业得以精准切入，拓展业务版图。同时，新质生产力对高素质人才的强劲需求拉动教育、培训体系升级，为专精特新中小企业输送适配的创新型、复合型人才，充盈企业发展智力源泉，提升企业创新管理能力，全方位赋能企业成长。

另一方面，专精特新中小企业为新质生产力筑牢实践根基。专精特新中小企业扎根细分市场的创新实践，恰似繁星点点汇聚，为新质生产力发展提供丰富试验田与落地场景。专精特新中小企业聚焦细分领域技术痛点，靶向发力开展研发创新，所积累的微创新成果、应用案例为前沿技术迭代优化提供一手反馈，推动基础研究与产业应用紧密衔接，加速新技术商业化进程，助力新质生产力从理论构想迈向产业现实。专精特新中小企业凭借对细分产业链精准洞察，其可以高效协同上下游企业，优化资源配置，以点带面促进产业集群式发展，加速产业融合步伐，为新质生产力在产业层面拓展深度广度；专精特新中小企业的差异化竞争策略塑造多元细分市场主体格局，激发市场创新活力与竞争氛围，反向驱动企业持续创新，形成新质生产力发展的内生动力循环，携手共进推动产业迈向中高端，为经济高质量发展注入持久动力。

9.2.4 新质生产力影响专精特新中小企业发展的机制

1. 新质生产力促进中小企业创新中的角色

新质生产力作为推动企业创新的关键因素，其在专精特新企业中的作用尤为显著。通过引入先进的技术和管理理念，新质生产力能够促进企业产品的研发和升级，提高生产效率，降低成本，从而增强企业的市场竞争力。此外，新质生产力还能够帮助企业更好地适应市场需求的变化，实现快速响应和灵活调整。

2. 协同创新对提升企业竞争力的作用机制

协同创新是新质生产力发挥作用的重要途径之一。在专精特新中小企业中，通过建立产学研合作平台，加强与高校、研究机构的合作，可以有效地整合各方资源，促进知识和技术的转移与转化。同时，专精特新中小企业内部跨部门、跨团队的协作也能够激发创新思维，加速新产品的开发过程。

3. 优化和创新驱动对企业可持续发展的重要性

优化和创新驱动是企业实现可持续发展的必要条件。对于专精特新中小企业而言，通过持续的技术优化和产品创新，不仅可以满足市场的需求，还能够开辟新的增长点。此外，创新驱动还意味着在管理模式、营销策略等方面的革新，这些都是企业适应不断变化的市场环境，保持长期竞争优势的关键。

4. 激励机制在促进企业创新中的关键作用

激励机制是激发企业创新活力的重要手段。在专精特新中小企业中，建立科学的激励体系能够有效地调动员工的积极性和创造性，鼓励他们参与到创新活动中来，这不仅包括物质激励如奖金、股权等，也包括精神激励如职业发展规划、工作环境改善等。通过合理的激励机制，企业能够吸引和保留人才，形成良好的创新文化氛围。

9.3 新质生产力推进新能源汽车企业发展的战略实践

9.3.1 新能源汽车产业整体发展态势

近年来，我国新能源汽车产业在政策东风的强劲吹拂与市场需求的澎湃驱动下，一路高歌猛进，实现了跨越式发展，已发展成为全球新能源汽车领域的领军力量。

从产销量数据来看，国家统计局2024年1月公布的数据显示，我国新能源汽车产销量持续"井喷式"增长，连续多年稳坐全球头把交椅。根据中国汽车工业协会统计分析，2023年，新能源汽车产销量分别达到958.7万辆和949.5万辆，同比分别增长35.8%和37.9%，产销量占全球比重超过60%，这一数据彰显出我国新能源汽车产业的雄厚实力与规模优势。截至2023年底，我国新能源汽车保有量飙升至2041万辆，占汽车保有量比重为6.1%，较上一年度显著提升，标志着新能源汽车在国内汽车市场的渗透率稳步上扬，正从新兴事物逐步迈向主流出行选择。

在出口维度，我国新能源汽车同样成绩斐然。中国汽车工业协会统计显示，我国新能源汽车2023年出口量一举突破120万辆大关，达到120.3万辆，同比增长77.2%，出口额超400亿美元，远销全球160余个国家和地区，平均每出口3辆汽车就有1辆是新能源汽车，成为我国汽车出口的核心增长引擎，向世界展现"中国智造"的魅力与风采。欧洲、东南亚等地区成为我国新能源汽车出口的主阵地，比亚迪、上汽、奇瑞等车企在海外市场斩获颇丰，不断拓展国际版图，提升品牌国际影响力。

在技术层面，我国新能源汽车技术创新日新月异，与国际先进水平差距日益缩小，部分领域甚至实现弯道超车。电池技术作为新能源汽车的"心脏"，我国在锂离子电池研发、生产方面全球领先，宁德时代、比亚迪等企业的动力电池装机量连续多年位居世界前列，能量密度持续攀升、成本不断下探、安全性显著增强。同时，固态电池、钠离子电池等下一代电池技术研发如火如荼，为产业未来发展蓄势储能。在电机、电控领域，精进电动、汇川技术等企业精耕细作，驱动电机效率、电控系统稳定性与智能化水平大幅提升，"三电"系统集成度越来越高，有力支撑整车性能优化。

智能化、网联化成为我国新能源汽车产业发展的鲜明标签。智能驾驶从低级辅助驾驶向高级自动驾驶加速迈进，激光雷达、摄像头、毫米波雷达等传感器与高精度地图、车联网技术深度融合，越来越多车型搭载自动泊车、自适应巡航、车道保持等智能驾驶功能，为消费者带来全新出行体验。车联网生态蓬勃发展，车辆与云端、道路设施实时交互，实现远程控制、智能导航、信息娱乐推送等丰富功能，新能源汽车正从单纯交通工具向智能移动终端蜕变，重塑未来出行蓝图。

9.3.2 新能源汽车专精特新中小企业的布局与成效

在我国新能源汽车产业蓬勃发展的浪潮中，专精特新中小企业锚定关键细分领域，精准发力，深度嵌入产业链，成为推动产业创新发展、迈向高端化的关键力量，在产业版图中勾勒出独特且重要的布局脉络。

在电池领域，众多专精特新中小企业聚焦于动力电池及关键材料研发生产，成为产业技术创新与供应链稳定的中流砥柱。部分企业专注于高镍三元材料、磷酸铁锂等先进正极材料研发，通过优化材料结构与合成工艺，提升电池能量密度、循环寿命，满足新能源汽车长续航、高安全性需求；在负极材料方面，有企业专攻硅基负极等新型材料，攻克硅材料膨胀难题，实现电池容量跃升。电解液、隔膜等细分领域，专精特新企业同样表现亮眼，研发出高稳定性电解液、耐高温隔膜等产品，全方位提升电池性能。据天眼查数据，全国涉及新能源汽车电池领域的专精特新企业约200家，它们凭借专业技术优势，为宁德时代、比亚迪等头部电池企业供应高品质关键材料，保障电池产业链供应链自主可控，助力我国成为全球动力电池制造强国。

电机与电控系统环节，专精特新中小企业同样展现出强劲的创新活力与市场竞争力。在驱动电机领域，企业围绕永磁同步电动机、异步电动机等技术路线精研细究，通过优化电机设计、采用新型电磁材料、提升制造工艺精度，提高电机功率密度、效率，降低噪声与重量，满足新能源汽车不同工况高效运行需求。电控系统方面，企业专注于研发高精度电机控制器、电池管理系统（BMS）等核心部件，运用先进的矢量控制算法、智能诊断技术，实现对电机精准控制、电池状态实时监测与安全管理，确保新能源汽车动力输出平稳、续航精准可靠。如精进电动作为新能源汽车电驱动系统领军企业，其研发的高效驱动电机及控制系统广泛应用于国内外主流车企，填补国内高端电驱动系统空白，推动我国新能源汽车电驱动技术迈向国际前沿。

除核心部件外，专精特新中小企业在新能源汽车轻量化、智能网联零部件、充电设施等细分领域也多点开花。在轻量化领域，企业利用铝合金、碳纤维等新型材料，研发生产轻量化车身结构件、底盘部件，助力新能源汽车减重续航，契合节能减排大趋势；智能网联零部件方面，有企业专注于车载传感器、智能座舱域控制器、车联网通信模块等研发制造，为新能源汽车智能化升级添砖加瓦；充电设施领域，一批专精特新企业致力于研发高效智能充电桩、换电设备，提升充电便利性与运营效率，破解新能源汽车"里程焦虑"难题。这些企业在各自细分赛道精耕细作，部分成长为细分领域龙头，凭借差异化产品与服务，与整车企业、大型零部件供应商紧密协同，优化产业资源配置，强化产业链薄弱环节，提升我国新能源汽车产业整体竞争力，为产业高质量发展注入源源不断的创新活力。

9.3.3 新能源汽车企业发展面临的问题与挑战

1. 新能源汽车中小企业面临技术瓶颈制约

在新能源汽车领域，专精特新中小企业面临着诸多棘手的技术瓶颈。在关键核心技术层面，高端芯片、操作系统等仍高度依赖进口，国内自主研发能力虽有提升但尚未实现根本性突破。以自动驾驶芯片为例，其算力、可靠性要求严苛，目前国际巨头在先进制程、算法优化上占据优势，国内企业追赶难度大，导致国产新能源汽车在智能化进阶之路上受阻。同时，基础研究薄弱，如电池能量密度提升、固态电池研发等领域，从基础材料到系统集成的底层创新不足，难以支撑产业向更高性能、更安全方向跨越。技术研发投入大、风险高，中小企业资金实力有限，难以像大型车企那样大规模、持续性投入，研发周期一旦拉长，极易陷入资金与技术的双重困境，技术迭代受阻，在全球竞争赛道上逐渐掉队。

2. 新能源汽车专精特新企业的资金支持不足

资金问题成为束缚新能源汽车专精特新企业发展的重要瓶颈。一方面，融资渠道相对狭窄，中小企业因规模小、抵押物有限，银行贷款难度颇高，信用贷款额度难以满足研发与扩张需求；资本市场直接融资亦面临阻碍，上市门槛及成本让许多企业望而却步，债券发行也因信用评级等问题受阻。另一方面，财政补贴退坡趋势明显，在产业发展前期，补贴对企业研发、生产起到关键助推作用，但近年来补贴标准收紧、金额下降，企业盈利空间被压缩，资金短缺使技术升级、产能扩充、市场拓展计划纷纷搁置，严重制约企业做大做强。

3. 新能源汽车专精特新企业面临人才资源匮乏

人才短板在新能源汽车专精特新企业中日益凸显，高端、复合型人才，尤其是既懂汽车工程又精通电子信息、人工智能等前沿技术的人才稀缺，这类人才多流向大型车企或科技巨头，中小企业难以凭借薪资、平台吸引力与之竞争。技术工人同样供应不足，新能源汽车制造向智能化、高精度迈进，对熟练掌握先进制造工艺、设备运维的工人需求大增，然而职业教育体系人才输出与产业需求匹配度欠佳，企业内部培训体系又不完善，人才断档使得新技术落地、新产品量产进程延缓，制约企业创新步伐与发展速度。

4. 新能源汽车专精特新企业面临市场竞争加剧

随着新能源汽车产业蓬勃发展，市场竞争愈发白热化。行业扩张吸引大量企业涌入，专精特新中小企业不仅要应对国内同行在技术、成本、渠道上的激烈角逐，还要直面国际巨头的降维打击。国际车企凭借深厚品牌积淀、全球供应链优势、先进技术储备，在高端市场抢占先机；国内大型车企依托规模经济、全方位产品线，不断挤压中小企业生存空间。在价格战硝烟弥漫背景下，中小企业利润微薄，若无法凭借特色技术、差异化产品找准细分市场定位，极易在市场洪流中被淘汰出局，市场份额岌岌可危。

9.3.4 新质生产力推进新能源汽车专精特新企业发展的战略意义

1. 新质生产力促进新能源汽车企业的技术创新突破

新质生产力作为科技创新驱动的前沿力量，为新能源汽车专精特新企业攻克核心技术难题、实现技术迭代升级注入强大动力，助力企业在激烈的市场竞争中脱颖而出，抢占技术制高点。

以鲸充新能源为例①，作为江苏省专精特新中小企业，其专注于新能源汽车充电基础设施领域，凭借卓越的技术研发能力，自主研制出 PCM 功率控制模块，可实现动态功率分配，支持普通终端 250kW 输出，液冷终端最高 600kW 输出，大幅提升充电速率与设施利用率。这一创新成果的背后，是新质生产力要素的深度赋能。一方面，数字化技术在研发过程中广泛应用，通过模拟仿真、大数据分析等手段，精准优化模块设计，提高功率转换效率，降低能耗；另一方面，企业吸引汇聚一批跨学科高端人才，涵盖电力电子、计算机、材料科学等领域，他们凭借深厚专业知识与创新思维，攻克高功率传输、散热管理等关键技术瓶颈，实现从理论构想迈向工程实践的跨越。

广东伟的新材料股份有限公司②是专注于高分子新材料研发的专精特新企业，为满足新能源汽车充电部件用材严苛需求，研发出无卤阻燃增强聚酰胺（导热）PA（TcPA）和硅氧烷 PC 两种新材料；TcPA 将陶瓷特性引入高分子材料，兼具无卤阻燃、导热绝缘、易加工等优势，解决高电流、高电压场景下材料碳化问题，广泛应用于新能源充电接头等关键部位；硅氧烷 PC 把硅元素接入 PC 塑胶，赋予材料优异低温延展性与耐候性，耐受极寒与户外长期暴晒，用于充电桩外壳等部件。在研发进程中，企业依托产业融合趋势，与新能源汽车制造商、科研机构紧密合作，及时洞悉市场对材料性能的动态需求；同时，持续加大研发投入，研发人员占比超五成，每年研发投入近 2000 万元，构建起产学研用协同创新生态，以材料创新为新能源汽车产业筑牢根基，打破国外技术垄断，填补国内空白，实现关键材料自主可控。

2. 新质生产力推进新能源汽车企业的产业生态优化

新质生产力凭借强大的融合性与协同性，推动新能源汽车专精特新企业

---

① 鲸充新能源科技有限公司的基本情况、产业特征、技术情况等由公司网站、公开报道等获取并整理得到。

② 广东伟的新材料股份有限公司的基本情况、技术情况等由公司网站、公开报道等获取并整理得到。

构建紧密的产业生态，吸引上下游企业集聚协作，优化资源配置，提升产业链韧性与抗风险能力，为产业稳健发展保驾护航。

在新能源汽车电池回收利用领域，部分专精特新企业崭露头角，成为产业生态闭环构建的关键节点。这些企业利用先进的物理分选、化学萃取等技术，对废旧电池中的锂、钴、镍等关键金属进行高效回收提纯，实现资源循环利用。它们向上游与电池生产企业、整车厂深度合作，建立废旧电池逆向回收渠道，确保稳定原料供应；向下游为新材料制造企业提供高品质再生原料，降低电池生产成本，减少对原生矿产依赖。从新质生产力视角，数字化管理系统贯穿回收全流程，通过物联网、区块链技术，实现废旧电池来源可追溯、去向可查证、状态可监控，保障回收利用安全性与合规性；智能化拆解、提炼设备提升回收效率与产品纯度，契合产业绿色低碳发展潮流，以资源闭环流转赋能产业可持续发展。

在智能网联零部件环节，专精特新中小企业同样发挥产业协同"黏合剂"作用，专注于车载传感器研发的企业，与整车制造企业、自动驾驶算法企业协同创新，依据智能驾驶功能需求定制化开发激光雷达、毫米波雷达等传感器，为车辆精准感知周边环境提供"眼睛"；智能座舱域控制器企业，联合软件开发商、芯片制造商，打造集人机交互、信息娱乐、车辆控制于一体的智能座舱系统，提升驾乘体验。在此过程中，新质生产力驱动产业跨界融合，5G、云计算、人工智能等技术融入零部件研发制造，使智能网联零部件与整车深度适配，形成有机整体，加速新能源汽车从交通工具向智能移动终端蜕变，催生产业发展新动能，强化产业生态协同共进效应。

3. 新质生产力赋能新能源汽车企业的市场竞争力提升

新质生产力赋能新能源汽车专精特新企业全方位提升市场竞争力，从产品品质雕琢、品牌形象塑造到市场份额拓展，助力企业在国内外市场纵横驰骋，彰显中国新能源汽车产业风采。

在产品质量提升维度，专精特新企业借助新质生产力实现精细化生产管控与技术升级。如部分生产新能源汽车轻量化零部件的企业，引入工业互联网、智能制造技术，搭建数字化生产车间，对铝合金、碳纤维零部件加工过程实时监测、精准调控，确保产品尺寸精度、力学性能高度一致，废品率降至极低水平。通过优化材料结构与成型工艺，在减轻零部件重量同时，保障甚至提升其强度、刚度，为整车续航里程提升、能耗降低贡献关键力量，以高品质产品赢得整车企业信赖，在供应链中站稳脚跟，提高市场议价能力。

在品牌塑造方面，新质生产力助力专精特新企业打造差异化竞争优势，积淀品牌内涵。一些专注于新能源汽车个性化定制内饰的企业，融合数字化设计、柔性制造技术，为消费者提供从材质选择、图案设计到功能配置的一站式定制服务，满足小众化、高端化需求，塑造独具匠心的品牌形象；专注于智能充电服务的企业，通过 App 打造便捷充电体验，结合大数据精准营销，传播品牌绿色、智能理念，提升品牌知名度与美誉度。

在市场拓展领域，新质生产力为专精特新企业打破地域界限，开辟国际市场"绿色通道"。凭借先进技术与高性价比产品，新能源汽车电机、电控系统专精特新企业，跟随整车出口步伐，积极融入国际供应链，与欧美、东南亚等地车企配套合作，在国际市场锤炼技术、积累口碑；部分充电设施企业，依据不同国家和地区电力标准、气候环境，定制化研发出口型充电桩、换电设备，以技术适应性和服务本地化，加速海外市场布局，提升我国新能源汽车产业全球影响力，增强在国际市场规则制定、产业发展方向引领上的话语权，为产业持续繁荣拓展广阔天地。

9.3.5 新质生产力推进新能源汽车专精特新企业发展策略

1. 强化对新能源汽车专精特新中小企业的政策扶持与引导

政府应进一步强化对新能源汽车专精特新中小企业的政策扶持力度，构建全方位、多层次政策支持体系。在财政补贴方面，在研发环节，针对企业开展的关键核心技术研发项目，如固态电池技术攻关、自动驾驶芯片研发等，给予专项补贴，弥补研发资金缺口，缓解企业资金压力；在生产环节上，对于采用先进智能制造工艺、提升产品质量与生产效率的企业，依据设备投入、产能提升幅度给予相应补贴，助力企业扩大优质产能。税收优惠政策持续加码，对企业购置研发设备、引进高端人才产生的费用，允许加速折旧、加计扣除；对高新技术产品销售收入，减免企业所得税，增强企业盈利能力，激发企业创新投入积极性。设立新能源汽车专精特新产业发展专项基金，聚焦电池回收利用、智能网联关键零部件等细分领域，以股权投资、项目资助形式精准扶持潜力企业，培育产业新增长点。引导金融机构创新金融产品与服务，开展知识产权质押贷款、订单融资等业务，拓宽企业融资渠道；政府性融资担保机构为企业提供增信支持，降低企业融资门槛与成本，确保企业资金链稳定畅通，为企业创新发展注入金融活水。

2. 以产学研用协同促进新能源汽车专精特新中小企业发展

搭建产学研用深度融合桥梁，促进创新要素在新能源汽车产业各环节高效流动。鼓励企业与高校、科研机构建立长期稳定合作关系，联合开展技术研发攻关。例如，在新能源汽车轻量化领域，企业携手材料科学专业高校，共建研发中心，针对铝合金、碳纤维等新型轻量化材料性能优化、成型工艺突破等难题协同创新，加速科研成果从实验室走向生产线；在智能驾驶领域，企业与人工智能科研团队合作，依托高校海量数据资源与前沿算法研究优势，开发适配复杂路况的自动驾驶算法，推动智能驾驶技术迭代升级。政府积极搭建产学研对接平台，定期举办技术成果发布会、产业需求对接会，打破信息壁垒，促进供需双方精准匹配；设立产学研合作专项奖励资金，对合作成效显著项目给予奖励，激励各方深度融合。同时，支持企业建立博士后工作站、工程技术研究中心等创新平台，吸引高端人才入驻企业，围绕产业实际问题开展研发活动，实现人才培养与产业发展同频共振，提升产业整体创新能力。

3. 优化新能源汽车专精特新中小企业的人才发展环境

人才是推动新能源汽车专精特新企业发展的核心要素，需全方位优化人才发展生态。政府层面，制定专项人才政策，对引进的新能源汽车领域高端人才，给予住房补贴、子女入学、配偶就业等优惠待遇，解决人才后顾之忧；设立人才奖励基金，对在关键技术突破、产业发展作出突出贡献人才给予高额奖励，激发人才创新活力。鼓励高校根据产业需求动态调整专业设置，加大新能源汽车工程、智能网联汽车技术、新能源材料等对口专业招生规模，与企业联合开展定制化人才培养项目，通过实习实训、毕业设计等环节，让学生提前熟悉产业实践，毕业后无缝对接企业需求。企业自身要强化内部人才培养体系建设，针对不同岗位员工制定分层分类培训计划，如新入职员工开展企业文化、基础技能培训，技术骨干选派参加国际学术交流、前沿技术培训，提升员工专业素养；建立多元化薪酬激励体系，向关键技术岗位、创新人才倾斜，以股权期权、项目分红等方式，将员工利益与企业发展紧密捆绑，留住核心人才，打造一支素质过硬、结构合理、创新力强的人才队伍，为企业发展提供坚实智力支撑。

4. 推动新能源汽车产业集群的高质量发展

因地制宜培育新能源汽车专精特新产业集群，发挥集群集聚效应与协同优势。地方政府依据区域产业基础、资源禀赋，规划建设新能源汽车零部件产业园、智能网联汽车创新基地等产业集群载体，完善园区基础设施、公共服务平台建设，吸引上下游企业集聚发展。在集群内部，构建紧密协作产业生态，围绕整车制造企业，引导电池、电机、电控等核心零部件企业就近配套，缩短供应链半径，降低物流成本，提高协同效率；支持中小企业聚焦细分领域，发展特色零部件、专用装备等产品，与大企业形成差异化互补，避免同质化竞争。如长三角地区某新能源汽车产业集群，依托当地完备汽车产业基础，吸引众多专精特新中小企业入驻，形成从基础材料研发、零部件制造到整车装配、售后服务全链条产业集群，集群内企业通过共享技术研发平台、联合采购、协同营销等方式，抱团发展，提升产业整体竞争力，在全球新能源汽车产业竞争格局中脱颖而出，打造区域经济增长极，推动我国新能源汽车产业迈向全球价值链高端。

9.4 新质生产力促进高端装备制造业发展的案例研究

在当今全球经济格局深度调整与科技迅猛发展的态势下，新质生产力正成为推动产业变革、重塑竞争优势的关键力量。新质生产力以科技创新为核心驱动力，融合了新一代信息技术、新能源、新材料等前沿领域成果，为专精特新企业开辟了全新的发展赛道。专精特新企业作为我国产业体系中的"尖兵"，是推动制造业高质量发展、保障产业链供应链稳定的主力军。

高端装备制造业作为工业的"脊梁"，处于制造业价值链顶端，是衡量国家综合实力与科技水平的重要标志，其涵盖航空航天、海洋工程、高档数控机床等诸多领域，具有技术密集、附加值高、带动效应强等特性。在新质生产力赋能下，高端装备制造业的专精特新企业能够加速技术迭代、优化产品性能、拓展应用场景，实现从"跟跑"到"领跑"的跨越，对我国建设制造强国、科技强国意义深远。

深入探究新质生产力与高端装备制造业专精特新企业发展的内在关联，剖析典型企业成长路径与创新实践，不仅可为企业自身提供战略指引，助其应对复杂多变的市场环境、突破发展瓶颈，还能为政府部门、行业协会制定精准政策、优化产业生态提供决策依据，推动我国高端装备制造业整体迈向全球价值链的高端，提升国家产业竞争力与经济发展韧性。

9.4.1　新质生产力与高端装备制造业企业发展

1. 高端装备制造业的新质生产力特征分析

新质生产力是在科技创新驱动下，依托新一代信息技术、新能源、新材料等前沿科技，融合形成的具有突破性、创新性的先进生产能力。相较于传统生产力，其摆脱了对传统要素的过度依赖，更注重知识、技术、数据等新型要素的投入与运用，实现生产效率、质量、效益的多重跃升。

在高端装备制造业领域，新质生产力呈现出诸多鲜明特征。一是高度智能化，借助人工智能、机器学习、工业互联网等技术，实现生产设备互联互通、智能管控，从产品设计、加工制造到质量检测全流程自动化、智能化运行，大幅提升生产精准度与灵活性，如智能工厂可依据订单需求实时调整生产线参数，实现个性化定制生产。二是数字化赋能，大数据技术深度挖掘装备制造各环节数据价值，为企业提供精准市场洞察、优化供应链管理、预测设备故障等决策支持；数字孪生技术构建装备产品虚拟模型，模拟其物理性能、运行状态，提前优化产品设计与制造工艺，缩短研发周期。三是绿色可持续，聚焦清洁能源应用、绿色材料研发、节能减排工艺创新，使高端装备制造从设计源头到生产末端践行环保理念，减少对环境负面影响，契合全球绿色发展潮流，如新能源汽车动力装备制造推动汽车产业向低碳转型。四是协同创新化，打破企业边界，促进产学研用深度融合，产业链上下游企业围绕核心技术、关键零部件协同攻关，跨领域技术交叉融合催生新装备、新模式，如航空航天领域联合高校、科研院所攻克发动机关键技术难题。

2. 高端装备制造业专精特新企业发展的要素分析

高端装备制造业专精特新企业的发展与成长蕴含四大关键要素。专注核心业务是基石，专精特新企业聚焦细分领域，长期深耕特定产品或服务，将资源集中于关键环节，如专注于航空发动机叶片制造的企业，凭借精湛工艺在航空产业链关键节点站稳脚跟，主导产品销售收入占比高，成为细分市场"隐形冠军"，深度嵌入全球产业链，抵御市场波动能力强。

持续创新投入是高端装备制造业专精特新企业发展的动力源泉，面对激烈竞争与快速技术迭代，企业不断加大研发资金、人力投入，积极探索新技术、新工艺、新材料应用，与高校、科研机构合作构建创新生态，如部分高端机床制造企业每年研发投入占营业收入10%以上，持续推出高精度、智能化机床新品，突破国外技术封锁，实现进口替代，提升产品附加值与市场话语权。

精细化管理是高端装备制造业专精特新企业发展的保障，涵盖精细的制度流程、精准的成本控制、精益的生产组织、精心的质量管控，企业引入先进管理理念与方法，优化内部运营，降低成本、提升效益、保障品质，如采用六西格玛管理提升产品质量稳定性，以精益生产消除浪费、缩短交付周期，获取客户信赖，塑造良好品牌形象。

特色化产品与服务是高端装备制造业专精特新企业发展的竞争利器，立足地域、文化、技术等特色优势，挖掘差异化需求，开发独特工艺、配方、功能的产品，或提供定制化、一站式增值服务，如具有地域文化底蕴的海洋工程装备装饰企业，融入海洋元素设计，提供个性化装修方案，开辟小众高端市场，避开同质化竞争红海，以特色创品牌、拓市场。

9.4.2 高端装备制造业专精特新企业发展的案例分析

本研究选取纳狮新材料、蒲惠智造、啄木鸟医疗器械三家高端装备制造业的专精特新企业作为典型案例。这三家企业在行业内极具代表性，展现出新质生产力在不同细分领域的应用成效，为我国高端装备制造业专精特新企业发展提供了宝贵经验。

1. 纳狮新材料有限公司[①]

纳狮新材料有限公司作为纳米涂层领域的领军者，多年来专注于气相沉积技术研发与应用，是一家外商独资高科技公司，隶属于超晶集团。超晶集团早在 2002 年便进入中国设立涂层中心，至今已发展至 6 个，遍布华东、华南、西南、西北等地区，集团总部与研发中心位于浙江嘉兴。纳狮新材料以"让中国制造在产业升级中拥有世界级的竞争力"为使命，致力于自主开发先进环保的纳米材料与制备工艺。依托集团强大实力，专注 PVD 物理气相沉积技术二十余载，创建了高性能纳米涂层材料制备与个性化涂层服务平台，服务国内上万家制造业客户，成功解决纳米材料"卡脖子"难题，实现进口替代，在锂电涂布模头涂层市场独占鳌头，国内市场占有率遥遥领先，产品进入比亚迪、宁德时代等供应链。2021 年，荣获工信部第三批专精特新"小巨人"企业称号，还建有院士工作站、浙江省级研发中心，是浙江省服务型制造示范企业。纳狮新材料有限公司凭借深厚的技术积累，公司拥有 67 项专利技术，构建起涵盖 SPARK7 技术平台等在内的多元技术体系。其研发团队实力雄厚，超 30 人的研发队伍中，有海外院士加持，还设有省级涂层研发实验室，具备独立定制研发多种真空镀膜系统的能力，为产品创新与升级筑牢根基。

纳狮新材料有限公司核心产品聚焦纳米涂层，SPARK7 技术平台堪称代表之作。该技术可将多种复杂材料特性完美融合于纳米涂层，兼具高硬耐磨、低摩擦系数、耐腐蚀等卓越性能。以锂电涂布模头涂层为例，产品有效提升模头使用寿命、工作效率，降低维保成本。在新能源领域，针对燃料电池双极板的非贵金属涂层，不仅性价比出众，能替代贵金属，还在导电性、接触电阻等关键指标上优于行业均值。纳狮新材料有限公司广泛覆盖航空航天、汽车制造、医疗、新能源等多行业，为不同产业部件赋能，彰显技术普适性

[①] 纳狮新材料有限公司的基本情况、主要业务、核心产品等由公司网站、公开报道等获取并整理得到。

与先进性。

纳狮新材料有限公司在其专精特新企业发展过程中主要依托三方面：技术创新驱动、产学研合作、市场拓展与客户服务。其一，强化了技术创新的驱动作用，持续高额投入研发，研发经费与销售收入占比近11%。凭借多年钻研，成功突破多项技术瓶颈，率先在国内实现锂电涂布模头涂层进口替代，国内市场占有率领先，并持续拓展边界，进军钠电、氢能新材料产业链，研发高速PVD镀膜技术，使产品紧跟新能源发展浪潮，以技术创新奠定行业地位。其二，依托产学研合作，积极与高校、科研院所联动。2018年，公司董事长袁安素参与清华长三院"长三角商界领军培养计划"，汲取前沿知识。企业还依托自身研发平台，与院校在氢能源等项目深度合作，借助外脑优化技术方案，提升科研转化效率，让创新成果加速落地。其三，注重市场拓展与客户服务。立足国内，在嘉兴、东莞等多地布局11个涂层中心，贴近主要工业制造圈，快速响应客户需求，同时放眼国际，产品远销海外，打入比亚迪、宁德时代等供应链，凭借优质涂层服务，积累约1万家客户，以过硬品质与周全服务拓展市场版图，铸就专精特新辉煌。

2. 蒲惠智造科技股份有限公司①

蒲惠智造科技股份有限公司由西子联合控股投资创立，是工业互联网领域的创新先锋。秉持"为工厂服务"初心，聚焦于工业软件领域，致力于为制造业中小企业数字化转型赋能，利用云计算、大数据等前沿技术，将人工智能、数字孪生等前沿技术与自主研发的工业云软件融合，采用"模块化+无代码"平台模式，开发适配多行业共性需求的功能模块，研发全栈式工业"云化"软件，致力于打造中小企业工业互联网基础服务示范区，构建全生命周期技术服务生态，推动制造业高质量发展。蒲惠智造公司可按需个性化

---

① 蒲惠智造科技股份有限公司的基本情况、主要业务、核心产品、资格认定等由公司网站、新华网等公开报道获取并整理得到。

配置，无须专业 IT 人员与机房服务器，通过"云端"即可低成本享用数字化产品。自 2018 年成立以来，已为超 1000 家汽配、制冷、五金等细分行业中小企业提供数字化转型服务，助力企业提升生产效率、降低成本。其案例入选工信部"先进计算赋能新质生产力典型应用案例"，是国家级专精特新"小巨人"企业，牵头制定《离散型制造执行过程云化规范》系列行业标准，参与多项国家标准起草，推动行业标准化建设。

蒲惠智造科技股份有限公司核心产品"蒲惠云"软件，涵盖智能制造管理、协同办公管理等多领域功能模块。基于 SaaS 模式，企业无须重资产投入机房、服务器，通过云端一键开通，以低成本享受专业数字化服务。蒲惠智造科技股份有限公司"模块化＋无代码平台"配置，支持企业按需个性化选配，如汽配行业可精准适配物料管理、生产排程模块，操作便捷，快速落地见效，大幅提升自主性与灵活性。

蒲惠智造科技股份有限公司在其专精特新企业发展过程中主要依托三方面：其一是聚焦中小企业痛点。深入洞察中小企业资金少、人才缺、转型难等困境，摒弃传统工业软件高成本、难运维等弊端。以 SaaS 模式让软件轻量化、易上手，如为五金加工企业提供简单易用生产管理模块，员工扫码操作，实时数据采集，订单、库存等信息一目了然，助力企业以低门槛开启数字化，实现降本增效。其二是强化标准化与行业引领。着力标准化建设，牵头制定《离散型制造执行过程云化规范》等行业标准，填补云化管理空白；参与"信息化和工业化融合管理体系"等国标起草。以标准化模块赋能企业，使其像逛"工业超市"般搭建适配自身数字化平台，推动行业规范化、规模化发展。其三是专注生态构建与协同发展。联合国家工业信息安全发展研究中心等单位，共建"中国科学院·蒲惠工业大数据联合实验室"，产学研深度融合，攻关技术难题；与地方政府、行业协会合作推进项目，为县域产业集群定制方案，培养数字化人才，打造开放、协同产业生态，全方位赋能中小企业数字化腾飞。

3. 桂林市啄木鸟医疗器械有限公司①

桂林市啄木鸟医疗器械有限公司初创于 1989 年，是一家集研发、生产、销售齿科产品于一体的高新技术企业。公司以技术创新为核心驱动力，专注于为用户带来舒适、高效的牙齿治疗与护理体验，在齿科医疗器械领域深耕不辍，引领行业发展潮流。经过多年的稳健发展，其产品已远销 140 多个国家和地区，构建起庞大而稳固的全球市场网络，成为中国齿科器械出海的标杆企业。桂林市啄木鸟医疗器械有限公司扎根于口腔医疗设备领域，专注于牙科医疗器械研发、生产与销售。坚持自主创新，推出多款高端口腔新产品，如牙科影像板扫描仪、数字化口内 X 射线成像系统等，关键技术指标达国际同类产品先进水平，售价仅约为进口产品 1/3，打破国外产品在高端口腔医疗设备市场垄断，产品广泛应用于国内各级医疗机构，并出口至海外市场。凭借在口腔医疗装备细分领域精耕细作，掌握核心技术，成为桂林市专精特新企业代表，为提升我国口腔医疗装备水平、保障民众口腔健康作出突出贡献。

啄木鸟医疗器械的产品线丰富，多款产品在技术与性能上独具优势。如根管预备机，采用先进的扭矩控制技术，能精准匹配不同根管形态，高效清理、成形根管，同时最大限度降低器械分离风险，提升根管治疗成功率；超声骨刀机利用高强度聚焦超声原理，实现冷切割模式，切割时产生热量极少，可精准切割骨组织，不伤周围软组织，微米级的切割精度，手术切口微小，广泛应用于牙槽骨修整、种植手术等复杂口腔外科手术，有效减少患者术后肿胀与疼痛，缩短恢复周期。

啄木鸟医疗器械在其专精特新企业发展过程中主要依托三方面：长期的技术深耕、品质管控与品牌塑造、全球化布局与市场响应。其一，坚持长期技术深耕。啄木鸟医疗器械自创立以来，始终专注齿科器械研发，三十余载

---

① 桂林市啄木鸟医疗器械有限公司的基本情况、发展历程、主要业务与核心产品、资格认定等由公司网站、公开报道等获取并整理得到。

积累深厚技术底蕴。每年投入超营业收入 10% 的资金用于研发，组建超百人的专业研发团队，涵盖机械、电子、软件等多学科人才，长期扎根临床一线，与口腔医学专家紧密合作，深入了解治疗痛点，基于大量临床反馈持续优化产品，如从初代超声洁牙机不断迭代，在洁牙效率、舒适度、稳定性上实现飞跃，以持续技术精进稳固市场地位。其二，关注于品质管控与品牌塑造。啄木鸟医疗器械建立严苛质量管控体系，从原材料入厂到成品出厂，历经多道检测工序，遵循国际质量管理标准，确保产品性能卓越、稳定可靠。以高品质产品赢得全球超 5 万家口腔医疗机构信赖，口碑相传铸就品牌知名度。积极参加国际口腔展会，展示创新成果，与国际同行交流切磋，品牌国际影响力与日俱增，彰显"中国制造"齿科器械风采。其三，专注于全球化布局与市场响应。积极拓展国际市场，在欧美、亚太等地区设立办事处，搭建本地化营销与售后团队，快速响应客户需求。依据不同地区诊疗习惯、法规标准差异，针对性优化产品设计。如针对欧美市场对高端数字化口腔设备需求，推出集成 CBCT、口内扫描功能的综合诊疗平台；依据亚洲市场对性价比的考量，推出简约实用型基础齿科设备，精准契合多元市场需求，啄木鸟医疗器械以全球化战略拓宽发展空间，成长为齿科器械专精特新领军企业。

9.4.3 新质生产力推进高端装备制造业专精特新发展的实践

1. 技术研发与突破

在技术研发层面，三家企业均展现出非凡决心与卓越成效，全力攻克"卡脖子"难题。

纳狮新材料每年投入大量研发资金，占营业收入比重超 10%，组建超百人的专业研发团队，与国内多所知名高校、科研院所建立深度产学研合作。通过多年攻关，掌握多项 PVD 关键核心技术，研发出半导体、新能源等多行业专用涂层设备，其锂电涂布模头涂层产品，使模头寿命提升 3 倍以上，大幅降低企业设备维护成本，实现从依赖进口到技术、产品输出的跨越。

蒲惠智造重视研发人才引入与培养，研发人员占比近 40%，持续加大研发投入，专注工业软件底层算法、数字孪生模型构建等核心技术研发。与浙江大学等高校开展合作项目，共建联合研发中心，将高校前沿科研成果融入软件产品。例如，其自主研发的智能排程算法，可依据企业订单、设备、人员等复杂数据，在秒级时间内生成最优生产计划，助力企业生产效率提升 30%，有效解决中小企业生产计划混乱、资源配置低效等难题。

啄木鸟医疗器械为突破牙科高端设备技术封锁，设立内部研发实验室，引进国际先进检测设备，吸引海外高层次医学影像、机械设计专家加盟。与国内口腔医学权威科研机构联合开展临床研究，精准把握市场需求与技术发展方向。历经多年研发，成功掌握数字化口腔影像采集、处理等关键技术，其牙科影像板扫描仪成像清晰度提升 40%，辐射剂量降低 50%，以高性价比优势迅速抢占国内外市场，为国产口腔医疗设备赢得声誉。

2. 数字化智能化转型

在数字化、智能化转型方面，三家企业积极拥抱数字化、智能化浪潮，推动生产运营模式变革。纳狮新材料引入智能生产设备与工业互联网系统，实现涂层生产线全自动化控制与实时数据采集。通过 MES 系统（制造执行系统），对生产进度、设备状态、产品质量等数据进行可视化监控，一旦出现工艺参数异常，系统自动预警并调整。利用大数据分析优化生产流程，使良品率从 85% 提升至 95%，生产周期缩短 20%，实现高效、精准生产。

蒲惠智造为制造业中小企业打造全栈式工业"云化"软件，涵盖智能制造、协同办公等功能模块。以某汽配企业为例，通过蒲惠云 MES 系统，工人扫码即可完成物料领取、工序流转等操作，生产数据实时上传，管理人员通过手机、电脑终端随时随地查看订单进度、设备利用率等关键信息，实现生产管理透明化。借助数字孪生技术，为企业构建虚拟工厂模型，模拟设备故障、生产瓶颈等场景，提前优化生产布局与工艺参数，助力企业快速响应市场变化，订单交付准时率提升 25%。

啄木鸟医疗器械在产品设计环节运用计算机辅助设计、计算机辅助工程软件，构建牙科设备虚拟样机，模拟力学性能、散热效果等，缩短产品研发周期 30%。生产过程中引入自动化装配机器人、智能检测设备，提高装配精度与质量稳定性。利用物联网技术，实现设备远程监控与故障诊断，售后维修响应时间从 24 小时缩短至 4 小时，提升客户满意度，以数字化智能化手段保障产品全生命周期服务质量。

3. 绿色可持续发展

秉持绿色发展理念，三家企业在各自领域践行节能减排与资源循环利用。纳狮新材料在涂层生产工艺中采用清洁能源，如用太阳能、电能替代传统高耗能能源，生产车间照明全部更换为节能 LED 灯具，单位产值能耗降低 30%。研发环保型纳米涂层材料，从源头减少有害物质使用，通过优化工艺参数，提高涂层材料利用率，降低废弃物排放，实现生产过程清洁化、低碳化。

蒲惠智造助力制造业中小企业优化能源管理，其软件系统内置能源监测模块，实时采集企业水、电、气等能源消耗数据，通过数据分析为企业提供节能建议，如合理安排设备开机时间、优化空调温度设置等，平均帮助企业节能 10%～15%。推动企业无纸化办公，电子文档流转替代传统纸质文件，减少纸张消耗，降低碳排放，以数字化手段赋能企业绿色运营。

啄木鸟医疗器械在产品设计阶段遵循绿色设计原则，选用可回收、无污染的医用塑料、金属材料，产品外壳采用生物降解材料，降低产品废弃后对环境影响。生产车间布局优化，采用节能通风系统、水循环冷却系统，减少能源消耗。对废旧设备开展回收再利用业务，拆解、翻新后可继续使用零部件，实现资源循环，践行绿色制造全流程管控。

9.4.4 新质生产力推进高端装备制造业专精特新发展的路径

1. 专注细分市场与核心业务

纳狮新材料聚焦纳米涂层细分领域，精准定位新能源、半导体等高端制造产业需求，集中资源攻克 PVD 涂层技术在锂电涂布模头、半导体芯片模具等关键应用难题，凭借卓越产品性能与定制化服务，与头部企业深度绑定，锂电涂布模头涂层国内市场占有率超 60%，树立行业标杆，成为细分市场领军者，深度嵌入全球高端制造产业链。

蒲惠智造瞄准制造业中小企业数字化转型痛点，专注于研发轻量级、易部署、低成本的工业云软件。摒弃大而全的软件架构，聚焦企业生产管理、供应链协同等核心场景，将功能细化为上百个模块化组件，企业按需选配，快速搭建专属数字化系统。通过深耕细分市场，在中小企业工业软件领域斩获超 30% 市场份额，以差异化竞争策略站稳脚跟，成为行业"隐形冠军"。

啄木鸟医疗器械扎根口腔医疗设备领域，专注牙科影像、治疗器械研发制造核心业务。深入调研口腔医疗机构需求，针对不同层级医院、诊所推出适配产品，如便携式牙科治疗仪满足基层诊所便捷诊疗需求，高端数字化口腔影像系统服务大型专科医院。凭借对口腔医疗细分市场深度洞察与产品精准布局，国内市场覆盖率超 40%，品牌知名度与美誉度不断提升，主导产品销量连续多年保持 20% 以上增长。

2. 持续创新投入与人才培养

纳狮新材料高度重视人才队伍建设，研发团队硕博占比超 40%，搭建完善人才培养体系，从高校、科研机构引进前沿技术人才，内部定期组织技术培训、学术交流活动，选派骨干赴国外先进企业学习。设立高额研发奖励基金，激励技术人员攻克难题，每年研发投入增速超 15%，确保技术创新领先地位，为企业持续推出高性能纳米涂层产品、拓展市场提供坚实智力支撑。

蒲惠智造视人才为企业核心竞争力源泉，研发人员来自计算机科学、工业工程等多领域专业背景。与高校联合开设实习基地、订单班，提前锁定优秀人才；内部设立创新项目孵化机制，为员工提供创业式研发环境，激发创新潜能。每年拿出营业收入 10% 投入研发，重点突破工业软件"卡脖子"技术，如自主研发的工业大数据中台，实现多源异构数据高效处理，为企业数字化转型筑牢根基。

啄木鸟医疗器械为吸引高端人才，在桂林、深圳等地设立研发中心，利用地域优势招揽医学影像、电子信息等专业人才，构建国际化研发团队。建立人才双通道发展体系，技术人才可凭借技术创新成果晋升职级，享受优厚薪酬待遇。持续加大研发投入，占营业收入比重超 8%，聚焦牙科设备智能化、微型化等前沿技术研发，每年新品研发数量不少于 3 款，以创新驱动企业高速发展。

3. 精细化管理与质量提升

纳狮新材料构建精细化管理体系，从原材料采购、生产加工到产品售后全流程管控。原材料采购环节，与全球优质供应商建立长期合作，引入先进检测设备确保入厂物料品质；生产过程推行 6S 管理、精益生产，优化工序流程，降低次品率；质量管控方面，建立严于国家标准的企业内部质量标准，通过 ISO9001、IATF16949 等多项质量体系认证，产品出厂前历经多道检测工序，以高品质产品赢得客户信赖，客户满意度长期保持在 90% 以上。

蒲惠智造为保障软件产品质量与服务稳定性，引入 CMMI（软件能力成熟度模型集成）5 级标准，规范软件开发全生命周期流程。从需求分析、设计开发到测试运维，每个阶段均设定详细质量检查点，严格把控代码质量、功能完整性。建立专业售后团队，7×24 小时响应客户问题，定期回访收集改进建议，软件产品迭代周期缩短 30%，以优质产品与服务助力中小企业数字化转型无忧。

啄木鸟医疗器械秉持"匠心制造"理念，优化生产流程，引入自动化生产线提高装配效率，同时强化人工装配环节质量把控，关键工序采用双人复核制度。建立质量追溯系统，产品问题可精准定位到生产批次、责任人。加强成本控制，通过供应链优化、生产工艺改进，单位产品成本降低 10% ~ 15%，以高性价比产品提升市场竞争力，在口腔医疗设备市场斩获良好口碑。

4. 三家高端装备制造业企业专精特新发展路径对比分析

在技术创新维度上，纳狮新材料注重研发投入，研发经费占比近 11%，聚焦纳米涂层技术突破，如在锂电涂布模头涂层打破进口垄断，借助海外院士及省级实验室，拓展新能源新材料涂层前沿技术，产学研合作上依托项目与高校院所深度对接，加速成果从实验室到生产线转化；蒲惠智造研发聚焦工业互联网软件，针对中小企业数字化痛点，投入打造"蒲惠云"SaaS 软件，以模块化、无代码创新适配多元需求，联合多方共建实验室，借外脑攻关技术瓶颈，同时推进标准化成果输出，引领行业规范制定，提升行业整体数字化水平；啄木鸟医疗器械长期扎根齿科器械领域，研发投入超 10%，凭借超百人的跨学科团队，深耕临床反馈，从初代产品不断迭代，如超声骨刀、根管预备机在核心技术上实现精细打磨，自主掌控从机械、电子到软件的全链条技术优化，以持续技术精进稳固齿科器械领先地位。

在市场定位策略方面，纳狮新材料立足国内多区域布局 11 个涂层中心，贴近长三角、珠三角等制造业集群，快速响应大型制造企业涂层需求，如融入比亚迪、宁德时代供应链，同时利用技术性价比优势，产品远销海外，以定制化涂层服务拓展国际版图；蒲惠智造精准锚定中小企业，摒弃传统工业软件高成本模式，以低成本 SaaS 软件，按行业细分模块化功能，如汽配、五金等行业精准适配，通过线上推广、与地方产业集群合作，迅速铺开市场，打造中小企业数字化转型首选品牌；啄木鸟医疗器械以国内庞大口腔医疗需求为基，产品覆盖各级口腔医疗机构，借助高性价比、本地化售后扎根本土，同时积极出海，依据欧美、亚太等不同市场特性，差异化推出高端集成与简约实用型设备，借国际展会提升品牌，构建全球化营销网络。

在政策与生态的协同方面，纳狮新材料借势浙江等地专精特新培育政策，在研发补贴、人才引进等方面受益，参与行业技术交流，融入纳米科技产业生态，与上下游协同攻克涂层应用难题，如在新能源电池部件涂层优化上联动产业链；蒲惠智造受杭州数字经济政策滋养，入选专精特新梯度培育体系，得到资金、场地支持，牵头制定行业标准，主导产业云化规范走向，联合中国科学院等科研力量、地方政府，为县域产业集群定制数字化方案，搭建工业互联网生态闭环；啄木鸟医疗器械在桂林当地的工业振兴战略下，享受人才、财税扶持，借税收优惠持续投入研发，依托当地产业配套完善齿科器械供应链，积极参与国际国内行业协会，对标国际先进，提升产品全球竞争力，融入全球齿科产业高端价值链。

9.4.5 新质生产力推进高端装备制造业企业高质量发展成效分析

在新质生产力赋能下，三家企业以新质生产力推进高端装备制造业专精特新发展经济效益显著攀升。纳狮新材料凭借技术突破与产品升级，近三年营收年复合增长率超30%，利润增速超40%，成功开拓国际市场，产品出口至欧美、日韩等地区，出口额占比从10%提升至25%，在全球纳米涂层市场崭露头角。蒲惠智造软件业务快速拓展，客户数量年增长50%，营业收入规模三年翻两番，通过优化云服务架构，运营成本降低30%，助力超百家中小企业实现数字化转型降本增效，平均每家企业节省成本超50万元，自身盈利能力与客户价值创造实现双赢。啄木鸟医疗器械主导产品销量持续上扬，国内市场占有率每年提升5%，国际市场出口额年增长20%，高端口腔设备销售额占比从 30% 增至 50%，利润空间进一步拓宽，为持续研发创新注入雄厚资金，构建良性发展循环。

强化新质生产力对高端装备制造业的产业带动与协同发展。三家企业充分发挥"链主"作用，带动上下游产业蓬勃发展。纳狮新材料拉动上游靶材、真空设备等供应商协同创新，促使其研发适配新型涂层工艺的设备与材料，带动下游锂电、半导体企业生产效率提升与成本降低，如为锂电企业延长涂布模头寿命，降低设备更换频次，间接推动锂电产业扩能增效；围绕自身形成纳米涂层产业集群，吸引上下游企业集聚，共享技术、人才、市场资源，集群产值三年增长 80%。蒲惠智造为工业软件上下游企业创造广阔市场空间，与硬件供应商联合优化适配云软件的服务器配置，与咨询服务机构合作拓展数字化转型培训业务，促进工业软件生态繁荣；推动制造业中小企业数字化协同，打造区域产业协同网络，以某汽配产业集群为例，企业间通过蒲惠云平台实现订单协同、产能共享，集群整体交付效率提升 30%。啄木鸟医疗器械带动口腔医疗产业链上下游联动发展，上游医用材料、电子元器件供应商依据其需求定制开发，下游经销商、医疗机构借助其品牌与技术拓展业务，如拉动国产医用塑料需求增长 20%，助力口腔诊所连锁品牌加速扩张；联合高校、科研机构共建口腔医疗装备创新中心，加速技术成果转化落地，孵化初创企业 5 家，为产业持续发展孕育新动能。

9.5 新质生产力推进专精特新企业发展的效应

本研究系统剖析新质生产力赋能专精特新企业发展的内在逻辑与实践路径，深刻揭示其关键作用与核心要素。通过新能源汽车产业、高端装备制造业典型案例可知，企业借助新质生产力，以持续技术研发突破"卡脖子"困境，深度推进数字化智能化转型优化生产运营，提升效率与质量，秉持、践行绿色理念、可持续发展理念，契合时代需求。案例分析发现，成长为专精特新企业过程中，众多的企业专注细分市场、强化创新投入、精细管理是关键路径，企业于细分领域铸就优势、以创新驱动进阶、凭精益管理提质增效。新质生产力推动下，企业经济效益显著提升，产业带动协同效应凸显，成为产业链"链主"，拉动上下游协同创新、集群发展。

以新质生产力为指引，我国众多产业的企业以战略性新兴产业、专精特新企业发展等为导向，推进高质量发展以实现技术赶超。一方面，科技持续革新将催生更多新质生产力赋能契机，全球产业重构加速，为企业出海拓展国际市场提供广阔天地。另一方面，技术迭代加快、国际竞争加剧，要求企业持续加大创新投入、提升自主可控能力；数字化转型需向深度智能化迈进，攻克数据安全、系统集成等难题；绿色发展标准趋严，企业需深挖节能减排潜力。企业应坚定创新核心地位，布局前沿技术研发，深化与高校、科研院所产学研合作；持续推进产业数字化、智能化融合，构建全生命周期数字化管理体系；全面融入绿色发展理念，研发绿色工艺、产品；加强国际交流合作，参与全球产业链分工，提升品牌国际影响力，借新质生产力东风，乘风破浪驶向高质量发展新彼岸，为我国企业尤其是后发企业实现技术追赶、高质量发展铸就坚实产业根基。

第 10 章

结论与展望

10.1　主要研究结论

技术作为推动经济增长、提升国家竞争力的核心要素，其发展水平决定了国家或地区的地位和作用，也成为诸多企业在激烈市场竞争中制胜的核心要素。技术追赶理论作为探讨后发国家或地区如何借助各种途径，缩小与先发国家在技术领域的差距，进而实现跨越式发展的重要理论，对诸多后发经济体具有至关重要的现实意义。深入研究技术追赶理论，尤其是后发情境下的技术追赶有助于我国精准把握技术发展的规律，制定科学合理的科技政策与产业战略，加速突破技术瓶颈，提升自主创新能力，实现从制造大国向制造强国、科技大国向科技强国的转变。

自 2006 年国家提出"自主创新"的战略，尤以 2012 年全国科技创新大会以来，强化企业创新主体地位作为困扰我国学术界、管理层的现实问题，越来越被视为解决我国科技与经济有机结合的重要突破口。2013 年 1 月国务院办公厅发布了《关于强化企业技术创新主体地位，全面提升企业技术创新能力的意见》，指出"目前我国企业创新能力依然薄弱，许多领域缺乏具有自主知识产权的核心技术，企业尚未真正成为创新决策、研发投入、科研组织和成果应用的主体，制约企业创新的体制机制障碍仍然存在"。在激烈的市场竞争中，后发企业如何利用后发优势，快速提升技术水平，推出具有竞争力的产品与服务，是关乎企业生存与发展的关键问题。通过对技术追赶理论的深入剖析，企业能够明晰不同阶段的技术追赶策略，优化资源配置，提高技术追赶的成功率。

我国企业如何在全球经济新常态下强化其创新主体地位，实现技术追赶甚至超越就成为急需解决的问题。本研究以中国情境为切入点，通过理论框架构建与案例分析相结合，阐释了"后发企业如何实现技术追赶"的问题，识别我国企业技术追赶的实现机制。

后发情境下企业技术追赶的影响因素错综复杂，既包括产业技术特性、市场结构等，也包括国家层面的资源要素、产业政策等。一些学者结合资源基础观论述了后发企业如何获得并保持竞争优势，通过建立关系、杠杆化利用和学习等途径克服自身技术劣势。有学者关注协同创新的作用，认为协同是系统中多个子系统要素之间产生的整体效应，总体上，协同模式更多的可以被划归到战略联盟体系中，因此本研究侧重将战略联盟的企业作为研究对象，分析后发情境下企业如何借助战略联盟实现技术追赶的作用机制。

本研究依据技术创新理论、战略联盟理论、竞争优势理论、产业组织理论等理论，深入剖析后发企业借助战略联盟实现技术追赶的具体路径与内在机制。通过对后发企业参与战略联盟的动机、所采用的专利策略及策略组合运用的深入探究，揭示其对涵盖创新效率、市值、专利产出等关键要素的后发企业创新产出的影响机理，解析后发企业的技术追赶机制；以战略性新兴产业、新能源汽车产业、专精特新中小企业等领域的相关政策规划为切入点，从政策与战略的双重维度进行深入的案例分析，进一步阐释后发企业在不同产业环境与政策背景下，如何巧妙借助战略联盟这一有力工具，突破技术瓶颈，实现技术追赶的战略目标。

本研究得到的主要结论如下：

（1）战略联盟为后发企业技术追赶提供了多元技术追赶路径和解决方案。通过与技术或市场等方面处于领先或先发地位的企业等建立战略联盟，后发企业能够获取关键技术、先进管理经验以及丰富的市场渠道资源等，有效弥补自身短板，加速技术追赶进程。技术导向的联盟动机促使后发企业积极寻求与技术领先企业的合作，以获取前沿技术，缩小技术差距；市场导向的联盟动机则推动企业与具有市场渠道优势的企业结盟，快速进入新市场，扩大市场份额。专利策略的选择与实施是后发企业在战略联盟中保护自身技术创新成果、提升竞争力的重要手段。合理的专利策略，如专利专有策略及其组合等，能够为企业建立技术壁垒，防止竞争对手模仿；有效的专利保护与运用策略，如加强专利管理、开展专利许可与转让等，能够实现专利价值的最大化，为企业带来经济效益。

（2）通过战略联盟动机与专利策略组合的实施，后发企业实现其创新产出衡量的绩效的提升。后发企业借助战略联盟通过优化资源配置、促进知识共享与技术交流等方式，对后发企业的创新产出产生积极影响。联盟伙伴的选择、研发投入的规模与强度、市场需求以及政策环境等因素，都会在不同程度上影响创新产出。企业与具有互补技术和资源的联盟伙伴合作，加大研发投入，积极响应市场需求，能够显著促进其以创新效率、市值、专利产出衡量的创新产出的提升，进而实现其对先发企业的技术追赶。

（3）本研究通过对战略性新兴产业、新能源汽车产业、专精特新中小企业的深入研究发现，国家战略导向及政策支持等在促进后发企业技术追赶过程中发挥着不可或缺的引导与支持作用。战略性新兴产业政策、新能源汽车产业政策以及专精特新中小企业政策等，通过提供资金支持、税收优惠、人才培养、市场拓展等方面的政策措施，为后发企业营造了良好的发展环境，助力其实现技术追赶。本研究通过多案例的研究与比较分析，验证了战略性新兴产业、新能源汽车产业、专精特新中小企业等各种战略规划与政策对我国后发企业技术追赶的促进作用。

10.2　研究不足之处

本研究在探究后发企业技术追赶的过程中，仍存在一定的局限性，主要体现在研究范围、研究方法等方面。

在研究范围上，本研究虽然选取了战略性新兴产业、新能源汽车产业以及专精特新中小企业等领域的案例进行分析，但未能涵盖所有行业与企业类型，这就使研究结果的普适性可能受到一定影响。不同行业的技术特点、市场竞争格局以及政策环境存在较大差异，后续的研究可进一步扩大研究范围，涵盖更多行业与企业，以增强研究结论的普适性。

在研究方法上，主要采用回归分析法、案例研究法和文献研究法，虽能深入剖析个别企业的技术追赶路径与机制，但在数据的广泛性与代表性方面存在不足。未来研究可引入更多定量研究方法，例如，结合案例企业进行专项的访谈、大规模问卷调查等，收集更广泛的数据，对研究变量进行量化分析，以更精确地揭示变量之间的关系与规律。

另外，虽然本研究通过对战略联盟中后发企业的战略选择及其作用效果展开了分析，但是总体上对于诸多战略联盟及后发企业策略的动态发展过程关注不够。战略联盟的发展是一个动态变化的过程，企业在联盟中的角色、合作方式以及技术追赶策略等都会随着时间推移和环境变化而发生改变。后续研究可加强对战略联盟和后发企业动态发展过程的跟踪研究，深入分析企业在不同阶段的技术追赶策略调整与应对机制。

10.3　下一步研究展望

技术追赶理论的研究有望在多个前沿领域实现突破，为后发国家和地区的技术进步与经济发展注入新的活力。

首先，跨学科研究将成为主流趋势。技术追赶过程涉及技术、经济、管理、社会学等多个学科领域的复杂交互，单一学科的研究视角难以全面揭示其内在规律。未来需整合不同学科的理论与方法，构建综合性的研究框架。从技术创新的经济学分析，到技术扩散的社会学影响因素探究，再到企业技术管理战略的管理学研究，多学科协同发力，深入剖析技术追赶的全过程，为政策制定与企业实践提供更为精准、全面的指导。

其次，结合各国国情的特色化研究亟待加强。不同国家在历史文化、制度体系、资源禀赋等方面存在显著差异，技术追赶路径不能一概而论。深入挖掘各国独特的优势与挑战，如新兴经济体在应对气候变化技术追赶中的资源与市场机遇，以及传统产业大国在数字化转型中的产业基础与政策适配性等问题，开展针对性研究，有助于各国制定契合自身发展需求的技术战略，实现差异化、可持续的技术追赶。

再次，非技术因素对技术追赶的影响将受到更多关注。社会文化、制度环境、政策导向等非技术因素在技术追赶中扮演着至关重要的角色，却常常被忽视。未来研究应聚焦于如何营造有利于技术创新与追赶的社会文化氛围，如培养创新精神、包容失败的文化土壤；优化制度设计，完善知识产权保护、科技金融支持等政策体系，激发企业与科研人员的创新活力，为技术追赶提供坚实的制度保障。

最后，新兴技术领域的技术追赶研究将成为热点。随着人工智能、量子计算、生物技术等前沿技术的迅猛发展，后发国家在这些新兴领域既面临着弯道超车的机遇，也遭遇着技术封锁、标准制定权缺失等挑战。深入研究新兴技术的发展规律、创新模式以及国际竞争格局，探索后发国家在新兴技术赛道上的追赶策略，如加强基础研究投入、构建产学研用协同创新生态、积极参与国际技术合作与标准制定等，对于抢占未来科技制高点具有重要意义。

技术追赶理论的研究前景广阔，通过不断拓展研究边界、深化研究内涵，有望为全球后发国家和地区的技术崛起与经济腾飞贡献更多智慧与方案，推动人类科技与社会的共同进步。

参 考 文 献

［1］蔡昉，王德文，王美艳．工业竞争力与比较优势：WTO 框架下提高我国工业竞争力的方向［J］．管理世界，2003（2）：58－63，70.

［2］陈国宏，王吓忠．技术创新、技术扩散与技术进步关系新论［J］．科学学研究，1995（4）：68－73.

［3］陈劲．从技术引进到自主创新的学习模式［J］．科研管理，1994（2）：32－34，31.

［4］陈劲．国家技术发展系统初探［M］．北京：科学出版社，2000.

［5］程鹏，等．基础研究与中国产业技术追赶：以高铁产业为案例［J］．管理评论，2011，23（12）：46－55.

［6］傅家骥．技术创新学［M］．北京：清华大学出版社，1999.

［7］高宇，高山行，沈灏．合作方技术获取对企业绩效的作用机制研究［J］．科研管理，2011，32（9）：108－116.

［8］郭咸纲．企业创新驱动模式［M］．北京：清华大学出版社，2005.

［9］洪勇，苏敬勤．发展中国家核心产业链与核心技术链的协同发展研究［J］．中国工业经济，2007（6）：38－45.

［10］洪勇，苏敬勤．后发国家产业技术追赶模式研究［J］．科学学与科

学技术管理，2008，29（12）：18-23.

［11］黄永春，等．后发地区发展战略性新兴产业的时机选择与赶超路径：以平板显示技术的赶超实践为例［J］．科学学研究，2012，30（7）：1031-1038.

［12］江诗松，龚丽敏，魏江．转型经济背景下的企业政治战略：国有企业和民营企业的比较［J］．南开管理评论，2011，14（3）：42-51.

［13］江诗松，龚丽敏，魏江．转型经济背景下后发企业的能力追赶：一个共演模型：以吉利集团为例［J］．管理世界，2011（4）：122-137.

［14］江诗松，龚丽敏，魏江．转型经济中后发企业的创新能力追赶路径：国有企业和民营企业的双城故事［J］．管理世界，2011（12）：96-115，188.

［15］姜滨滨，匡海波．基于"效率-产出"的企业创新绩效评价：文献评述与概念框架［J］．科研管理，2015，36（3）：71-78.

［16］姜滨滨，匡海波．联盟企业专利策略选择及产出效应研究：技术获取的视角［J］．科研管理，2016，37（8）：67-75.

［17］姜滨滨，匡海波．市场驱动的联盟企业专利策略选择及产出效应［J］．科研管理，2017，38（1）：70-80.

［18］姜滨滨．联盟动机、专利策略与企业创新绩效：基于信息技术产业的实证研究［M］．北京：新华出版社，2015.

［19］姜滨滨，卢尚辰．战略联盟推进后发企业技术追赶的实现机制研究［J］．中国市场，2021（2）：79-81，87.

［20］姜滨滨．企业专利策略管理研究述评与展望［J］．科技管理研究，2015，35（21）：176-180.

［21］姜滨滨．战略联盟组织形式、动机及其效应的研究述评与展望［J］．科技管理研究，2015（13）：113-119.

［22］康凯，张志颖，邢静．技术创新扩散系统演进机理研究［J］．科学学与科学技术管理，2001（7）：56-59.

[23] 李平. 技术扩散中的溢出效应分析 [J]. 南开学报, 1999 (2): 29 – 34.

[24] 林仁方, 陈志俊. 寡头联盟、外部效应与最优进入策略 [J]. 世界经济, 2006 (8): 88 – 94.

[25] 林润辉, 等. 技术追赶过程中后发企业创新能力的构建: 基于中国西电集团公司的案例研究 [J]. 研究与发展管理, 2016, 28 (1): 40 – 51.

[26] 林毅夫, 刘培林. 自生能力和国企改革 [J]. 经济研究, 2001 (9): 60 – 70.

[27] 刘宏程, 葛沪飞, 仝允桓. 创新网络演化与企业技术追赶: 中国"山寨机"的启示 [J]. 科学学研究, 2009, 27 (10): 1584 – 1590, 1598.

[28] 刘建新, 等. 后发国家产业技术追赶模式新探: 单路径、双路径与多路径 [J]. 科学学与科学技术管理, 2011, 32 (11): 93 – 99.

[29] 刘建新, 王毅. 后发国家产业技术追赶模式与绩效的关系研究 [J]. 科研管理, 2013, 34 (8): 68 – 74.

[30] 刘小青, 陈向东. 专利活动对企业绩效的影响: 中国电子信息百强实证研究 [J]. 科学学研究, 2010, 28 (1): 26 – 32.

[31] 刘洋, 魏江, 江诗松. 后发企业如何进行创新追赶?: 研发网络边界拓展的时间 [J]. 管理世界, 2013 (3): 96 – 110.

[32] 刘益, 赵阳, 李垣. 联盟企业的战略导向与知识获取: 控制机制使用的中介与干预作用 [J]. 管理科学学报, 2010, 13 (4): 85 – 94.

[33] 柳卸林. 技术创新经济学 [M]. 北京: 中国经济出版社, 1993.

[34] 柳御林. 21 世纪的中国技术创新体系 [M]. 北京: 北京大学出版社, 2000.

[35] 路风, 慕玲. 本土创新、能力发展和竞争优势: 中国激光视盘播放机工业的发展及其对政府作用的政策含义 [J]. 管理世界, 2003 (12): 57 – 82, 155 – 156.

[36] 马文聪,朱桂龙.供应商和客户参与技术创新对创新绩效的影响 [J].科研管理,2013,24 (2):19-26.

[37] 迈克尔·波兰尼.个人知识:迈向后批判哲学 [M].许泽民,译.贵阳:贵州人民出版社,2000.

[38] 彭新敏,吴晓波,吴东.基于二次创新动态过程的企业网络与组织学习平衡模式演化:海天1971—2010年纵向案例研究 [J].管理世界,2011 (4):138-149,166.

[39] 盛亚.新产品市场扩散博弈论 [J].科技进步与对策,2002 (9):77-78.

[40] 寿柯炎,魏江,刘洋.后发企业联盟组合多样性架构:定性比较分析 [J].科学学研究,2018,36 (7):1254-1263.

[41] 苏敬勤,吕一博,傅宇.模块化背景下后发国家产业技术追赶机理研究 [J].研究与发展管理,2008 (3):30-38.

[42] 苏中锋,谢恩,李垣.基于不同动机的联盟控制方式选择及其对联盟绩效的影响:中国企业联盟的实证分析 [J].南开管理评论,2007,10 (5):4-11.

[43] 唐春晖,唐要家.技术模式与中国产业技术追赶 [J].中国软科学,2006 (4):59-65.

[44] 万映红,李江.企业合作策略动机分析 [J].中国软科学,2000 (4):82-86.

[45] 汪建成,毛蕴诗.技术引进、消化吸收与自主创新机制 [J].经济管理,2007 (3):22-27.

[46] 王方瑞.基于技术变革分类的技术追赶过程研究 [J].管理工程学报,2011,25 (4):235-242.

[47] 王飞.创新的空间扩散 [M].北京:知识产权出版社,2008.

[48] 王飞绒,陈劲.技术联盟与创新关系研究述评 [J].科研管理,

2010，31（2）：9－17．

[49] 王飞绒，池仁勇．基于组织间学习的技术联盟与企业创新绩效关系的实证研究 [J]．研究与发展管理，2011，23（3）：1－8．

[50] 王允贵．产业政策的中长期主题：发展中技术产业 [J]．管理世界，2002（4）：72－77，92－156．

[51] 魏伟，杨勇，张建清．内资企业实现技术赶超了吗？：来自中国制造业行业数据的经验研究 [J]．数量经济技术经济研究，2011，28（9）：19－33，74．

[52] 魏心镇，王辑慈．新的产业空间：高技术产业开发区的发展与布局 [M]．北京：北京大学出版社，1993．

[53] 吴先明，高厚宾，邵福泽．当后发企业接近技术创新的前沿：国际化的"跳板作用"[J]．管理评论，2018，30（6）：40－54．

[54] 吴晓波，等．后发企业如何从追赶到超越？：基于机会窗口视角的双案例纵向对比分析 [J]．管理世界，2019（2）：151－167．

[55] 吴晓波．二次创新的进化过程 [J]．科研管理，1995（2）：27－35．

[56] 吴晓波，黄娟，郑素丽．从技术差距、吸收能力看 FDI 与中国的技术追赶 [J]．科学学研究，2005（3）：347－351．

[57] 吴晓波，李正卫．技术演进行为中的混沌分析 [J]．科学学研究，2002（5）：458－462．

[58] 武春友，戴大双，苏敬勤．技术创新扩散 [M]．北京：化学工业出版社，1997．

[59] 夏万军，纪宏．技术扩散和区域经济收敛：一个理论模型的新框架 [J]．商业经济与管理，2007（6）：28－31．

[60] 谢伟．技术学习过程的新模式 [J]．科研管理，1999（4）：1－7．

[61] 徐亮，等．竞合战略与技术创新绩效的实证研究 [J]．科研管理，2009，30（1）：87－96．

［62］徐雨森. 技术追赶背景下的中外技术学习及竞争博弈：以我国大型风力发电机制造产业为例［J］. 预测，2011，30（4）：1 - 7.

［63］许庆瑞. 技术创新管理［M］. 杭州：浙江大学出版社，1990.

［64］薛澜，沈群红. 战略技术联盟研究的基本问题及其新进展［J］. 经济学动态，2001（6）：47 - 51.

［65］严建援，颜承捷，秦凡. 企业战略联盟的动机、形态及其绩效的研究综述［J］. 南开学报（哲学社会科学版），2003（6）：83 - 91.

［66］杨东，李垣. 公司企业家精神、战略联盟对创新的影响研究［J］. 科学学研究，2008，26（5）：1114 - 1118.

［67］杨德林，陈春宝. 模仿创新自主创新与高技术企业成长［J］. 中国软科学，1997（8）：107 - 112.

［68］易朝辉，夏清华. 国际战略联盟条件下的中国联盟伙伴选择标准：基于"资源 - 学习 - 企业成长"的视角［J］. 科学学与科学技术管理，2007（12）：187 - 192.

［69］约瑟夫·阿洛伊斯·熊彼特. 经济发展理论：对利润、资源、信贷、利息和经济周期的探究［M］. 叶华，译. 北京：中国社会科学出版社，2009.

［70］臧树伟，李伟. 后发企业市场进入理论探究：基于破坏性创新的视角［J］. 中国科技论坛，2016（8）：52 - 57.

［71］曾刚. 技术扩散与区域经济发展［J］. 地域研究与开发，2002（3）：38 - 41.

［72］曾刚，林兰. 不同空间尺度的技术扩散影响因子研究［J］. 科学学与科学技术管理，2006（2）：22 - 27.

［73］斋藤优. 发明专利经济学［M］. 谢樊正，等译. 北京：专利文献出版社，1990.

［74］张方华. 资源获取与技术创新绩效关系的实证研究［J］. 科学学研

究，2006，24（4）：635 - 640.

［75］张米尔，田丹. 第三方技术源对跨越追赶陷阱的作用研究［J］. 科学学研究，2008（2）：322 - 327.

［76］周青，陈畴镛. 专利联盟提升企业自主创新能力的作用方式与政策建议［J］. 科研管理，2012，33（1）：41 - 46.

［77］朱方伟，蒋兵，张国梁. 基于产品技术链的发展中国家企业技术追赶研究［J］. 管理科学，2008（2）：79 - 86.

［78］朱恒源，杨斌. 战略节奏［M］. 北京：机械工业出版社，2018.

［79］朱李鸣. 我国技术扩散导引机制初步考察［J］. 科技管理研究，1988（3）：35 - 37，39.

［80］Ahuja G. The duality of collaboration：inducements and opportunities in the formation of interfirm linkages［J］. Strategic Management Journal，2000，21（3）：317 - 343.

［81］Alvarez L H R，Stenbacka R. Adoption of uncertain multi-stage technology projects：a real options approach［J］. Journal of Mathematical Economics，2001，35（1）：71 - 97.

［82］Amsden A H. Asia's Next Giant：South Korea and Late Industrialization［M］. New York：Oxford University Press，1989.

［83］Archibugi D，Iammarino S. The globalization of technological innovation：definition and evidence［J］. Review of International Political Economy，2002，9（1）：98 - 122.

［84］Arundel A，Kabla J. What percentage of innovations are patented？ Experimental estimates in European firms［J］. Research Policy，1998，27（5）：127 - 142.

［85］Aulakh P S，Kotabe M，Sahay A. Trust and performance in cross-border marketing partnerships：a behavioral approach［J］. Journal of International Business Studies, 1996, 27 (5): 1005 – 1032.

[86] Bayona C, Marco T, Huerta E. Firms' motivations for cooperative R&D: an empirical analysis of Spanish firms [J]. Research Policy, 2001, 30 (8): 1289 – 1307.

[87] Breschi S, Malerba F, Orsenigo L. Technological regimes and schum-peterian patterns of innovation [J]. Economic Journal, 2000, 110 (463): 388 – 410.

[88] Brockhoff K. Internationalization of Research and Development [M]. Berlin: Springer, 1998.

[89] Buckley P J, Casson M C. An economic model of international joint venture strategy [J]. Journal of International Business Studies, 1996, 27 (5): 849 – 876.

[90] Cai J, Tylecote A. Corporate governance and technological dynamism of Chinese firms in mobile telecommunications: a quantitative study [J]. Research Policy, 2008, 37 (10): 1790 – 1811.

[91] Caves R. Multinational Enterprise and Economic Analysis [M]. Cam-bridge, UK: Cambridge University Press, 1996.

[92] Chatterjee R A, Eliashberg J. The innovation diffusion process in a het-erogeneous population: a micro-modeling approach [J]. Management Science, 1990, 36 (9): 1057 – 1079.

[93] Chen H, Chen T. Asymmetric strategic alliances: a network view [J]. Journal of Business Research, 2002, 55 (12): 1007 – 1013.

[94] Chen H, Chen T. Governance structure in strategic alliances: transac-tion cost versus resource-based perspective [J]. Journal of World Business, 2003, 38 (1): 1 – 14.

[95] Cho H D, Lee J K. The developmental path of networking capability of

catch-up players in Korea's semiconductor industry [J]. R&D Management, 2003, 33 (4): 411 –423.

[96] Chung J W, Bae Z T, Kim J S. Changing patterns of technological co-operation activities of innovative small firms along technological development stages in the Korean telecommunication sector [J]. Technovation, 2003, 23 (2): 163 – 173.

[97] Cloodt M, Hagedoorn J, Roijakkers N. Trends and patterns in inter-firm R&D networks in the global computer industry: a historical analysis of major developments during the period 1970 – 1999 [J]. Business History Review, 2006, 80 (4): 725 –746.

[98] Cohen W M, Levinthal D A. Absorptive capacity: a new perspective on learning and innovation [J]. Administrative Science Quarterly, 1990, 35 (1): 128 –152.

[99] Collier D W. Measuring the performance of R&D department [J]. Research Management, 1977, 20 (2): 30 –34.

[100] Colombo M G. Alliance form: a test of the contractual and competence perspectives [J]. Strategic Management Journal, 2003, 24 (12): 1209 – 1229.

[101] Colombo M G, Grilli L, Piva E. In search of complementary assets: the determinants of alliance formation of high-tech start-ups [J]. Research Policy, 2006, 35 (3): 1166 –1199.

[102] Contractor F J, Lorange P. Cooperative Strategies in International Business [M]. Lexington: Lexington Books, 1988.

[103] Cordero R. The measurement of innovation performance in the firm: an overview [J]. Research Policy, 1990, 19 (2): 185 –192.

[104] Dachs B, Ebersberger B, Pyka A. Why do firms co-operate for innovation? a comparison of Austrian and finnish CIS3 results [J]. International Journal

of Foresight and Innovation Policy, 2008, 4 (3 - 4): 200 - 229.

[105] Damanpour F. Organizational innovation: a meta analysis of effects of determinants and moderators [J]. The Academy of Management Journal, 1991, 34 (3): 555 - 590.

[106] Das S, Sen P K, Sengupta S. Impact of strategic alliances on firm valuation [J]. The Academy of Management Journal, 1998, 41 (1): 27 - 41.

[107] Das T K, Teng B. A resource-based theory of strategic alliances [J]. Journal of Management, 2000, 26 (1): 31 - 61.

[108] Davenport S, Miller A. The formation and evolution of international research alliances in emergent technologies: research issues [J]. The Journal of High Technology Management Research, 2000, 11 (2): 199 - 213.

[109] Dittrich K, Duysters G, de Man A. Using Networks for Changing Innovation Strategy: The Case of IBM [R]. Erim report series research in management, 2004.

[110] Dittrich K. The Evolution of Innovation Networks in the Global ICT Industry [R]. Working Paper, 2002.

[111] Dodourova M. Alliances as strategic tools: a cross-industry study of partnership planning, formation and success [J]. Management Decision, 2009, 47 (5): 831 - 844.

[112] Dong L, Glaister K W. Motives and partner selection criteria in international strategic alliances: perspectives of Chinese firms [J]. International Business Review, 2006, 15 (6): 577 - 600.

[113] Doz Y L, Hamel G. Alliance Advantage: The Art of Creating Value Through Partnering [M]. Boston: Harvard Business School Press, 1998.

[114] Dunning J. International Production and the Multinational Enterprise [M]. London: Routledge, 1981.

［115］Duysters G, et al. Internationalization and technological catching up of emerging multinationals: a comparative case study of China's Haier group ［J］. Industrial and Corporate Change, 2009, 18 (2): 325 – 349.

［116］Duysters G, Hagedoorn J. Do company strategies and structures converge in global markets? Evidence from the computer industry ［J］. Journal of International Business Studies, 2001, 32 (2): 347 – 356.

［117］Duysters G, Lokshin B. Determinants of alliance portfolio complexity and its effect on innovative performance of companies ［J］. Journal of Product Innovation Management, 2011, 28 (4): 570 – 585.

［118］Edwards M, Castro-Martinez E, Fernández-De-Lucio I. Patterns and barriers for innovation and R&D cooperation between Argentine and Spanish firms ［R］. Working paper 2010/13, 2010.

［119］Eisenhardt K M, Schoonhoven C B. Resource-based view of strategic alliance formation: strategic and social effects in entrepreneurial firms ［J］. Organization Science, 1996, 7 (2): 136 – 150.

［120］Enos J L. Invention and Innovation in the Petroleum Refining Industry ［M］. National Bureau of Economic Research, Inc, 1962.

［121］Ernst D, Kim L. Global production networks, knowledge diffusion, and local capability formation ［J］. Research Policy, 2002, 31 (8 – 9): 1417 – 1429.

［122］Faems D. Linking Technological Innovation and Inter-Organizational Collaboration: An Overview of Major Findings ［R］. Working Paper, 2003.

［123］Fan P. Catching up through developing innovation capability: evidence from China's telecom-equipment industry ［J］. Technovation, 2006, 26 (3): 359 – 368.

［124］Faria P, Schmidt T. International Cooperation of Innovation Empirical:

evidence for German and Portuguese Firms [R]. ZEW Discussion Papers, 2007 No. 07 - 060.

[125] Findlay R. Relative backwardness, direct foreign investment, and the transfer of technology: a simple dynamic model [J]. The Quarterly Journal of Economics, 1978, 92 (1): 1 - 16.

[126] Franco C, Gussoni M. Firms' R&D Cooperation Strategies: The Partner Choice [R]. Working paper, 2010.

[127] Freeman C, Soete L. The Economics of Industrial Innovation [M]. London: Pinter Publishers, 1997.

[128] Gallié E, Roux P. Forms and Determinants of R&D Collaborations: New Evidence on French Data [R]. Working Paper IMRI, 2008.

[129] Gerschenkron A. Economic Backwardness in Historical Perspective [M]. Cambridge, MA: Belknap Press of Harvard University Press, 1962.

[130] Glinow J A, Teagarden M E. Innovation and transfer of technological know-how [J]. Academy of Management Review, 1988, 13 (4): 605 - 622.

[131] Grant R M, Baden-Fuller C. A knowledge accessing theory of strategic alliances [J]. Journal of Management Studies, 2004, 41 (1): 61 - 84.

[132] Griliches Z, Hall B, Pakes A. R&D, patents, and market value revisited: is there a second (technological opportunity) factor? [J]. Economics of Innovation and New Technology, 1991, 1 (3): 183 - 201.

[133] Gulati R. Alliances and networks [J]. Strategic Management Journal, 1998, 19 (4): 293 - 317.

[134] Gwster K W, Buckley P J. Strategic motives for international alliance formation [J]. Journal of Management Studies, 1996, 33 (3): 301 - 332.

[135] Hagedoorn J, Duysters G. Learning in dynamic inter-firm networks: the efficacy of multiple contacts [J]. Organization Studies, 2002, 23 (4): 525 - 548.

［136］Hagedoorn J. Inter-firm R&D partnerships: an overview of major trends and patterns since 1960 ［J］. Research Policy, 2002, 31 (4): 477 – 492.

［137］Hagedoorn J, Narula R. Choosing organizational modes of strategic technology partnering: international and sectoral differences ［J］. Journal of International Business Studies, 1996, 27 (2): 265 – 284.

［138］Hagedoorn J. Understanding the rationale of strategic technology partnering: interorganizational modes of cooperation and sectoral differences ［J］. Strategic Management Journal, 1993, 14 (5): 371 – 385.

［139］Hagedoorn J, Van Kranenburg H. Growth patterns in R&D partnerships: an exploratory statistical study ［J］. International Journal of Industrial Organization, 2003, 21 (4): 517 – 531.

［140］Hall B H. A note on the bias in the Herfindahl based on count data ［M］//Jaffe A, Trajtenberg M. Patents, Citations, and Innovations. MIT Press, Cambridge, 2002.

［141］Henderson R, Cockburn I. Measuring competence: exploring firm effects in pharmaceutical research ［J］. Strategic Management Journal, 1994, 15 (1): 63 – 84.

［142］Hitt M A, et al. Partner selection in emerging and developed market contexts: resource-based and organizational learning perspectives ［J］. Academy of Management Journal, 2000, 43 (2): 449 – 467.

［143］Hobday M. Innovation in East Asia: The Challenge to Japan ［M］. Aldershot, Hants: Elgar, 1995.

［144］Humphrey J, Schmitz H. How does insertion in global value chains affect upgrading in industrial clusters ［J］. Regional Studies, 2002, 36 (9): 1017 – 1027.

［145］Hymer S. The International Operations of National Firms ［M］. Cambridge: MIT Press, 1976.

[146] Joshi N. When do strategic alliances inhibit innovation by firms? Evidence from patent pools in the global optical disc industry [J]. Strategic Management Journal, 2011, 32 (1): 1139 – 1160.

[147] Kalish S. A new product adoption model with price, advertising, and uncertainty [J]. Management Science, 1985, 31 (12): 1475 – 1596.

[148] Kim C, Song J. Creating new technology through alliances: an empirical investigation of joint patents [J]. Technovation, 2007, 27 (8): 461 – 470.

[149] Kim C W, Lee K. Innovation, technological regimes and organizational selection in industry evolution: a "history friendly model" of the dram industry [J]. Industrial and Corporate Change, 2003, 12 (6): 1195 – 1221.

[150] Kim L. Imitation to Innovation : The Dynamics of Korea's Technological Learning [M]. Boston: Harvard Business School Press, 1997.

[151] Kogut B. A study of the life cycle of joint ventures [M]//Contractor F J, Lorange P. Cooperative Strategies in International Business. Lexington, MA: Lexington Books, 1988: 169 – 186.

[152] Koza M P, Lewin A Y. The co-evolution of strategic alliances [J]. Organization Science, 1998, 9 (3): 255 – 264.

[153] Larsson R, et al. The interorganizational learning dilemma: collective knowledge development in strategic alliances [J]. Organization Science, 1998, 9 (3): 285 – 305.

[154] Lee K, Lim C, Song W. Emerging digital technology as a window of opportunity and technological leapfrogging: catchup in digital tv by the Korean firms [J]. International Journal of Technology Management, 2005, 29 (1): 40 – 63.

[155] Lee K, Lim C. Technological regimes, catching-up and leapfrogging: findings from Korea industries [J]. Research Policy, 2001, 30 (3): 459 – 483.

[156] Leiblein M J, Reuer J J. Building a foreign sales base: the roles of capabilities and alliances for entrepreneurial firms [J]. Journal of Business Venturing, 2004, 19 (2): 285 – 307.

[157] Levinthal D A, March J G. The myopia of learning [J]. Strategic Management Journal, 1993, 14 (8): 95 – 112.

[158] Lin C, et al. The alliance innovation performance of R&D alliances the absorptive capacity perspective [J]. Technovation, 2012, 32 (5): 282 – 292.

[159] López A. Determinants of R&D cooperation: evidence from Spanish manufacturing firms [J]. International Journal of Industrial Organization, 2008, 26 (1): 113 – 136.

[160] Makino S, Delios A. Local knowledge transfer and performance: implications for alliance formation in Asia [J]. Journal of International Business Studies, 1996, 27 (5): 905 – 928.

[161] Malerba F, Nelson R. Learning and catching up in different sectoral systems: evidence from six industries [J]. Industrial and Corporate Change, 2011, 20 (6): 1645 – 1675.

[162] Mansfield E. Patents and innovation: an empirical study [J]. Management Science, 1986, 32 (2): 173 – 181.

[163] Mansfield E. Technical change and the rate of innovation [J]. Econometrica, 1961 (29): 66 – 741.

[164] Mathews J A, Cho D-S. Combinative capabilities and organizational learning in latecomer firms: the case of the Korean semiconductor industry [J]. Journal of World Business, 1999, 34 (2): 139 – 156.

[165] Mathews J A. Competitive advantages of the latecomer firm: a resource-based account of industrial catch-up strategies [J]. Asia Pacific Journal of Management, 2002, 19 (4): 467 – 488.

[166] Mathews J A. Latecomer strategies for catching-up: the cases of renewable energies and the LED program [J]. International Journal of technological learning, innovation and development, 2007 (1): 34 – 42.

[167] McCutchen W W, Swamidass P M. Motivations for strategic alliances in the pharmaceutical biotech industry: some new findings [J]. Journal of High Technology Management Research, 2004, 15 (2): 197 – 214.

[168] McGill J P, Santoro M D. Alliance portfolios and patent output: the case of biotechnology alliances [J]. IEEE Transactions On Engineering Management, 2009, 56 (3): 388 – 401.

[169] Mensch G. The Stalemate in Technology [M]. Cambridge, Massachusetts: Ballinger Publishing Company, 1979.

[170] Metcalfe S. Evolutionary Economics and Creative Destruction [M]. London, New York: Routledge, 1998.

[171] Michael F, GritF. Innovation, regional knowledge spillovers and R&D cooperation [J]. Research Policy, 2004, 33 (2): 245 – 255.

[172] Miotti L, Sachwald F. Cooperative R&D: why and with whom? An integrated framework of analysis [J]. Research Policy, 2003, 32 (8): 1481 – 1499.

[173] Miyata Y. An analysis of cooperative R&D in the United States [J]. Technovation, 1996, 16 (3): 123 – 131.

[174] Miyata Y. An economic analysis of cooperative R&D in Japan [J]. Japan and the World Economy, 1995, (7): 329 – 345.

[175] Mowery D C, Oxley J E, Silverman B S. Technological overlap and interfirm cooperation implications for the resource-based view of the firm [J]. Research Policy, 1998, 27 (5): 507 – 523.

[176] Mu Q, Lee K. Knowledge diffusion, market segmentation and techno-

logical catch-up: the case of the telecommunication industry in China [J]. Research Policy, 2005, 34 (6): 759 – 783.

[177] Nakamura M, Shaver J M, Yeung B. An empirical investigation of joint venture dynamics: evidence from US-Japan joint ventures [J]. International Journal of Industrial Organization, 1996, 14 (4): 521 – 541.

[178] Narula R, Santangelo G D. Location, collocation and R&D alliances in the European ICT industry [J]. Research Policy, 2009, 38 (2): 393 – 403.

[179] Nelson R, Winter S. An Evolutionary Theory of Economic Change [M]. Cambridge: Harvard University Press, 1982.

[180] Nolan P, Zhang J. The challenge of globalization for large Chinese firms [J]. World Development, 2002, 30 (12): 2089 – 2107.

[181] Norton J A, Bass F M. A diffusion theory model of adoption and substitution for successive generations of high-technology products [J]. Management Science, 1987, 33 (9): 1069 – 1086.

[182] Overby M L. Partner Selection Criteria in Strategic Alliances [R]. DRUID Working Paper, 2005.

[183] Oviatt B M, Mcdougall P P. Toward a theory of international new ventures [J]. Journal of International Business Studies, 1994, 25 (1): 45 – 64.

[184] Park K H, Lee K. Linking the technological regime to the technological catch-up [J]. Industrial and Corporate Change, 2006, 15 (4): 715 – 753.

[185] Perez C, Soete L. Catching up in technology: entry barriers and windows of opportunity [M]//Dosi G, et al. Technical Change and Economic Theory. London: Printer Publishers Ltd, 1988.

[186] Porter A L, Detampel M J. Technology opportunities analysis [J]. Technological Forecasting and Social Change, 1995, 49 (3): 237 – 255.

[187] Powell W W, Koput K W, Smith-Doerr L. Interorganizational collabo-

ration and the locus of innovation: networks of learning in biotechnology [J]. Administrative Science Quarterly, 1996, 41 (1): 116 – 145.

[188] Prahalad C K. The role of core competencies in the corporation [M]// Tushman M, Anderson P. Managing Strategic Innovation and Change. New York: Oxford University Press, 1997.

[189] Rogers E M. Diffusion of Innovations [M]. New York: Free Press, 1962.

[190] Rogers E M, Hagerstrand T, Pred A. Innovation diffusion as a spatial process [J]. Technology and Culture, 1969, 10 (3): 480.

[191] Roijakkers N, Hagedoorn J. Inter-firm R&D partnering in pharmaceutical biotechnology since 1975: trends, patterns and networks [J]. Research Policy, 2006, 35 (3): 431 – 446.

[192] Roper S, Du J, Love J H. Modelling the innovation value chain [J]. Research Policy, 2008, 37 (6): 961 – 977.

[193] Rothaermel F T, Boeker W. Old technology meets new technology: complementarities, similarities, and alliance formation [J]. Strategic Management Journal, 2008, 29 (1): 47 – 77.

[194] Sampson R C. R&D alliances and firm performance the impact of technological diversity and alliance organization on innovation [J]. Academy of Management Journal, 2007, 50 (2): 364 – 386.

[195] Schifrin M. Is your company magnetic? [J]. Forbes, 2001, 21 (13): 16.

[196] Schifrin M. Partner or perish [J]. Forbes, 2001, 21: 26 – 28.

[197] Schmidt T. Knowledge Flows and R&D Cooperation: Firm-Level Evidence from Germany [R]. ZEW Discussion Papers, 2005.

[198] Schumpeter J A. The Theory of Economic Development [M]. Leipzig:

Duncker & Humblot, 1912.

[199] Shrader R C. Collaboration and performance in foreign markets: the case of young high-technology manufacturing firms [J]. The Academy of Management Journal, 2001, 44 (1): 45 - 60.

[200] Silipo D B. Incentives and forms of cooperation in research and development [J]. Research in Economics, 2008, 62 (2): 101 - 119.

[201] Sjoholm F. Does foreign direct investment increase the productivity of domestic firms? In search of spillovers through backward linkages [J]. The World Bank Economic Review, 1999, 13 (1): 1 - 25.

[202] SomayaD. Patent strategy and management: an integrative review and research agenda [J]. Journal of Management, 2012, 38 (4): 1084 - 1114.

[203] Stoneman P. The Economics of Technological Diffusion [M]. Wiley-Blackwell, 2001.

[204] Sudhir K. The exploration-exploitation tradeoff and efficiency in knowledge production [J]. Marketing Science, 2016, 35 (1): 1 - 9.

[205] Teece D J. Competition, cooperation, and innovation: organizational arrangements for regimes of rapid technological progress [J]. Journal of Economic Behavior and Organization, 1992, 18 (1): 1 - 25.

[206] Teece D J. Managing Intellectual Capital [M]. Oxford: Oxford University Press, 2002.

[207] Teece D J. Profiting from technological innovation: implications for integration, collaboration, licensing, and public policy [J]. Research Policy, 1986, 15 (6): 285 - 305.

[208] Tether B S. Who co-operates for innovation, and why: an empirical analysis [J]. Research Policy, 2002, 31 (6): 947 - 967.

[209] Tsang E W K. Motives for strategic alliance: a resource-based perspec-

tive [J]. Scandinavian Journal of Management, 1998, 14 (3): 207 – 221.

[210] Utterback J M, Abernathy W J. A dynamic model of process and product innovation [J]. Omega, 1975, 3 (6): 639 – 656.

[211] Van Dijk S J, Weggeman M P C D. Knowledge Sharing in Technology Alliances [R]. Working Paper, 2003.

[212] Vanhaverbeke W, Gilsing V, Duysters G. Competence and governance in strategic collaboration: the differential effect of network structure on the creation of core and noncore technology [J]. Journal of Product Innovation Management, 2012, 29 (5): 784 – 802.

[213] Wernerfelt B. A resource-based view of the firm [J]. Strategic Management Journal, 1984, 5 (2): 171 – 180.

[214] Wu Y. Is China's economic growth sustainable? A productivity analysis [J]. China Economic Review, 2001, 11 (3): 278 – 296.

[215] Xie W, Wu G. Differences between learning processes in small tigers and large dragons: learning processes of two color TV (CTV) firms within China [J]. Research Policy, 2003, 32 (8): 1463 – 1479.

[216] Yasuda H. Formation of strategic alliances in high-technology industries: comparative study of the resource-based theory and the transaction-cost theory [J]. Technovation, 2005, 25 (7): 763 – 770.

[217] Yoshino M Y, Rangan U S. Strategic Alliances: An Entrepreneurial Approach to Globalization [M]. Boston: Harvard Business School Press, 1995.

[218] Zacharakis A L. Entrepreneurial entry into foreign markets: a transaction cost perspective [J]. Entrepreneurship Theory and Practice, 1998, 22 (2): 23 – 39.